AF827706

VERÖFFENTLICHUNGEN

DES FORSCHUNGSINSTITUTS FÜR WIRTSCHAFTSPOLITIK

AN DER UNIVERSITÄT MAINZ

Herausgegeben von

Helmut Diederich Otto Gandenberger

Walter Hamm Erich Welter

Band 40

Das Forschungsinstitut für Wirtschaftspolitik an der Universität Mainz hat ein doppeltes Ziel: Es möchte die Grundlagen der Ordnung der Wirtschaft — Geld, Eigentum und Wettbewerb — untersuchen und hofft, Verbesserungen der geltenden Ordnung vorschlagen zu können. Daneben will das Institut von dem gewonnenen Standpunkt aus zu aktuellen Spezialfragen der Wirtschaftspolitik Stellung nehmen. Es dient weder Interessenten noch Interessentenorganisationen. Die Ergebnisse der wissenschaftlichen Arbeit des Instituts einem breiteren Kreis zugänglich zu machen, ist der Sinn dieser Schriftenreihe.

AUSSCHLIESSLICHKEITSBINDUNGEN IM TREIBSTOFFVERTRIEB

von

Dr. ULRICH LANGE

DUNCKER & HUMBLOT · BERLIN

Alle Rechte vorbehalten
© 1979 Duncker & Humblot, Berlin 41
Gedruckt 1979 bei Buchdruckerei Bruno Luck, Berlin 65
Printed in Germany

ISBN 3 428 04337 5

INHALTSVERZEICHNIS

Einleitung

Erster Teil

Strukturdaten des Treibstoffmarktes

Erstes Kapitel

Die Großhandelsstufe

Zweites Kapitel

Die Einzelhandelsstufe

Drittes Kapitel

Die Beziehungen zwischen Groß- und Einzelhandel

Dritter Teil

Die Beurteilung vertikaler Ausschließlichkeitsbindungen aus wettbewerbspolitischer Sicht

Sechstes Kapitel

Die Auswirkungen vertikaler Ausschließlichkeits- und Preisbindungen auf den Wettbewerb der Einzelhandelsstufe

Siebentes Kapitel

Die Wirkungen vertikaler Ausschließlichkeits- und Preisbindungen auf den Wettbewerb der Großhandelsstufe

Vierter Teil

Mögliche Folgen einer Aufhebung vertikaler Ausschließlichkeitsbindungen und Schwierigkeiten einer gesetzlichen Regelung

Achtes Kapitel

Mögliche Folgen einer Aufhebung vertikaler Ausschließlichkeitsbindungen

TABELLENVERZEICHNIS

ABBILDUNGSVERZEICHNIS

Einleitung

In der Bundesrepublik Deutschland sind rund 90 Prozent aller Tankstellen fest an einen Treibstofflieferanten[1] gebunden. Die Beziehungen zwischen Groß- und Einzelhandel im Treibstoffvertrieb sind in diesen Fällen durch sogenannte Tankstellenverträge geregelt, deren zentraler Bestandteil eine vertikale Ausschließlichkeits- und Preisbindung ist. Das bedeutet, daß die gebundenen Tankstellen vertraglich verpflichtet sind, Treib- und Schmierstoffe ausschließlich von ihrem Lieferanten zu beziehen, der auch den Wiederverkaufspreis dieser Produkte bestimmt. Gleichwohl ist der Tankstellenhalter ein im rechtlichen Sinne selbständiger Unternehmer. Die enge Anbindung des Einzelhandels an den Großhandel, die weit über „normale" Lieferbeziehungen hinausgeht, kann daher nicht ohne Auswirkungen auf den Wettbewerb in dieser Branche bleiben. Dieser Sachverhalt erhält dadurch einen besonderen Akzent, daß mehr als zwei Drittel der Tankstellen an die fünf großen Mineralölkonzerne, die sich auch auf der Großhandelsstufe betätigen, gebunden sind.

Die Beurteilung dieses Problems setzt zunächst eine Strukturanalyse der beiden einander nachgelagerten Marktstufen, die von vertikalen Ausschließlichkeits- und Preisbindungen betroffen sind, voraus. Hier zeigt sich bereits, daß die bindenden Unternehmen der Großhandelsstufe noch weitere Aktionsparameter als die Bezugs- und Preisgestaltung der Tankstellen beeinflussen.

Ein Grund für die auch seit Bestehen des Gesetzes gegen Wettbewerbsbeschränkungen unvermindert häufige Anwendung der Ausschließlichkeitsbindungen in der Bundesrepublik Deutschland kann darin vermutet werden, daß sie in Handelsvertreterverträgen[2] nach herrschender Meinung nicht unter der Mißbrauchsaufsicht der Kartellbehörde stehen. Die amerikanische Gesetzgebung beispielsweise kennt eine

[1] Im folgenden auch Treibstoffgroßhändler genannt.

[2] Die Tankstellenverträge sind, soweit sie den Treib- und Schmierstoffvertrieb regeln, Handelsvertreterverträge (vgl. S. 77 ff.).

solche Unterscheidung nicht. Einem Vergleich der Behandlung vertikaler Ausschließlichkeitsbindungen im geltenden Recht der Bundesrepublik Deutschland, der Vereinigten Staaten und Großbritanniens ist der zweite Teil gewidmet.

Innerhalb des dritten Teils werden die zu Beginn dei Arbeit dargestellten Strukturen des Treibstoffmarktes daraufhin untersucht, welche Auswirkungen sie auf die Marktversorgung haben. Besonderes Gewicht kommt dabei der Frage zu, ob gerade die vertikalen Bindungen zwischen Groß- und Einzelhandel Verhaltensweisen im Treibstoffvertrieb ermöglichen, die aus wettbewerbspolitischer Sicht Anlaß zu erheblichen Bedenken geben.

Den möglichen Auswirkungen einer Aufhebung vertikaler Ausschließlichkeitsbindungen — die beispielsweise von der Monopolkommission vorgeschlagen wurde[3] — wird im vierten Teil nachgegangen. Die Ergebnisse der vorangegangenen Untersuchung bilden die Grundlage der abschließenden Überlegung, inwieweit Gesetzesänderungen den Wettbewerb im Treibstoffvertrieb dauerhaft verbessern und welche Schwierigkeiten möglicherweise damit verbunden sein könnten.

Die Arbeit wurde im November 1977 abgeschlossen.

---

[3] Vgl. Monopolkommission, Wettbewerbliche und strukturelle Aspekte einer Zusammenfassung von Unternehmen im Energiebereich (VEBA/Gelsenberg), Sondergutachten 2, Baden-Baden 1975, S. 49.

ERSTER TEIL

Strukturdaten des Treibstoffmarktes

Erstes Kapitel

Die Großhandelsstufe

A. Vorbemerkung: Zur Konzentration in der Mineralölwirtschaft

Vertikale Ausschließlichkeitsbindungen berühren mindestens zwei einander nachgelagerte Märkte: den des Gebundenen und den des Bindenden. Da es sich im Treibstoffvertrieb bei den Bindenden überwiegend um vertikal integrierte, zumeist international tätige Mineralölkonzerne handelt, erscheint es notwendig, die Aktivitäten dieser Unternehmen auf den vorgelagerten Stufen kurz im Überblick darzustellen.

Charakteristisch für die internationale Mineralölwirtschaft ist die dominierende Stellung von sieben internationalen Konzernen, die sich durch ihre absolute Größe, ihren weltweiten Tätigkeitsbereich, ihre vollständige vertikale Integration und durch vielfältige wechselseitige, horizontale Verflechtungen von den übrigen in der Mineralölwirtschaft tätigen Unternehmen unterscheiden und im folgenden als Gruppe 1 bezeichnet werden sollen. Es handelt sich um die fünf amerikanischen Gesellschaften Exxon, Mobil, Chevron, Texaco und Gulf sowie die beiden europäischen Unternehmen Royal Dutch/Shell und British Petroleum[1]. Diese sieben gehören zu den zwölf umsatzstärksten Industrieunternehmen der Welt[2]. Die folgende Tabelle gibt einen Eindruck von dem Gewicht dieser Konzerne, deren Tätigkeit vom Bohrloch bis zum Vertrieb reicht[3].

---

[1] Vgl. Monopolkommission, Sondergutachten 2, S. 35 ff.

[2] Vgl. Mönig, Walter; Schmitt, Dieter; Schneider, Hans K.; Schürmann, Jürgen, Konzentration und Wettbewerb in der Energiewirtschaft, München 1977, S. 146.

[3] Vgl. auch Willms, Manfred, Die Stellung der Mineralölindustrie im Industrialisierungsprozeß, Köln, Opladen 1964, S. 77 ff.; Eich, Rudolf B.,

Tabelle 1: **Rohölaufkommen und Raffineriedurchsatz der sieben internationalen Erdölkonzerne 1970, 1973 und 1974**

Unternehmen	Rohölaufkommen						Raffineriedurchsatz					
	1970		1973		1974		1970		1973		1974	
	Mill. t	v. H.[a])	Mill. t	v. H.[a])	Mill. t	v. H.[a])	Mill. t	v. H.[a])	Mill. t	v. H.[a])	Mill. t	v. H.[a])
Exxon	304	15,6	336	14,3	318	13,6	264	13,8	286	12,2	259	11,5
Texaco	161	8,3	214	9,1	213	9,1	136	7,1	153	6,5	153	6,8
Chevron	128	6,6	187	8,0	191	8,2	87	4,6	112	4,8	107	4,7
Mobil	104	5,3	125	5,3	123	5,3	100	5,2	118	5,0	107	4,7
Gulf	152	7,8	151	6,4	129	5,5	80	4,2	99	4,2	98	4,3
Shell	257	13,2	337	14,3	297	12,7	252	13,2	278	11,8	244	10,8
BP	199	10,2	239	10,2	222	9,5	113	5,9	114	4,9	108	4,8
Insgesamt	1 306	67,0	1 589	67,6	1 493	64,0	1 032	54,0	1 160	49,4	1 076	47,6
Welt insgesamt[b])	1 949	100,0	2 351	100,0	2 330	100,0	1 911	100,0	2 349	100,0	2 260	100,0

a) Prozentualer Anteil am Weltrohölaufkommen und dem Weltraffineriedurchsatz. — b) Ohne Comecon und China.

Quelle: Kommission der Europäischen Gemeinschaften, Bericht der Kommission über das Verhalten der Ölgesellschaften in der Gemeinschaft während der Periode Oktober 1973 bis März 1974, Brüssel 1975, S. 16 (im folgenden zitiert als Kommissionsbericht); Michaelis, Alfred, Erdöl in der Weltwirtschaft und Weltpolitik 1974, S. 117; Mineralölwirtschaftsverband (MWV), Jahresbericht 1975, Tabellen und Schaubilder T 65 ff. (ohne Seitenangabe) (im folgenden zitiert als MWV-Jahresbericht 1975); Mönig, Walter, u. a., S. 138; eigene Berechnungen.

Tabelle 1 zeigt, daß der Anteil der großen „Sieben" am Weltrohölaufkommen zwischen 1970 und 1974 bei rund zwei Dritteln lag mit leicht sinkender Tendenz. Der Anteil am Raffineriedurchsatz fiel etwas stärker von 54 Prozent 1970 auf 48 Prozent 1974. Bei einigen Unternehmen übersteigt das Rohölaufkommen den Raffineriedurchsatz erheblich. Besonders auffällig ist die Diskrepanz bei BP, die nur die Hälfte ihres Rohöls selbst weiterverarbeitet[4].

Trotz der inzwischen eingetretenen erheblichen Umwälzungen, insbesondere wegen der Enteignung der Ölfördergesellschaften in den Ländern der OPEC[5] und der Vervielfachung des Rohölpreises, scheint die Stellung dieser Gruppe bisher nicht wesentlich geschwächt worden zu sein, da „die Konzerne ... aus Konzessionsinhabern zu bevorrechtigten Käufern"[6] geworden sind, so daß Transport und Verteilung des Erdöls überwiegend in ihrer Hand liegen[7]. „Die Direktver-

Investitionstätigkeit und Investitionspolitik in der internationalen Mineralölindustrie, Berlin 1971, S. 38 ff.; Adelman, M. A., The World Petroleum Market, Baltimore 1972, S. 78 ff. und 89 ff.; und Mönig, Walter, u. a., S. 94 ff.

4 BP deckt unter anderem seit vielen Jahren auf der Grundlage eines langfristigen Vertrages den Rohölbedarf der belgischen Petrofina, die über keine nennenswerten eigenen Rohölquellen verfügt (vgl. Kommissionsbericht, S. 64).

5 Im Jahre 1960 wurde von den bedeutendsten Ölförderländern mit Ausnahme der USA und der UdSSR die Organisation of Petroleum Exporting Countries (OPEC) gegründet. Nach und nach vermehrten diese Staaten durch gemeinsames Vorgehen ihren Einfluß auf Rohölpreissetzung und -förderung. Diese Entwicklung fand ihren Höhepunkt und Abschluß im vierten Quartal 1973 mit der Errichtung eines Preiskartells und der teilweisen oder vollständigen Verstaatlichung der Erdölfördergesellschaften. Daraufhin stieg der Rohölpreis innerhalb weniger Monate um das Vier- bis Fünffache. Zur Entstehung, Entwicklung und den Zielsetzungen der OPEC vergleiche Rohde, Klaus E., Die „Organisation Erdöl exportierender Länder" (OPEC) — Strategien und energiewirtschaftliche Bedeutung eines internationalen Kartells, in: Wirtschaftspolitische Chronik, 16. Jahrgang (1967), Heft 2/3, Beiträge zur Wirtschafts- und Sozialpolitik, Festgabe für Fritz W. Meyer, S. 241 ff., und Schürmann, Jürgen, Vermachtungstendenzen im internationalen Ölhandel und wirtschaftspolitische Konsequenzen, in: Wirtschaftspolitische Chronik, 24. Jahrgang (1975), Heft 1, S. 47 ff., und zu den Ereignissen Ende des Jahres 1973 Kommissionsbericht, S. 31 ff., und Rifai, Taki, The Pricing of Crude Oil. Economic and Strategic Guidelines for an International Energy Policy, New York 1975, S. 338 ff.

6 Michaelis, Alfred, S. 190.

7 Vgl. auch Monopolkommission, Mehr Wettbewerb ist möglich, Hauptgutachten 1973/1975, Baden-Baden 1976, S. 322; Schneider, Hans K., Ent-

käufe ... (ohne Einschaltung der großen Ölkonzerne) nehmen zwar zu, bleiben aber bis jetzt noch in ziemlich engen Grenzen, ausgenommen nur im Irak[8]". Zu einer ähnlichen Einschätzung hinsichtlich der Stellung am internationalen Markt kommt ein führender Vertreter der deutschen Mineralölwirtschaft.

„Die Eigentumsverhältnisse der Fördergesellschaften in den Konzessionsgebieten der OPEC-Länder haben sich zwar durch direkte staatliche Engagements grundlegend geändert. Die internationalen Ölgesellschaften werden aber auf Wunsch der Förderländer — z. B. in Saudi-Arabien, im Iran und in Venezuela — weiter ihr Knowhow und ihre Dienste bei der Exploration, Förderung und Verarbeitung sowie ihre logistischen und Absatz-Systeme zur Verfügung stellen und dadurch die ökonomisch-technischen Voraussetzungen für einen kontinuierlichen Ölfluß gewährleisten. Das liegt im Interesse sowohl der neuen als auch der alten Eigentümer. ... Daher werden die Aufgaben der internationalen Gesellschaften im Öl- und Gasgeschäft — vor allem was ihre Stellung auf den Verbrauchermärkten betrifft — letztlich wohl weitgehend unverändert bleiben und mit der Bedarfsentwicklung wachsen[9]."

„Die Wahrscheinlichkeit jedoch, daß die Allianz zwischen Ölländern und Ex-Konzessionären von der einen oder anderen Seite aufgekündigt wird, dürfte gering sein, weil die Zusammenarbeit beider Seiten beachtliche wirtschaftliche Vorteile bringt[10]."

Da die OPEC dazu selbst noch nicht in der Lage ist, hat die Gruppe der sieben Konzerne in gewissem Umfang die Funktion eines Mengenstabilisators für das OPEC-Kartell übernommen, der „ein ‚unkontrolliertes' Einschleusen von Rohöl und Mineralölprodukten auf die Hauptverbrauchermärkte"[11] verhindert. Vorzugspreise für Rohöl, die den ehemaligen Konzessionsgesellschaften gewährt werden, haben

wicklungsprobleme des Welterdölmarktes, in: Die Versorgung der Weltwirtschaft mit Rohstoffen, Beihefte der Konjunkturpolitik, Heft 23, Berlin 1976, S. 62 f., und Gröner, Helmut, Ölkrise und Marktmacht, in: Ordo, Jahrbuch für die Ordnung in Wirtschaft und Gesellschaft, Band 26, S. 176.

8 Ohne Verfasser, Die Ölpreise werden undurchsichtig, in: Handelsblatt, Nr. 235 vom 16. 12. 1976.

9 Oehme, Wolfgang, Hat die Ölindustrie noch Zukunft?, in: Oel, Zeitschrift für die Mineralölwirtschaft, 14. Jahrgang (1976), S. 128.

10 Schneider, Hans K., S. 62.

11 Mönig, Walter, u. a., S. 138.

somit auch den Charakter einer Prämierung ihrer Regulierungsfunktion[12]. Eine partielle Parallelität der Interessen von OPEC-Ländern und Mineralölgesellschaften in bezug auf Preiserhöhungen bei gleichzeitiger Verknappung des Rohöls läßt sich auch daraus vermuten, daß sich nicht nur die Einnahmen der Ölförderländer, sondern auch die Gewinne der sieben Erdölgesellschaften in den Jahren 1973 und 1974 außerordentlich erhöht haben[13]. Daher kann wohl — bei aller Vorsicht — davon ausgegangen werden, daß sich zwar die in Tabelle 1 wiedergegebenen absoluten Zahlen verändert haben, daß aber die Relationen in etwa noch die heutige Stellung der sieben Konzerne am Weltmarkt widerspiegeln dürften.

Zwischen diesen sieben Unternehmen bestehen auch vielfältige horizontale Verflechtungen auf allen Stufen der Mineralölwirtschaft[14]. Beispielsweise waren die Fördergesellschaften bis zu ihrer Verstaatlichung durch die OPEC-Länder fast ausnahmslos Gemeinschaftsunternehmen der sieben Konzerne[15].

An einer größeren Zahl von Raffinerien und an fast allen Rohrleitungen in der Bundesrepublik Deutschland sind die Gesellschaften gemeinsam beteiligt[16]. In Großbritannien vertreiben Shell und BP ihre Treibstoffe durch drei gemeinsame Handelsunternehmen, deren Marktanteil bei etwa 45 Prozent liegt[17]. Die Reihe der Beispiele über die horizontale Verflechtung ließe sich beinahe beliebig fortsetzen.

---

[12] Vgl. Mönig, Walter, u. a., S. 170 f.

[13] Der verfügbare Reingewinn nach Absetzung der außerordentlichen Gewinne und Verluste betrug 1972 4,1 Milliarden $, stieg 1973 auf 9,3 Milliarden $ und 1974 auf 12,6 Milliarden $, so daß er sich innerhalb von zwei Jahren mehr als verdreifachte. Vgl. Kommissionsbericht, Tabelle 1, S. 16.

[14] Vgl. Willms, Manfred, S. 110 ff.; Monopolkommission, Sondergutachten 2, S. 35, und Stavenhagen, Lutz, Probleme der Preisbildung auf dem internationalen Mineralölmarkt, Dissertation, Tübingen 1968, S. 99.

[15] Zur Entstehungsgeschichte der Fördergesellschaften vgl. auch Adelman, M. A., S. 79 ff.; Michaelis, Alfred, S. 149 ff., und Schürmeyer, Guido, Die Entwicklung der Bedingungen für die Suche und Förderung von Erdöl und Erdgas, in: Oel, Zeitschrift für die Mineralölwirtschaft, 15. Jahrgang (1977), S. 32 ff.

[16] Vgl. Monopolkommission, Sondergutachten 2, S. 179 ff. und S. 182 ff.

Seit Anfang der siebziger Jahre dringen die Mineralölkonzerne — mit im einzelnen unterschiedlicher Intensität — verstärkt in andere Energiemärkte und in petrochemische Bereiche ein[18]. Beispielsweise kontrolliert die Ölindustrie in den USA inzwischen mehr als ein Viertel der Kohlenproduktion, 95 Prozent der Uranaufbereitung und 65 Prozent der Uranreserven[19]. „Man schätzt, daß etwa 20 Prozent der Weltproduktion an Petrochemieprodukten heute allein auf die fünf amerikanischen Schwestern fallen[20]." In der Bundesrepublik ist Esso der größte Uran-Konzessionär[21]. Aller Voraussicht nach werden sich die konglomeraten Konzentrationstendenzen in den nächsten Jahren noch verstärken.

Bemerkenswerterweise sind in der Mineralölwirtschaft der USA die Marktanteile der großen Konzerne (fünf der sieben sind amerikanische Unternehmen) kleiner als die in Tabelle 1 genannten Prozentzahlen[22], so daß diese Durchschnittswerte für die meisten nichtamerikanischen Märkte als zu niedrig angesehen werden können.

Eine zweite Gruppe von 20 bis 25 Unternehmen, auf die umsatzmäßig weniger als 15 Prozent und bei der Rohölförderung weniger als 10 Prozent des Weltmarktes entfallen dürften[23], unterscheidet sich nicht nur hinsichtlich der abso-

---

[17] Vgl. The Monopolies Commission, Petrol — A Report on the Supply of Petrol to Retailers in the United Kingdom, London 1965, Tabelle 5, S. 5.

[18] Vgl. dazu im einzelnen Mönig, Walter, u. a., S. 132 ff.

[19] Vgl. ohne Verfasser, Die amerikanische Ölindustrie fürchtet Jimmy Carter, in: Frankfurter Allgemeine Zeitung, Nr. 160 vom 23. 7. 1976.

[20] Mönig, Walter, u. a., S. 134.

[21] Vgl. ohne Verfasser, Esso: Energieverknappung droht weltweit in wenigen Jahren, in: Handelsblatt, Nr. 235 vom 16. 12. 1976.

[22] Vgl. de Chazeau, Melvin G.; Kahn, Alfred E., Integration and Competition in the Petroleum Industry, New Haven 1959, S. 14 ff., insbesondere Tabelle III, S. 30 f., und Adam, Robert, Debatte über die Struktur der großen Erdölgesellschaften, in: Energiewirtschaftliche Tagesfragen, 26. Jahrgang (1976), S. 230 f.

[23] Diese Zahlen sind nur als grobe Schätzungen anzusehen und wurden aus Angaben der Chase Manhattan Bank, Financial Analysis of a Group of Petroleum Companies, New York 1971, S. 5, 11, 27, errechnet. (Zitiert nach Michaelis, Alfred, Quellen, Buchstabe e, S. 117.) Zu einer ähnlichen Beurteilung kommt Schneider, Hans K., S. 70: „Der ‚Restmarkt für Rohöl', der seit Anfang 1975 als zweiter Markt neben dem Konzessionsölmarkt be-

luten Größe von Unternehmen der ersten Gruppe, sondern ihre Tätigkeit ist auch auf bestimmte Regionen der Erde beschränkt, und die Möglichkeiten des direkten Zugangs zum Rohöl sind geringer. Einem Teil der Gesellschaften fehlt weitgehend die Rohölbasis (zum Beispiel der deutschen VEBA und der belgischen Petrofina). Neben den eben genannten Unternehmen können dieser Gruppe noch die italienische ENI, die beiden französischen Konzerne Compagnie Francaise des Petroles und Elf-Aquitaine sowie etwa 20 amerikanische Unternehmen zugeordnet werden. Mit Ausnahme der Petrofina sind die europäischen Unternehmen vollständig oder teilweise im Besitz der jeweiligen Staaten[24], so daß die hinter diesen Konzernen stehende staatliche Potenz bei der Einschätzung ihrer wirtschaftlichen Stärke mit zu berücksichtigen ist[25].

Das restliche Viertel des Mineralölweltmarktes entfällt auf eine große Zahl mittlerer und kleiner Mineralölgesellschaften, deren Tätigkeit sich hauptsächlich auf die Vertriebsstufe konzentriert, die aber teilweise auch Rohöl verarbeiten. Die Unternehmen dieser dritten Gruppe sind von regionaler bis lokaler Bedeutung und zumeist nicht vertikal integriert.

Tabelle 2 zeigt noch einmal zusammenfassend, worin sich die Unternehmen der drei Gruppen unterscheiden. Dabei werden zwar dort Überschneidungen sichtbar, wo sich Unternehmen einer Gruppe nicht allein einem Merkmal zuordnen lassen. Insgesamt gesehen sind die Unterschiede hinsichtlich der Größe, dem räumlichen Tätigkeitsbereich und der vertikalen und horizontalen Verflechtungen aber beachtlich.

Inwieweit sich der Güterfluß in der internationalen Mineralölwirtschaft über Märkte abspielt, läßt sich nun ungefähr beantworten. Da etwa drei Viertel des Weltmarktanteils auf Mineralölkonzerne entfallen, die zumeist vollständig inte-

steht, spielt von seinem Volumen her eine wesentlich geringere Rolle. Außerdem aber scheinen die auf diesem Markt tätigen Ölgesellschaften der zweiten Größenstufe sich in ihrem Verhalten dem der großen sieben Mineralölgesellschaften anzugleichen."

24 Vgl. Kommissionsbericht, S. 15.

25 Vgl. Mönig, Walter, u. a., S. 141.

Tabelle 2

Zusammenfassender Überblick über den internationalen Mineralölmarkt in Tabellenform

	Gruppe 1	Gruppe 2	Gruppe 3
Anzahl der Unternehmen	7	20 - 25	einige 10 000
Weltmarktanteil[a])	50 - 60 %	10 - 15 %	25 - 30 %
räumlicher Tätigkeitsbereich:			
— weltweit	x		
— regional		x	x
— lokal			x
vertikale Konzentrationsform:			
— vollintegriert	x	x	
— teilintegriert		x	x
— nicht integriert			x
horizontal verflochten:			
— ausnahmslos	x		
— überwiegend		x	
— selten			x

a) Die Prozentzahlen sind nur als grobe Schätzungen anzusehen.

griert sind, bewegt sich der Leistungsaustausch zwischen den einzelnen Stufen überwiegend nicht über Märkte mit unabhängigen Anbietern und Nachfragern, sondern konzernintern über die verschiedenen Produktions- und Vertriebsstufen. Die einstufig operierenden Unternehmen sind zum größten Teil in der Vertriebsstufe, in seltenen Fällen auch im Verarbeitungsbereich anzutreffen. Daher ist anzunehmen, daß der Güterfluß über Märkte in der Vertriebsstufe den höchsten Anteil erreicht und um so geringer wird, je konsumferner die Stufen sind.

Der deutsche Mineralölmarkt ist dem internationalen Markt hinsichtlich verschiedener Strukturmerkmale sehr ähnlich. Es lassen sich wieder drei Gruppen von Unternehmen bilden. Sieben Unternehmen können zur ersten Gruppe zusammengefaßt werden, die aufgrund ihres Marktanteils auf allen Stufen der Mineralölwirtschaft mit Ausnahme der Rohölförderung[26]

[26] Die bundesdeutsche Erdölförderung spielt von der Menge her nur eine geringe Rolle, da weniger als 5 Prozent des Gesamtbedarfs aus eige-

eine überragende Marktstellung haben. Es handelt sich um fünf deutsche Tochtergesellschaften internationaler Konzerne, die zur Gruppe der großen „Sieben" gehören (Esso, Mobil, Texaco, Shell, BP) und um die beiden deutschen Unternehmen VEBA, einen Mischkonzern, und Wintershall, eine Tochtergesellschaft des Chemiekonzerns BASF[27]. Die beiden letzteren sind teilintegrierte Unternehmen, denen der direkte Zugang zur Rohölbasis weitgehend fehlt. Drei dieser sieben Gesellschaften arbeiten auf den Mineralölmärkten eng zusammen und vertreiben ihre Treib- und Schmierstoffe sowie einige andere Mineralölprodukte über ihr Gemeinschaftsunternehmen Aral[28]. Daher erscheint es zumindest im Treib- und Schmierstoffvertrieb sinnvoller, von fünf statt von sieben Unternehmen zu sprechen.

Zur zweiten Gruppe können verschiedene Tochtergesellschaften ausländischer Mineralölunternehmen (Chevron, Marathon, Jet, Elf, Total, Fina, Agip) und die deutsche UK-Wesseling[29] gezählt werden. Mit Ausnahme von Marathon und UK-Wesseling, die beide ohne Vertriebsstufe sind, operieren diese Unternehmen in den Bereichen Transport, Verarbeitung und Vertrieb[30].

---

ner Förderung gedeckt werden können (vgl. ohne Verfasser, Die westdeutsche Mineralölwirtschaft, in: Oel, Zeitschrift für die Mineralölwirtschaft, 14. Jahrgang [1976], S. 141). Allerdings wirft die inländische Förderung seit der Vervielfachung des Rohölpreises im vierten Quartal 1973 hohe Gewinne ab. Für das Jahr 1974 schätzte die Monopolkommission die aus der Inlandsproduktion von Erdöl und Erdgas resultierenden „windfall-profits" auf 1.200 Millionen DM (vgl. Monopolkommission, Hauptgutachten, S. 313). Nach Schmitt, Dieter; Schürmann, Jürgen, Windfall Profits (I). Im Schatten der Scheiche, in: Wirtschaftswoche, Nr. 26 vom 25. 6. 1976, S. 60, betragen die Zufallsgewinne zur Zeit rund 1.750 Millionen DM pro Jahr. Vgl. zur Problematik der „windfall-profits" auch S. 177 f.

27 Ein drittes deutsches Unternehmen mit einem größeren Mineralölbereich, die Gelsenberg, wurde 1973/74 mit der VEBA fusioniert (vgl. Monopolkommission, Sondergutachten 2, S. 9).

28 Anteilseigner: VEBA 55,92 Prozent, Mobil 27,95 Prozent, Wintershall 15 Prozent, Sonstige 1,12 Prozent (vgl. ebenda, S. 169).

29 UK-Wesseling ist eine gemeinsame Tochtergesellschaft der RWE-Tochter Rheinische Braunkohlenwerke (75 Prozent) und der Hoechst AG (25 Prozent) (vgl. ohne Verfasser, Starke Umsatzeinbrüche der Kraftstoff-Union, in: Handelsblatt Nr. 100 vom 4./5. 6. 1976).

Die dritte Gruppe umfaßt eine größere Zahl einstufig operierender Unternehmen, deren Tätigkeit heute ausschließlich auf den Vertriebsbereich beschränkt ist. In den fünfziger und sechziger Jahren gab es noch mehrere unabhängige, nichtintegrierte kleinere Raffinerien[31], die inzwischen aber aus dem Markt ausgeschieden sind[32].

Die Unternehmen der Gruppe 1 und 2 sind auf vielfältige Weise horizontal miteinander verbunden. So werden die Rohrleitungen, die dem Transport des Rohöls von den Ölhäfen zu den Verarbeitungsanlagen dienen, bis auf unbedeutende Ausnahmen als Gemeinschaftsunternehmen betrieben[33]. Wie sich die Raffineriekapazitäten auf die einzelnen Gesellschaften verteilen und welche Querverbindungen im Verarbeitungsbereich bestehen, läßt sich aus der folgenden Tabelle entnehmen.

Die deutsche Erdölverarbeitung konzentriert sich also auf wenige Unternehmen. Die größten vier Gesellschaften vereinigen mehr als 60 Prozent und die größten sieben Unternehmen mehr als 80 Prozent der gesamten Raffineriekapazität auf sich. Der Rest von 16,4 Prozent entfällt auf die in Gruppe 2 genannten Gesellschaften. 30 Prozent der Raffineriekapazitäten gehören zu Gemeinschaftsunternehmen. Besonders VEBA, Texaco, Wintershall und die der Gruppe 2 zugeordneten Unternehmen (in Tabelle 3 unter „Sonstige") sind im Verhältnis zu ihrer Gesamtkapazität sehr stark an gemeinsamen Raffineriegesellschaften beteiligt. Daß eine Zusammenarbeit von Anbietern in Gemeinschaftsunterneh-

30 Ein weiteres deutsche Unternehmen, die Saarbergwerke AG, ist über eine 50prozentige Beteiligung an der Saarlandraffinerie indirekt im Erdölverarbeitungs- und Transportbereich tätig (vgl. Commerzbank, Wer gehört zu wem, 11. Auflage, ohne Ort, 1975, und Schäfer, Manfred, Die Saarlandraffinerie, in: Oel, Zeitschrift für die Mineralölwirtschaft, 15. Jahrgang [1977], S. 217 ff.).

31 Vgl. Beyer, Ulrich, Die mittleren und kleinen Betriebe der Mineralölwirtschaft in der Bundesrepublik Deutschland, Dissertation, Hamburg 1958, S. 25 a ff., Keiser, G., Der Aufbau der westdeutschen Mineralölwirtschaft, in: Mitteilungen des Rheinisch-Westfälischen Instituts für Wirtschaftsforschung, 6. Jahrgang (1955), S. 4 ff., und Mönig, Walter, u. a., S. 282 und 285.

32 Vgl. Mönig, Walter, u. a., S. 282 und S. 285.

33 Vgl. Monopolkommission, Hauptgutachten, S. 314 f. und 324 ff.

Tabelle 3

Die Verteilung der Raffineriekapazitäten auf die Mineralölgesellschaften in der Bundesrepublik Deutschland im Jahre 1976[a])

Name der Gesellschaft	Jahres-kapazität in Mill. Tonnen[b])	in v. H. der gesamten Inlands-kapazität	Anteilige Raffinerie-kapazität an Gemein-schafts-unter-nehmen in Mill. Tonnen	Spalte 3 in v. H. von Spalte 1[c])
VEBA	30,3[d])	19,7	10,9	35,9
Esso	25,5	16,6	1,3	5,1
BP	20,5	13,3	—	—
Shell	18,1	11,8	1,3	7,2
Mobil	15,0	9,7	3,5	23,3
Texaco	11,0	7,1	5,4	49,1
Wintershall	8,2	5,3	3,4	41,0
Sonstige	25,3	16,4	21,2	83,8
Insgesamt	153,9	100,0	47,0	30,5

a) Stand: 31. Dezember 1976.
b) Die Kapazität der Gemeinschaftsunternehmen wurde den Besitzern gemäß ihrer prozentualen Kapitalbeteiligung zugeordnet.
c) Spalte 4 gibt den Anteil der Kapazität an Raffineriegemeinschaftsunternehmen im Verhältnis zur Gesamtkapazität eines Unternehmens an.
d) Davon 4 Mill. Tonnen nicht im Betrieb.

Quelle: Reintges, Heinz; Schorn, Paul; Schrödter, Emil; Willing, Hans-Gerhard; (Hrsg.), Jahrbuch für Bergbau, Energie, Mineralöl und Chemie 1976/77, Essen 1976, S. 594 ff.; ohne Verfasser, Jahreskapazität der Rohölverarbeitungsanlagen in der Bundesrepublik, in: Oel, Zeitschrift für die Mineralölwirtschaft, 15. Jahrgang (1977), S. 23; Commerzbank, und eigene Berechnungen.

men ohne Folgen für den Wettbewerb zwischen ihnen auf anderen Märkten bleibt, ist kaum anzunehmen[34].

Insgesamt gesehen kann im Mineraltransport- und -verarbeitungsbereich von einer erheblichen Konzentration ge-

[34] Vgl. dazu Ackermann, Günther, 11. Gemeinschaftsunternehmen und Wettbewerb, Veröffentlichungen des Forschungsinstituts für Wirtschaftspolitik an der Universität Mainz, Band 38, Berlin 1978, S. 63 ff.

sprochen werden. Noch stärker als in der internationalen Mineralölwirtschaft dürfte sich der Güterfluß bis zur Verarbeitungsstufe in der deutschen Mineralölindustrie außerhalb von Märkten und innerhalb vertikal integrierter Unternehmen bewegen[35], da in der Transport- und Raffineriestufe im Bereich der Bundesrepublik fast ausnahmslos Unternehmen auftreten, die vertikale und horizontale Verflechtungen aufweisen.

B. Die Mineralölgesellschaften als Treibstoffgroßhändler

Treibstoffe gelangen von der Raffinerie über den Großhandel zum Einzelhandel, den Tankstellen.

Abbildung 1: Der Weg des Treibstoffes von der Verarbeitungsstufe zu den einzelnen Stufen des Vertriebs

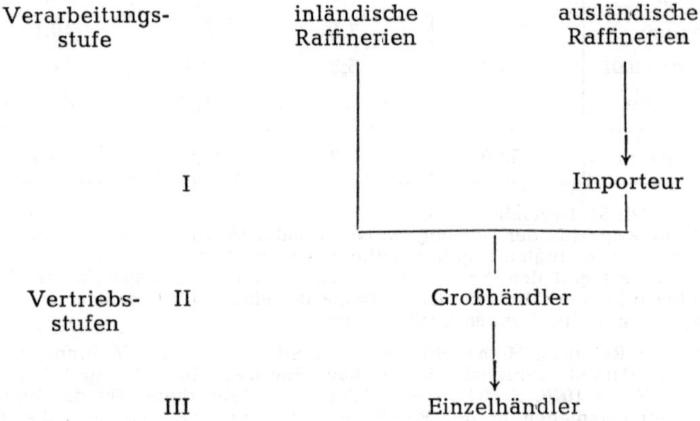

Bei importierten Treibstoffen ist noch eine zusätzliche Vertriebsstufe — die des Importeurs — dem Großhandel vorgeschaltet. Der Großhändler unterscheidet sich im allgemeinen dadurch vom Einzelhändler, daß er an Wiederverkäufer und nicht an Verbraucher verkauft[36]. Die Funktion

---

[35] Von den sogenannten Austauschgeschäften abgesehen (vgl. dazu S. 28 f.).

[36] Vgl. zur Abgrenzung zwischen Groß- und Einzelhandel Woll, Artur, Der Wettbewerb im Einzelhandel. Zur Dynamik moderner Vertriebsformen,

des Großhandels besteht darin, die Verteilung der Mineralölerzeugnisse an die Einzelhändler vorzunehmen. Dazu gehört neben dem Transport meist auch die Lagerhaltung in einem begrenzten Umfang[37]. Die Beziehungen zwischen diesen beiden Vertriebsstufen sind in der Mehrzahl der Fälle durch sogenannte Tankstellenverträge geregelt, die eine vertikale Ausschließlichkeits- und Preisbindung enthalten.

Die Abgrenzung zwischen Groß- und Einzelhandel muß beim Treibstoffvertrieb allerdings dahingehend relativiert werden, daß beim Motorenbenzin etwa 10 Prozent[38] und beim Dieselkraftstoff 90 Prozent[39] des Inlandverbrauchs direkt vom Treibstofflieferanten zum Verbraucher gelangen. Es handelt sich hier zumeist um Großverbraucher, bei Dieselkraftstoff hauptsächlich um das Straßengüterverkehrsgewerbe.

Als Treibstofflieferanten lassen sich zwei Gruppen unterscheiden:

— die Mineralölgesellschaften

— konzernunabhängige Großhändler.

Fast alle wichtigen Mineralölgesellschaften in der Bundesrepublik Deutschland, die im Transport- und Verarbeitungsbereich tätig sind, treten auch als Treibstoffgroßhändler auf. Die rechtliche Form reicht von der Vertriebsabteilung im Konzern (Shell, Esso) über die juristisch selbständige, hundertprozentige Tochter (Texaco) bis zum Gemeinschaftsunternehmen Aral, über das VEBA, Mobil und Wintershall ihre Treib- und Schmierstoffe vertreiben. Das Bundeskartellamt hat den Marktanteil der fünf größten Unternehmen Aral, Esso, Shell, BP und Texaco bei Motorenbenzin für das Jahr 1973 mit 75 Prozent angegeben[40]. Für das darauffolgende

Berlin 1964, S. 16 f., und Wöhe, Günter, Einführung in die Allgemeine Betriebswirtschaftslehre, 8. Auflage, Berlin, Frankfurt 1968, S. 346 und 349.

[37] Vgl. Beyer, Ulrich, S. 49 f.

[38] Vgl. Stavenhagen, Lutz, S. 83.

[39] Vgl. Bundeskartellamt, Bericht des Bundeskartellamtes über seine Tätigkeit im Jahre 1974 sowie über Lage und Entwicklung auf seinem Aufgabengebiet, S. 46 (im folgenden zitiert als Kartellbericht 1974).

[40] Vgl. Bundeskartellamt, Presseinformation vom 29. 4. 1974, abgedruckt in: Wirtschaft und Wettbewerb, 24. Jahrgang (1974), S. 399.

Jahr kommt die Monopolkommission aufgrund eigener Erhebungen bei Vergaserkraftstoff auf einen Marktanteil dieser fünf Anbieter von 77,8 Prozent und bei Dieselkraftstoff auf 79,8 Prozent[41].

Insgesamt entfielen auf die vertikal integrierten Mineralölgesellschaften 1974 89 Prozent des Motorenbenzin- und 91 Prozent des Dieselkraftstoffgroßhandels[42]. Damit lag bei beiden Produkten der Anteil der übrigen integrierten Mineralölunternehmen (Chevron, Fina, Elf usw.), die als Gruppe 2 klassifiziert wurden, bei weniger als 12 Prozent.

Zusammenfassend kann man sagen, daß sich rund 90 Prozent des Leistungsaustauschs zwischen der Verarbeitungs- und der Großhandelsstufe nicht über einen Markt mit unabhängigen Anbietern und Nachfragern, sondern konzernintern abspielen. Dies bedeutet aber nicht, daß nur Mineralölprodukte aus den eigenen Verarbeitungsanlagen auch über weite räumliche Entfernungen zu den konzerneigenen Treibstofflieferanten gelangen. Vielmehr werden die Großhändler auch von Raffinerien und Tanklagern konkurrierender Konzerne beliefert, wenn diese räumlich günstiger liegen. „Hierdurch entsteht ein System von Austauschlieferungen zwischen den Konzernen, bei dem — ähnlich dem Banken-Clearing — nur die Spitzen berechnet werden müssen[43].“ Die so erreichten Transportkosteneinsparungen dürften von erheblichem Gewicht sein, da die räumliche Verteilung der Raffineriekapazitäten bei den meisten Mineralölunternehmen beträchtliche Unterschiede aufweist. „Die etablierten Firmen dominieren im Norden (der Bundesrepublik) eindeutig stär-

---

[41] Vgl. Monopolkommission, Hauptgutachten, Tabelle 16, S. 320.

[42] Vgl. Monopolkommission, Hauptgutachten, Übersicht 14 und 15, S. 319. Für das Jahr 1975 und das erste Halbjahr 1976 entfielen auf die Mineralölgesellschaften, die sich im Mineralölwirtschaftsverband zusammengeschlossen haben und weitgehend mit den Unternehmen identisch sind, die in dieser Arbeit unter Gruppe 1 und 2 am deutschen Mineralölmarkt zusammengefaßt wurden, 84,6 Prozent (1. Halbjahr 1976: 86,4 Prozent) des Motorenbenzin- und 93,1 Prozent (1. Halbjahr 1976: 92,1 Prozent) des Dieselkraftstoffabsatzes (vgl. Burchard, Hans-Joachim, Die Situation der Mineralölindustrie in der Bundesrepublik Deutschland, in: Oel, Zeitschrift für die Mineralölwirtschaft, 14. Jahrgang [1976], Tabelle 5, S. 245).

[43] Stavenhagen, Lutz, S. 106.

ker als im neu erschlossenen Süden; der Anteil der sogen. Newcomers ist im Süden von Anfang an fast dreimal so hoch gewesen wie in den alten Raffineriegebieten"[44] im Norden und Westen des Bundesgebietes. Zumindest auf europäischer Ebene bestehen darüber hinaus „umfassende Vereinbarungen für den Austausch von Raffineriekapazitäten zwischen den Erdölgesellschaften"[45], was eine sehr enge Kooperation voraussetzen dürfte.

Als Bezugsquellen für den konzerneigenen Großhandel kommen hauptsächlich konzerneigene inländische Raffinerien und konzerngebundene Importeure in Frage. Letztere wiederum haben die Möglichkeit des internen Bezugs von ausländischen Verarbeitungsunternehmen desselben Konzerns. Etwa die Hälfte des importierten Treibstoffs wird von den Mineralölgesellschaften eingeführt[46], der Importanteil dürfte aber von Unternehmen zu Unternehmen relativ stark schwanken.

Aufgrund des hohen vertikalen Integrationsgrades der Mineralölindustrie spielt die Bewertung des Leistungsaustauschs zwischen den einzelnen Unternehmen eines Konzerns — insbesondere auch dann, wenn er sich über Ländergrenzen hinweg vollzieht — durch konzerninterne Verrechnungspreise[47] eine besondere Rolle.

Die Kommission der Europäischen Gemeinschaften stellt in ihrem Bericht über das Verhalten der Ölgesellschaften dazu fest, daß zwischen den internen Verrechnungspreisen und den tatsächlich anfallenden Kosten kaum eine Verbindung besteht[48]. Nach Methoden, die sich von Konzern zu Konzern unterscheiden, werden Auf- und Abschläge zur Berechnung der Lieferpreise verwendet, die sich teils an tatsächlichen, teils an fiktiven Kosten orientieren[49]. Zusam-

---

44 Mönig, Walter, u. a., S. 294 f.

45 Kommissionsbericht, S. 21.

46 Vgl. Mönig, Walter, u. a., S. 339.

47 Im Kommissionsbericht, S. 108, werden sie Transferpreise genannt.

48 Vgl. Kommissionsbericht, S. 108 f.

49 Vgl. ebenda, S. 122 ff.

menfassend kommt die Kommission zu folgender Beurteilung: „Dieses Fehlen einer Verbindung zwischen Transferpreisen und tatsächlichen Kosten rechtfertigte den an die Adresse der Gesellschaften gerichteten Vorwurf, Preissysteme zu praktizieren, die wegen ihrer Undurchsichtigkeit jegliche Art von Manipulation zuließen[50]."

Auch für die deutschen Tochtergesellschaften der internationalen Ölkonzerne kann daher davon ausgegangen werden, daß die ausgewiesenen Jahresabschlüsse nicht unbedingt den tatsächlichen Ergebnissen entsprechen müssen. Das Außensteuergesetz begrenzt zwar die Möglichkeit eines Gewinntransfers zwischen in- und ausländischen Betriebsgesellschaften insofern, als es vorschreibt, daß grenzüberschreitende Geschäftsbeziehungen zwischen einander nahestehenden Unternehmen, „die von denen abweichen, die voneinander unabhängige Dritte unter gleichen oder ähnlichen Verhältnissen vereinbart hätten, ... so anzusetzen (sind), wie sie unter den zwischen unabhängigen Dritten vereinbarten Bedingungen angefallen wären"[51]. Gleichwohl bleibt internationalen Konzernen ein Bewertungsspielraum nach steuertaktischen Gesichtspunkten[52, 53]. „Bilanz- und steuertaktische Verrechnungspreise umfassen den gesamten Bereich zwischen ‚Grenzkosten' und ‚Vollkosten- plus Gewinnaufschlagspreisen'. Durch Unterscheidung von Verrechnungspreisen auf Anschaffungs-, Tageswert- und Wiederbeschaffungsbasis ergeben sich weitere Variationsmöglichkeiten der Verrechnungspreistypen[54]."

---

50 Kommissionsbericht, S. 132.

51 § 1 Absatz 1 Außensteuergesetz.

52 Zu den verschiedenen Motiven der Gewinnverlagerung eines internationalen Konzerns (die Steuerersparnis ist ein dominierendes Motiv) vgl. Kumpf, Wolfgang, Ermittlung steuerlicher Entgelte zur Verrechnung des internen Leistungsverkehrs internationaler Konzerne, Dissertation, Mannheim 1976, S. 7 ff.

53 Gewisse steuerliche Vorteile, wie sie die amerikanische Mineralölwirtschaft gegenüber Unternehmen in anderen Staaten hat, dürften ein Anreiz zu einem Gewinntransfer über Verrechnungspreise sein. Zu den steuerlichen Vorteilen der amerikanischen Mineralölindustrie vgl. Mulfinger, Albrecht, Auf dem Weg zur gemeinsamen Mineralölpolitik, Berlin 1972, S. 256 ff.

54 Drumm, Hans Jürgen, Probleme der Kalkulation und Bestandsbewer-

„Steuertaktische Verrechnungspreise sind (daher) typisch für die multinationale Unternehmung. Steuerliche Ziele der Verrechnungspreisbildung führen aber keineswegs zwingend zu den gleichen Verrechnungspreisen, wie sie im Hinblick auf Allokations- oder Kontrollziele gebildet werden. Daraus folgt, daß zu steuertaktischen oder bilanztaktischen Zwecken auch eigene Verrechnungspreise neben den bisher behandelten Verrechnungspreisen gebildet werden müssen[55]."

Nicht allein der konzerninterne Leistungsaustausch und dessen Bewertung, sondern auch die Art der Verrechnung der Frachtleistungen, die von privaten Reedern für die Mineralölgesellschaften erbracht werden, kann von letzteren zu steuertaktischen Zwecken herangezogen werden. Dieser Möglichkeit dürfte deshalb ein gewisses Gewicht beizumessen sein, weil sich fast zwei Drittel der Welttankertonnage im Eigentum privater Reeder befinden[56] und Mineralöl ein transportkostenintensives Gut ist. Für die internationalen Mineralölgesellschaften sind „die häufig extremen Schwankungen am Frachtenmarkt als Kalkulationselement nicht erwünscht"[57]. Daher werden monatlich von einem Gremium Londoner Makler sogenannte AFRA[58]-Notierungen errechnet und veröffentlicht. „Diese Raten erheben nicht den Anspruch, ein unbedingt realistischer Spiegel der jeweiligen Betriebskosten zu sein"[59] und sind „weitgehend unabhängig von den jeweiligen Marktverhältnissen"[60]. Somit ergibt sich für multinationale Mineralölunternehmen dadurch, daß sie sich bei

tung bei Lenkungs- und Verrechnungspreisen, in: Zeitschrift für Betriebswirtschaft, 42. Jahrgang (1972), S. 489 f.

55 Drumm, Hans Jürgen, Zu Stand und Problematik der Verrechnungspreisbildung in deutschen Industrieunternehmungen, in: Schmalenbachs Zeitschrift für betriebswirtschaftliche Forschung, Sonderheft 2 (1973): Verrechnungspreise, S. 103.

56 Vgl. ohne Verfasser, Tankerflotte mit 321 Mill. tdw, in: Oel, Zeitschrift für die Mineralölwirtschaft, 15. Jahrgang (1977), S. 141.

57 Koch, Heinrich Ludwig, Tankschiffahrt aus der Sicht einer internationalen Ölgesellschaft, in: Oel, Zeitschrift für die Mineralölwirtschaft, 14. Jahrgang (1976), S. 229.

58 Average Freight Rate Assessment.

59 Koch, Heinrich Ludwig, S. 229.

60 Ebenda.

der Frachtkostenbewertung an fiktiven statt an den tatsächlichen, allerdings starken Schwankungen unterliegenden Frachtraten orientieren, ein Bewertungsspielraum.

Es dürfte kein Grund zu der Annahme bestehen, daß die deutschen Töchter internationaler Mineralölgesellschaften die Möglichkeiten eines Gewinntransfers im Rahmen der gesetzlich oder faktisch zulässigen Grenzen nicht nutzen, wenn dies den Zielen der Konzernpolitik entspricht[61, 62]. Daß die faktischen Grenzen möglicherweise weiter gezogen sind, als vom Gesetzgeber vorgesehen ist, dürfte mit erheblichen Kontrollproblemen zusammenhängen: „Für einen Nachvollzug kaufmännischer Entscheidungen, wie sie z. B. der konzerninternen Preispolitik zugrunde liegen, fehlen der Finanzverwaltung wie auch den Finanzgerichten aller Instanzen die Voraussetzungen, was wirtschaftliches Wissen, Erfahrung, Verständnis und Kenntnis der Marktbegebenheiten anbelangt. Die inhaltliche Begrenzung der Nachprüfung ist die konsequente Folge dieser Erkenntnis[63]."

---

[61] Vgl. auch Schöttler, Bodo, Maßnahmen zur Kostensenkung in der Erdölverarbeitung und im Vertrieb der Mineralölprodukte, Dissertation, Köln 1970, S. 104 f. und 179 ff., der auf S. 181 feststellt, daß manche Jahresabschlüsse „durchaus nicht immer die Interpretation (verdienten), die sie in Geschäftsberichten und Pressekomentaren gefunden hatten".

[62] Die Kommission der Europäischen Gemeinschaften kommt im Widerspruch zu ihren eigenen Untersuchungsergebnissen für die Bundesrepublik zu der entgegengesetzten Schlußfolgerung. „In Deutschland hatte keine der Ölgesellschaften die Möglichkeit, bei der Festsetzung der Verrechnungspreise gegenüber den deutschen Tochtergesellschaften Marktmacht zu mißbrauchen, weil die Bezugsquellen sehr breit gestreut waren und der Marktmechanismus weiterhin funktionsfähig blieb." (Kommissionsbericht, S. 148). Abgesehen davon, daß es irrelevant ist, wie breit die Bezugsquellen einer deutschen Tochtergesellschaft eines internationalen Ölkonzerns gestreut sind, solange es sich bei den Lieferanten um konzernzugehörige Schwestergesellschaften handelt, widerspricht diese Schlußfolgerung der vorhergehenden Analyse, etwa auf S. 116: „Für Deutschland hat man sogar festgestellt, daß die Transferpreise einer Gesellschaft für Super- und Normalbenzin über den Preisen lagen, die ihre Tochtergesellschaft am deutschen Markt erzielen konnte." Oder auf S. 87, wo die konzerninternen Rohöltransferpreise untersucht werden: „Diese Unterschiede zwischen den gewissermaßen willkürlichen Transferpreisen ermöglichen es nicht, die Strategie der jeweiligen Gruppen zu erkennen. Das System der Transferpreise selbst ermöglicht eine gewisse Verteilung der Gewinne von einem Land oder Kontinent zum anderen, was der Politik der Gruppen förderlich sein kann."

[63] Bode, Peter, Neues zum Problem des „angemessenen Verrechnungs-

C. Die unabhängigen Treibstoffgroßhändler

Neben den konzerngebundenen gibt es noch mehrere hundert unabhängige Treibstofflieferanten[64]. Die Unternehmensgröße reicht „vom Einmannbetrieb mit zum Teil nur geringer Kapitalbasis bis zu Unternehmungen mit nahezu hundert Beschäftigten und einem Eigenkapital von mehreren Millionen"[65]. Ihre Zahl wird von der Monopolkommission mit ungefähr 650 angegeben[66]. Neben Treibstoffen vertreiben diese Handelsfirmen hauptsächlich leichtes Heizöl. Ein Unternehmen ragt aus der Gruppe der unabhängigen — ansonsten mittleren und kleinen — Treibstoffhändler aufgrund seiner Größe sehr stark heraus. Es handelt sich um die Mabanaft-Gruppe, die im Importgeschäft und im Großhandel sowie in geringerem Maße auch im Einzelhandel (Tankstellenvertrieb) von Mineralölprodukten tätig ist. Dieses Unternehmen erzielte 1975 mit 634 Mitarbeitern einen Mengenabsatz von 12 Millionen Tonnen und einen Umsatz von 3,54 Milliarden DM[67]. Durch die Übernahme der Stumm-Gruppe Mitte des Jahres 1977 dehnte Mabanaft ihre Aktivitäten auf die eisenerzeugende und -verarbeitende Industrie aus[68].

Der Marktanteil der unabhängigen Treibstoffgroßhändler betrug 1974 bei Motorenbenzin 11,3 Prozent und bei Diesel-

---

preises" im internationalen Konzern in steuerlicher Sicht, in: Außenwirtschaftsdienst des Betriebs-Beraters, 22. Jahrgang (1976), S. 191.

64 Zu dieser Gruppe werden alle Unternehmen gezählt, deren Tätigkeit sich auf die Vertriebsstufe beschränkt und die kapitalmäßig nicht mit einer integrierten Mineralölgesellschaft verflochten sind.

65 Vgl. Möhrmann, Dieter, Tankstellentypen und Wettbewerbsarten im Treib- und Schmierstoffvertrieb, Dissertation, Hamburg 1962, S. 11.

66 Vgl. Monopolkommission, Hauptgutachten, S. 323.

67 Vgl. ohne Verfasser, Gutes Ergebnis bei Mabanaft, in: Oel, Zeitschrift für die Mineralölwirtschaft, 14. Jahrgang (1976), S. 352, und ohne Verfasser, Bleigesetz und Pflichtlagerhaltung belasten Mabanaft, in: Frankfurter Allgemeine Zeitung, Nr. 276 vom 7. 12. 1976. 1974 setzte Mabanaft 13 Millionen Tonnen Mineralölerzeugnisse ab und erzielte einen Umsatz von 3,91 Milliarden DM (vgl. ohne Verfasser, Mabanaft bei 4 Mrd. Umsatz, in: Oel, Zeitschrift für die Mineralölwirtschaft, 13. Jahrgang [1975], S. 326).

68 Nach Presseberichten hat Mabanaft insbesondere an der Nutzung des hohen Verlustvortrags der Stumm AG großes Interesse (vgl. ohne Verfasser, Mabanaft übernimmt Stumm AG, in: Frankfurter Allgemeine Zeitung, Nr. 150 vom 2. 7. 1977, und ohne Verfasser, Stumm AG wird Holding, in: Handelsblatt, Nr. 124 vom 1./2. 7. 1977).

kraftstoff 8,7 Prozent; seit 1965 war ein leichter Rückgang um bis zu zwei Prozentpunkte festzustellen[69]. Im Vergleich dazu lag der Marktanteil Anfang der fünfziger Jahre bei Benzin zwischen 10 und 12 Prozent und bei Dieselkraftstoff zwischen 14 und 20 Prozent[70].

Der unabhängige Großhandel bezieht den weitaus größten Teil seiner Produkte — schätzungsweise mehr als 80 Prozent — von den freien Importeuren, der Rest entfällt auf konzerngebundene Inlandsraffinerien und Importeure[71]. Die Möglichkeit einer mengenmäßig ausreichenden Versorgung mit Importtreibstoffen zu konkurrenzfähigen Preisen ist für den freien Großhandel noch aus einem zweiten Grund von überragender Bedeutung. Da der Mineralölhandel mit vertikal konzentrierten Mineralölunternehmen auf der Handelsstufe konkurriert, diese aber gleichzeitig Lieferanten sind, bestünde ohne die alternative Möglichkeit des Importbezugs eine fast vollständige Abhängigkeit von den integrierten Wettbewerbern. Letztere könnten dann durch eine Lieferverweigerung oder Preisscherenpolitik[72] den unabhängigen Großhandel in eine existenzgefährdende Lage bringen.

---

[69] Vgl. Monopolkommission, Hauptgutachten, S. 320.

[70] Vgl. Sartorius, Ruth, Der Mineralölgroßhandel — seine Bedeutung und seine historische Entwicklung unter besonderer Berücksichtigung der Standortfragen des mittelständischen Mineralölgroßhandels Westdeutschlands, Dissertation, Tübingen 1954, S. 72 ff.

[71] Diese Prozentzahlen basieren auf folgenden Annahmen und Berechnungen: Der freie Großhandel setzte 1975 2,17 Mill. t Motorenbenzin ab (Annahme: 11 Prozent Marktanteil). Die unabhängigen Importeure führten in demselben Jahr 2,06 Mill. t Benzin ein, dies entspricht rund 50 Prozent des gesamten Benzinimports (vgl. Mönig, Walter, u. a., S. 953. Im Jahre 1975 betrug der Anteil der unabhängigen Importeure am Motorenbenzinimport 53,3 Prozent, vgl. ohne Verfasser, Wettbewerb am Benzinmarkt?, in: Handelsblatt, Nr. 108 vom 18./19. 6. 1976). Da angenommen werden kann, daß die freien Importeure überwiegend den unabhängigen Großhandel beliefern, dürften die oben genannten Prozentzahlen ungefähr die Relationen wiedergeben.

[72] Wenn einstufig operierende Unternehmen ihre Vorprodukte von vertikal konzentrierten Unternehmen beziehen müssen, die gleichzeitig Lieferanten und Konkurrenten sind, entsteht für sie eine äußerst schwierige Situation. Sie können in die Preisschere genommen werden, indem das vertikal konzentrierte Unternehmen die Preise für Vor- und Endprodukte einander annähert.

Der Import von Treibstoffen hat sich im Laufe der letzten 10 Jahre zunehmend auf die Niederlande und Belgien konzentriert[73]. Der sogenannte Rotterdamer Markt, der das gesamte Rheinmündungsgebiet zwischen Antwerpen und Amsterdam einschließt, ist inzwischen zum größten Ölhafenkomplex der Welt geworden[74]. Hier hat sich — trotz des weltweit sehr hohen vertikalen Konzentrationsgrades der Mineralölwirtschaft — ein relativ freier Markt mit unabhängigen Anbietern und Nachfragern gebildet, der erhebliche Auswirkungen auf die Versorgung und insbesondere auf das Preisniveau des deutschen Treibstoffmarktes hat.

Anbieter auf diesem Markt sind einmal konzernunabhängige Raffineriegesellschaften, die rund 10 Prozent (14,6 Millionen Tonnen pro Jahr) der Verarbeitungskapazitäten in diesem Raum und circa 9 Millionen Kubikmeter Tanklagerkapazitäten besitzen. Die integrierten Konzerne benutzen diesen Markt als Puffer, auf dem sie Überschußmengen, die über die eigene Vertriebsorganisation nicht absetzbar sind, verkaufen oder auch in selteneren Fällen Fehlmengen zukaufen[75]. Daneben gelangen Mineralölprodukte unabhängiger Raffinerien aus Italien, Spanien und Griechenland sowie Importe aus der Karibik und Osteuropa, insbesondere der Sowjetunion[76], nach Rotterdam[77].

Der Umfang des freien Marktes dürfte — je nachdem, ob ein Angebots- oder Nachfrageüberhang besteht — relativ starken Schwankungen unterliegen. Schätzungen darüber gehen weit auseinander. Die Kommission der Europäischen Gemeinschaften gibt die dort umgesetzten Mineralölerzeug-

---

73 Vgl. zur Entwicklung der Treibstoffimporte im Zeitablauf Mönig, Walter, u. a., S. 954.

74 Vgl. Schubert, Manfred G., Ist Rotterdam an allem schuld? — oder „Die Geister, die ich rief ...", in: Oel, Zeitschrift für die Mineralölwirtschaft, 14. Jahrgang (1976), S. 32.

75 Vgl. Schubert, Manfred G., S. 32 f.

76 Vgl. Bethkenhagen, Jochen, Bedeutung und Möglichkeiten des Ost-West-Handels mit Energierohstoffen, DIW-Sonderheft 104, Berlin 1975, S. 216 ff.

77 Vgl. auch Ludewig, Johannes, Der Rotterdamer Markt, in: Oel, Zeitschrift für die Mineralölwirtschaft, 15. Jahrgang (1977), S. 165.

nisse bei einer recht weit gefaßten Definition des freien Marktes mit 20 Millionen Tonnen für das Jahr 1973 an, das sind rund 3 Prozent des EG-Gesamtverbrauchs[78]. Demgegenüber schätzt von Ilsemann das Marktvolumen auf 50 Millionen Tonnen[79], während Schubert von mehr als 80 Millionen Tonnen ausgeht[80].

Die quantitative Bedeutung des freien Rotterdamer Marktes ist auch für die Bundesrepublik, die etwa die Hälfte der dort angebotenen Menge importiert[81], nicht sonderlich groß. Weil aber die hier gehandelten Produkte relativ homogen sind und der freie Großhandel den größten Teil seines Bedarfs durch unabhängige Importeure aus Rotterdam bezieht, können trotz der verhältnismäßig kleinen Mengen erhebliche Wettbewerbsimpulse von diesem Markt ausgehen.

Für den unabhängigen Treibstoffgroßhandel ist diese Bezugsquelle im Grunde die einzige Alternative zu konzerngebundenen Lieferanten. Diese Versorgungsmöglichkeit fällt allerdings dann weitgehend aus, wenn aufgrund weltweiter Verknappungen bei Rohöl und Mineralölprodukten das Rotterdamer Preisniveau über das Inlandspreisniveau steigt, so daß keine Importe zu konkurrenzfähigen Preisen mehr möglich sind. Die Stellung und auch die Existenz nichtintegrierter Unternehmen ist in einer solchen Situation gefährdet, weil dann eine fast vollständige Abhängigkeit von inländischen Verarbeitern besteht[82], die sich weitgehend im Eigentum integrierter Konzerne befinden.

In einer solchen Lage befand sich der freie Großhandel zuletzt Ende 1973/Anfang 1974, als im Gefolge der Rohölverteuerungen der Bezug von Fertigprodukten aus Rotterdam

78 Vgl. Kommissionsbericht, S. 74. Nach Ludewig, Johannes, S. 165, bewegt sich das Marktvolumen zwischen 3 und 5 Prozent.

79 Vgl. Ilsemann, Wilhelm von, Rotterdam — Drehscheibe der Versorgung, in: Handelsblatt, Nr. 122 vom 29. 6. 1977.

80 Vgl. Schubert, Manfred G., S. 34.

81 Vgl. Kommissionsbericht, S. 74.

82 Vgl. Kommission der Europäischen Gemeinschaften, Die Klein- und Mittelbetriebe der Mineralölwirtschaft in der Europäischen Gemeinschaft, Brüssel 1974, S. 9 ff.

zu konkurrenzfähigen Preisen unmöglich wurde und die nun sehr weitgehende Abhängigkeit von den vertikal konzentrierten Mineralölkonzernen zu Problemen führte wie „Mengen- und Preisdiskriminierungen, Einbrüche(n) in den Kundenkreis von Handelsfirmen, einseitige(n) Änderungen der Zahlungs- und Lieferbedingungen"[83]. Das Bundeskartellamt stellt dazu fest, daß die führenden Mineralölgesellschaften in dieser Zeit „beträchtliche Teile ihrer früher an den unabhängigen Mineralölhandel verlorenen Marktanteile zurückgewinnen"[84] konnten.

Da seit Anfang des zweiten Halbjahres 1974 die Lage am Rotterdamer freien Markt entspannter ist und Treibstoffimporte zu konkurrenzfähigen Preisen wieder möglich sind, ist die Stellung der unabhängigen Treibstoffhändler, soweit sie nicht aus dem Markt ausgeschieden sind oder sich an einen Konzern angelehnt haben, wieder besser geworden[85]. Die Kommission der Europäischen Gemeinschaften sieht als Folge der Ölkrise „im Bereich des Handels strukturelle Veränderungen"[86], die nicht so sehr im Ausscheiden verhältnismäßig weniger Unabhängiger, sondern mehr in der kapitalmäßigen oder vertraglichen Bindung einer bestimmten Zahl von Großhändlern an die Ölgesellschaften besteht[87]. Die unabhängigen Importeure und Großhändler haben es wohl letztlich ihrer hohen Flexibilität und Anpassungsfähigkeit an veränderte Marktdaten zu verdanken, daß sie trotz verschiedener für sie existenzgefährdender Versorgungskrisen ihre Marktstellung immer wieder zurückgewinnen und sogar ausbauen konnten[88].

---

83 UNITI Bundesverband mittelständischer Mineralolunternehmen, Jahresbericht 1974, S. 18 (im folgenden zitiert als UNITI-Jahresbericht 1975). Vgl. dazu auch Kartellbericht 1974, S. 42 ff.

84 Kartellbericht 1974, S. 42.

85 Vgl. UNITI-Jahresbericht 1975, S. 18.

86 Kommissionsbericht, S. 151.

87 Vgl. ebenda, S. 150 f.

88 Vgl. Schellak, Rüdiger, Die Selbstbeschränkung der Mineralölwirtschaft. Aspekte der Angebotsbeschränkung beim leichten Heizöl unter besonderer Berücksichtigung der Folgen für den unabhängigen Importeur, Dissertation, Freiburg i. Br. 1968, S. 187 f., und Mönig, Walter, u. a., Fußnote 1, S. 348.

Obwohl die Voraussetzungen für einen Preiswettbewerb auf dem deutschen Treibstoffmarkt wegen der starken vertikalen und horizontalen Verflechtung der internationalen und der deutschen Mineralölwirtschaft nicht sonderlich gut sind, bestehen Wettbewerbsimpulse, die von dem freien Rotterdamer Markt über die unabhängigen Importeure und Treibstoffgroßhändler bis hin zu den Tankstellen durchschlagen.

Versorgungsprobleme des freien Großhandels, die sich auf den Wettbewerb am Treibstoffmarkt negativ auswirken, können auch durch staatliche Eingriffe entstehen, wenn sie nicht wettbewerbsneutral ausgestaltet sind. Ein Beispiel dafür ist das Benzin-Blei-Gesetz, dessen zweite Stufe seit dem 1. 1. 1976 in Kraft ist und das einen Bleigehalt von maximal 0,15 Gramm pro Liter Benzin vorschreibt. Ein Ergänzungsgesetz dazu enthält eine Übergangsregelung bis zum Ende des Jahres 1977, die in Härtefällen auf Antrag den Verkauf höher verbleiten Benzins erlaubt, wenn der Antragsteller eine Ausgleichsabgabe zahlt[89].

Wettbewerbspolitische Bedenken bestehen gegen dieses Gesetz deshalb, weil keine gemeinsame Lösung für den EG-Bereich[90] gefunden wurde, so daß der deutsche Treibstoffmarkt vom übrigen EG-Markt, insbesondere Rotterdam, isoliert war, bis die ausländischen Raffinerien ihre Anlagen auf die Erfordernisse der Produktion von bleiarmem Benzin umgestellt hatten[91]. In der ersten Hälfte des Jahres 1976 kam es daher zu erheblichen Benzinverknappungen, die weitgehend zu Lasten des unabhängigen Handels gingen, da gesetzeskonforme Benzinimporte nicht vorhanden waren[92]. Die damit verbundene Verringerung des Wettbewerbs führte zu einer erheblichen Steigerung des Benzinpreisniveaus[93]. Da seit dem Mai

---

[89] Zum Werdegang dieses Gesetzes vgl. Baum, Gerhard, „Die Benzin-Qualitäten sind besser geworden" (Interview), in: Die Welt, Nr. 146 vom 26. 6. 1976.

[90] In den EG-Staaten gehen die Rechtsvorschriften über den maximalen Bleigehalt im Motorenbenzin stark auseinander und reichen von 0,15 Gramm pro Liter in der Bundesrepublik bis zu nicht einmal zwingend vorgeschriebenen, sondern empfohlenen 0,84 Gramm in Belgien, den Niederlanden und Großbritannien (vgl. Kommission der Europäischen Gemeinschaften, Stand der Umweltschutzarbeiten: Erster Bericht, Brüssel 1977, S. 92).

[91] Vgl. auch Mönig, Walter, u. a., S. 346 ff.

[92] Vgl. ohne Verfasser, Der Preis für Superbenzin überschreitet eine Mark, in: Frankfurter Allgemeine Zeitung, Nr. 101 vom 5. 5. 1976, und ohne Verfasser, „Kein Wettbewerb mehr am Benzinmarkt", in: Frankfurter Allgemeine Zeitung, Nr. 114 vom 28. 5. 1976.

[93] Vgl. ebenda.

1976 in Rotterdam bleiarmes Benzin angeboten wird[94], hat sich in der zweiten Hälfte des Jahres die Versorgungslage des freien Handels wieder gebessert.

Ähnliche Probleme bestehen bei dem Mineralölbevorratungsgesetz, über dessen endgültige Ausgestaltung die Diskussion noch nicht abgeschlossen ist[95]. Hier könnte eine zu starke Belastung der unabhängigen Importeure nicht nur deren Leistungsfähigkeit beschränken, sondern auch den Marktzutritt erheblich erschweren, was auch zu bedeutenden negativen Auswirkungen auf den Wettbewerb am Treibstoffmarkt führen dürfte[96].

Zweites Kapitel

Die Einzelhandelsstufe

A. Überblick

Anfang 1977 gab es in der Bundesrepublik Deutschland rund 31 300 Tankstellen[1], die von rechtlich selbständigen Unternehmern, den Tankstellenhaltern, betrieben wurden. Wie selbständig die Tankstellen aber im wirtschaftlichen Sinne sind, ist von der Art der vertraglichen Bindungen zu den Treibstoffgroßhändlern[2] abhängig. Durch solche vertraglichen Vereinbarungen können den Tankstellenhaltern verschiedene Aktionsparameter[3] aus der Hand genommen werden. Beispielsweise sind neun von zehn Tankstellen verpflichtet,

---

[94] Vgl. Baum, Gerhard.

[95] Zu den Vorschlägen, auf die sich die bisherigen Kontrahenten Mineralölwirtschaft und unabhängige Importeure geeinigt haben, vgl. ohne Verfasser, Nach dem Kohlepfennig nun auch der Ölpfennig, in: Frankfurter Allgemeine Zeitung, Nr. 44 vom 22. 2. 1977; ohne Verfasser, Ölbevorratung hat gute Chancen, in: Handelsblatt, Nr. 43 vom 2. 3. 1977; Schmidt, Frank, Öffentlich-rechtliche Bevorratungskörperschaft — eine Alternative zur Bevorratung?, in: Oel, Zeitschrift für die Mineralölwirtschaft. 14. Jahrgang (1976), S. 340 ff., und derselbe, Neues Vorratssystem baut Wettbewerbsverzerrungen ab, in: Handelsblatt, Nr. 122 vom 29. 6. 1977.

[96] Vgl. dazu auch Mönig, Walter, u. a., S. 245 ff.

[1] Vgl. Tabelle 4, S. 40.

[2] Es sei daran erinnert, daß alle bedeutenden Mineralölgesellschaften und eine größere Zahl unabhängiger Treibstoffhändler in der Großhandelsstufe tätig sind.

[3] Wahl der Lieferanten, Bestimmung der Wiederverkaufspreise, Investitionsentscheidungen, Werbung usw.

Tabelle 4

Die bundesdeutschen Tankstellen[a])

Treibstoffmarke	Anzahl der Stationen	davon SB-Stationen	Anteil des SB-Absatzes in Prozent
Aral	7 327	2 277	57
Esso	3 631	795	ca. 50[b])
Shell	3 592	972	63,2
BP	3 270	850	60
Texaco	3 127	358	58,6
Avia	1 389	144	—[c])
Fanal	1 001	296	ca. 50
Fina	825	189	40
Elf[d])	627	195	—[c])
Chevron	605	110	—[c])
Agip	582	481	92,7
Total	545	155	53
Jet	355	355	100
Deltin (Merk)	306	7	—[c])
Sauerstoff Westfalen	193	69	ca. 60
Pam	161	9	—[c])
Rückwarth/Emhagol	155	10	26,4
Baywa	150	0	0
Goldin	132	98	90
Montan-Union	104	0	0
Eller Montan	83	48	über 75
Weisser-Gruppe	56	18	42
SVG	54	0	0
Tramin	54	10	28
Freie Tankstellen (BFT)	1 492	50	—[c])
Sonstige	1 450	—[c])	—[c])
INSGESAMT	31 266	ca. 7 500	ca. 55 - 60

a) Stand: Anfang 1977.
b) Schätzung des Erdöl-Informationsdienstes.
c) keine Daten vorhanden.
d) Enthalten sind die von der Amoco, einer Tochtergesellschaft des Standard Oil of Indiana, Ende 1975 übernommenen 396 Tankstellen (vgl. ohne Verfasser, Amoco-Netz an Elf, in: Oel, Zeitschrift für die Mineralölwirtschaft, 13. Jahrgang [1975], S. 325).

Quelle: Ohne Verfasser, Durchschnittlicher Tankstellenabsatz stieg beträchtlich, in: Oel, Zeitschrift für die Mineralölwirtschaft, 15. Jahrgang (1977), S. 26.

ausschließlich Treibstoffe „ihres" Treibstofflieferanten zu beziehen und unter einer bestimmten Marke zu vertreiben. Die Tabelle zeigt die Verteilung der Tankstellen auf die einzelnen Treibstoffmarken sowie den Anteil der Selbstbedienungstankstellen und gibt erste, zunächst rein quantitative Anhaltspunkte dafür, daß einige Mineralölgesellschaften einen erheblichen Einfluß auf die Einzelhandelsstufe ausüben.

Tabelle 4 wird nun neu zusammengestellt, so daß die Tankstellen den folgenden vier Gruppen zugeordnet werden:

Gruppe 1: Tankstellen, die an die fünf großen Unternehmen Aral, Esso, Shell, BP und Texaco sowie Fanal[4] gebunden sind.

Gruppe 2: Tankstellen der sechs mittleren Tochtergesellschaften internationaler Konzerne (Fina, Elf, Agip, Chevron, Total, Jet).

Gruppe 3: Tankstellen, die an unabhängige Treibstoffgroßhändler oder deren Vereinigungen gebunden sind und Benzin unter einer Handelsmarke vertreiben (Avia, Deltin usw.).

Gruppe 4: Freie Tankstellen (BFT) und Sonstige (überwiegend ohne Bindungen an einen Treibstofflieferanten).

Tabelle 5

Zahl der Tankstellen und der wirtschaftlich selbständigen Einheiten

	Zahl der Tankstellen	in v. H. der Gesamtzahl	Zahl der wirtschaftlich selbständigen Einheiten
Gruppe 1	21 948	70,2	5
Gruppe 2	3 539	11,3	6
Gruppe 3	2 837	9,1	12
Gruppe 4	2 942	9,4	500 - 1 000

Die Einteilung der bundesdeutschen Tankstellen in vier Gruppen hat die Aufgabe zu verdeutlichen, wie groß der Anteil der Stationen ist, die an bestimmte Treibstoffgroßhändler gebunden sind. Weil die Bindungen eine Verpflich-

[4] Die Fanal-Tankstellenkette gehört zur VEBA-Tochter Stinnes und wurde dieser Gruppe zugeordnet, da VEBA auch eine Mehrheitsbeteiligung an Aral hält (vgl. Commerzbank).

tung zum ausschließlichen Bezug sämtlicher Treib- und Schmierstoffe bei dem einen Lieferanten enthalten, ist die Entscheidungsfreiheit der gebundenen Tankstellenhalter in dieser Hinsicht eingeengt[5], während die bindenden Unternehmen der Großhandelsstufe einen größeren Einfluß auf die nachgelagerte Marktstufe ausüben können.

Die Tabelle macht deutlich, daß mehr als 70 Prozent aller bundesdeutschen Tankstellen (hier als Gruppe 1 bezeichnet) an die fünf großen, am deutschen Markt tätigen Unternehmen Aral, Esso, Shell, BP und Texaco gebunden sind und nur deren Treib- und Schmierstoffe vertreiben. Weitere elf Prozent der Tankstellen (Gruppe 2) stehen unter der Kontrolle von sechs Tochtergesellschaften internationaler Mineralölgesellschaften, die am deutschen Markt keine dominierende Rolle spielen.

Rund 9 Prozent der Tankstellen werden von unabhängigen Mineralölgroßhändlern oder -vereinigungen beeinflußt, die ihre Treibstoffe unter einer bestimmten Handelsmarke über gebundene Tankstellen vertreiben (Gruppe 3). In dieser Gruppe ragt aufgrund der Zahl der Tankstellen das Netz der Avia hervor, das einer Vereinigung von 30 unabhängigen Mineralölgroßhändlern gehört[6].

Die restlichen 9 Prozent aller 31 000 Tankstellen verteilen sich auf eine größere Zahl wirtschaftlich selbständiger Einheiten (Gruppe 4). Es handelt sich um die in Tabelle 4[7] genannten „Freien Tankstellen", die dem Bundesverband Freier Tankstellen (BFT) angehören, der 340 Mitglieder[8] hat und denen etwa 1 500 Tankstellen gehören, sowie um die ebenfalls in Tabelle 4 genannten „Sonstigen", die zwar nicht weiter aufgeschlüsselt sind, bei denen es sich aber hauptsächlich um Tankstellen von Verbraucher- und Supermärkten han-

---

[5] Auf die Frage, ob durch die Tankstellenverträge den Tankstellenhaltern weitere Aktionsparameter aus der Hand genommen worden sind, wird im dritten Kapitel eingegangen. Erst dann kann beurteilt werden, wie groß überhaupt der Grad der wirtschaftlichen Selbständigkeit ist.

[6] Vgl. Mönig, Walter, u. a., S. 333.

[7] Vgl. S. 40.

[8] Vgl. ohne Verfasser, „Kein Wettbewerb mehr am Benzinmarkt".

delt[9]. Es kann angenommen werden, daß auch diese Unternehmen im Durchschnitt mehrere Tankstellen betreiben, so daß die Zahl der wirtschaftlich selbständigen Einheiten der Gruppe 4 bei 500 bis 1 000 liegen dürfte.

Eine Gegenüberstellung von Tankstellen und Marktanteil der einzelnen Gruppen zeigt, daß der durchschnittliche Mengenabsatz pro Tankstelle nicht unerhebliche Unterschiede aufweist. Der Marktanteil der Gruppen 1 und 2 liegt bei rund 75 Prozent[10]. Da der Tankstellenanteil beider Gruppen mehr als 81 Prozent beträgt, ist der Mengenabsatz geringer als im Durchschnitt. Allerdings darf nicht übersehen werden, daß auch die Durchschnittsumsätze von Tankstellen verschiedener Marken erheblich voneinander abweichen, auch wenn sie der gleichen Gruppe zugeordnet wurden, wie die folgende Tabelle zeigt.

Tabelle 6

Durchschnittlicher Benzinmengenabsatz von Tankstellen ausgewählter Mineralölgesellschaften[a])

Name des Unternehmens	Durchschnittlicher Mengenabsatz pro Tankstelle in cbm	davon Bedienungstankstelle in cbm	davon Selbstbedienungstankstelle in cbm	Anteil des SB-Absatzes in v. H. des Gesamtabsatzes
BP	532	408	1 100	48
Esso	750	540	1 770	40
Shell	960	570	2 300	58

a) Stand: Anfang 1976.

Quelle: Bundesverband des Tankstellen- und Garagengewerbes (BTG), Geschäftsbericht 1975, S. 13 (im folgenden zitiert als BTG-Geschäftsbericht 1975); eigene Berechnungen.

---

9 Schätzungen über die Zahl der Tankstellen im Eigentum von Verbrauchermärkten liegen bei 1 bis 2 Prozent der Gesamtzahl (vgl. Mönig, Walter, u. a., S. 334).

10 Vgl. Monopolkommission, Hauptgutachten, S. 319. (Die in der Übersicht 14 aufgeführten Raffineriegesellschaften entsprechen den Gruppe 1 und 2 zugeordneten Unternehmen.)

Tabelle 6 verdeutlicht, daß es erhebliche Abweichungen beim durchschnittlichen Mengenabsatz zwischen Tankstellen verschiedener Gesellschaften gibt. Beispielsweise setzten Shell-Tankstellen Anfang 1976 mengenmäßig im Durchschnitt mehr als doppelt soviel Motorenbenzin ab wie BP-Tankstellen. Besonders auffällig waren die Unterschiede bei Selbstbedienungsstationen.

Der Marktanteil der Tankstellen, die von unabhängigen Treibstoffgroßhändlern kontrolliert werden, war nicht exakt feststellbar, dürfte aber etwas niedriger als der Tankstellenanteil sein[11], so daß der Mengenabsatz pro Tankstelle ebenfalls unterdurchschnittlich ist.

Erheblich über dem Tankstellenanteil liegt der Marktanteil der Gruppe 4. Dies gilt für die „Freien Tankstellen (BFT)", deren Marktanteil von der Monopolkommission mit 6 Prozent[12] bei einem Tankstellenanteil von 4,5 bis 4,7 Prozent angegeben wird und in besonderem Maße für die Verbrauchermarkttankstellen, deren Mengenabsatz pro Station um das Drei- bis Sechsfache über dem Durchschnitt liegt[13].

Zusammenfassend kann festgestellt werden, daß rund 70 Prozent aller bundesdeutschen Tankstellen an fünf Mineralölgesellschaften, die sich auch als Treibstoffgroßhändler betätigen, gebunden sind. Mehr als 11 Prozent stehen unter

---

[11] Die überwiegende Mehrheit der Treibstoffgroßhändler, die die Tankstellen der Gruppe 3 kontrollieren, gehören der UNITI, Bundesverband mittelständischer Mineralölunternehmen, an. Die Monopolkommission beziffert den Marktanteil aller „UNITI-Tankstellen" auf 10 Prozent bei einem Tankstellenanteil von 12,6 Prozent (vgl. Monopolkommission, Hauptgutachten, S. 319 und 321). Diese Marktanteilschätzung wurde von der UNITI für das Jahr 1976 bestätigt (vgl. ohne Verfasser, Im Kraftstoffhandel wird der Spielraum eng, in: Handelsblatt, Nr. 103 vom 31. 5. 77). Da aber ein kleiner Teil der Gruppe 4 zugeordneten Tankstellen ebenfalls UNITI-Mitglied ist, sind die Prozentzahlen aufgrund der unterschiedlichen Gruppenbildung nur bedingt vergleichbar.

[12] Vgl. Monopolkommission, Hauptgutachten, S. 319. Der Bundesverband Freier Tankstellen schätzt den Marktanteil seiner Mitglieder mit knapp 10 Prozent allerdings erheblich höher ein (vgl. ohne Verfasser, „Kein Wettbewerb mehr am Benzinmarkt").

[13] Dem Marktanteil von 6 Prozent (vgl. Monopolkommission, Hauptgutachten, S. 319) steht ein Tankstellenanteil von 1 bis 2 Prozent gegenüber (vgl. Mönig, Walter, u. a., S. 334).

der Kontrolle von sechs weiteren Mineralölunternehmen und 9 Prozent sind an unabhängige Treibstoffgroßhändler, deren Tätigkeit sich auf die Vertriebsstufe beschränkt, gebunden. Lediglich ein knappes Zehntel aller Tankstellen gehört einer größeren Zahl von wahrscheinlich mehr als 500 und weniger als 1 000 wirtschaftlich völlig selbständigen Einheiten. Der Mengenabsatz dieser Tankstellen liegt erheblich über dem Durchschnitt, während das Absatzvolumen der Tankstellen der drei anderen Gruppen leicht unterdurchschnittlich ist.

Auf die konzernfreien Tankstellen (Gruppen 3 und 4) entfällt rund ein Viertel des Motorenbenzinabsatzes. Der Anteil freier Vertriebsunternehmen ist also auf der Einzelhandelsstufe erheblich höher als auf der Großhandelsstufe, wo er ungefähr 11 Prozent ausmacht. Daher beziehen diese Tankstellen rund 40 Prozent ihres Bedarfs bei unabhängigen Großhändlern, deren Lieferanten überwiegend freie Importeure sind, während die restlichen 60 Prozent aus inländischer Verarbeitung und damit im wesentlichen von konzerngebundenen Großhändlern stammen[14].

Im einzelnen ergeben sich bei den drei bedeutenden Gruppierungen der konzernfreien Tankstellen hinsichtlich der Wahl ihrer Lieferanten erhebliche Unterschiede. Die UNITI-Händler decken „ihren Bedarf zum überwiegenden Teil aus der innerdeutschen Produktion"[15] und legen in ihrer Mehrzahl Wert auf eine sichere Versorgung mit langfristigen Lieferverträgen, so daß sie „der Aufrechterhaltung traditioneller Geschäftsbeziehungen"[16] zu den Mineralölgesellschaften großes Gewicht beimessen und auch zeitweilige Preisnachteile gegenüber billigerem Importbenzin in Kauf nehmen[17]. Demgegenüber beziehen die BFT-Tankstellen schät-

---

14 Vgl. auch Grüner, Martin, Benzinpreisentwicklung und Wettbewerbslage Freier Tankstellen. Antwort auf mündliche Fragen des Abgeordneten Wolfram, abgedruckt in: Wirtschaft und Wettbewerb, 26. Jahrgang (1976), S. 568, und ohne Verfasser, Wettbewerb am Benzinmarkt?.

15 UNITI-Geschäftsbericht 1975, S. 18.

16 Ebenda.

17 Allerdings sind die Geschäftsbeziehungen unfreundlicher geworden. Vgl. ohne Verfasser, Im Kraftstoffhandel . . ., wo die UNITI über die Preispolitik der inländischen konzerngebundenen Raffinerien Klage führt: „Bei

zungsweise 40 bis 60 Prozent ihrer Treibstoffe bei unabhängigen Großhändlern und Importeuren. Dieser Anteil dürfte bei Verbrauchermarkttankstellen sogar zwischen 80 und 100 Prozent liegen. Die Vorteile des Bezugs von Importtreibstoffen sind einmal preislicher Natur, andererseits ist aber auch die Gefahr einer zu großen Abhängigkeit von einem übermächtigen Lieferanten geringer. Ein bedeutender Nachteil besteht in der Versorgungsunsicherheit, die in Zeiten extremer Verknappung von Rohöl und Mineralölprodukten bis zum vollständigen Ausfall dieser Bezugsquelle führen kann.

Von einem Markt in dem Sinne, daß sich auf der Absatz- und der Beschaffungsseite wirtschaftlich selbständige und voneinander unabhängige Anbieter und Nachfrager gegenüberstehen, kann im Treibstoffvertrieb über Tankstellen nur bei dem kleineren Teil des Marktvolumens, das hauptsächlich den Umsatz der konzernfreien Einzelhändler umfaßt, gesprochen werden. Der überwiegende Teil des Treibstoffes verläßt auf seinem Weg vom Rohprodukt bis zum Verbraucher nicht die voll- oder teilintegrierten Mineralölkonzerne, die mehr als 80 Prozent der bundesdeutschen Tankstellen kontrollieren.

B. Zum strukturellen Wandel

Die Zahl der Tankstellen in der Bundesrepublik Deutschland ist bis in die zweite Hälfte der sechziger Jahre ständig gestiegen[18]. Die Zuwachsraten waren kaum kleiner als die des Treibstoffverbrauchs, so daß der durchschnittliche Mengenabsatz pro Tankstelle in diesem Zeitraum nur wenig anstieg. Seit den Jahren 1967/68 hat sich diese Entwicklung

den mittelständischen Mineralölunternehmen kam es 1976 nämlich wieder zu teilweise erheblichen Spannenkürzungen, weil die Anhebungen der Einkaufspreise auch dann nicht oder nicht voll rückgängig gemacht wurden, wenn sich die ihnen zugrunde liegenden Verbraucherpreiserhöhungen nicht durchsetzen ließen."

[18] Vgl. Schüller, Alfred, Dienstleistungsmärkte in der Bundesrepublik Deutschland. Sichere Domänen selbständiger mittelständischer Unternehmen? Abhandlungen zur Mittelstandsforschung Nr. 25, Köln, Opladen 1967, S. 208.

Tabelle 7

Tankstellenbestand, durchschnittlicher Benzinabsatz und Mengenanteil der Selbstbedienungstankstellen

Jahr	Anzahl der Tankstellen[a])	Benzinabsatz pro Tankstelle in cbm	Mengenanteil der SB-Tankstellen in v. H.
1968	46 700	337	—
1969	45 850	373	—
1970	44 400	423	—
1971	42 700	487	—
1972	42 000	534 (520)[c])	—
1973	40 400	561 (580)[c])	—
1974	35 500	593 (630)[c])	30
1975	33 100	680	50
1976	31 300	758	55 - 60
1980[b])	25 000	1 000	60 - 70

a) jeweils Ende des Jahres.
b) geschätzte Zahlen.
c) widersprüchliche Zahlen der gleichen Quelle.

Quelle: BTG-Geschäftsberichte 1974, S. 7, und 1975, S. 9, und ohne Verfasser, Durchschnittlicher Tankstellenabsatz . . .

nicht mehr fortgesetzt, sondern es vollzog sich ein abrupter Wandel. Mit 46 700 Einheiten hatte die Zahl der bundesdeutschen Tankstellen 1968 ihren höchsten Stand erreicht[19], seitdem ist sie ständig gesunken und hat bis zum Jahre 1976 um etwa ein Drittel abgenommen. Es wird geschätzt, daß sich die Zahl von 1968 bis zum Jahre 1985 fast halbiert. Gleichzeitig hat sich der durchschnittliche Benzinabsatz pro Tankstelle von 1968 bis 1975 mehr als verdoppelt und wird sich bis zum Jahre 1985 wahrscheinlich verdreifachen[20].

Noch bemerkenswerter ist der außerordentliche Anstieg des Mengenabsatzes, der auf Selbstbedienungstankstellen entfällt. Dieser Anteil hat sich innerhalb weniger Jahre bis 1976 von 0 auf 55 bis 60 Prozent gesteigert. Da die Selbst-

[19] Vgl. ohne Verfasser, Durchschnittlicher Tankstellenabsatz . . .

[20] Auf eine Tankstelle entfielen 1955 im Durchschnitt 85 Pkw, 1965 228 Pkw und 1975 504 Pkw (vgl. Mönig, Walter, u. a., S. 328).

bedienungstankstellen ein knappes Viertel der Gesamtzahl im Jahre 1976 ausmachten, ist ihr durchschnittlicher Mengenabsatz ungefähr viermal so hoch wie bei Bedienungstankstellen. Daher geht der Zuwachs des Mengenabsatzes aufgrund des gestiegenen Gesamtabsatzes und des Rückgangs der Zahl der Tankstellen weitgehend auf das Konto der Selbstbedienungstankstellen.

Die Tendenz zu größeren Stationen ist zwischen den verschiedenen Tankstellennetzen und auch in räumlicher Hinsicht in ihrem Ausmaß und Tempo unterschiedlich. „Die Größe der Tankstelle steigt mit der Besiedelungsdichte deutlich an"[21] und liegt in Groß- und Mittelstädten um 45 Prozent höher als in Landgemeinden[22]. Gleiches gilt für Selbstbedienungstankstellen, die in Landgemeinden kaum anzutreffen sind, deren absoluter Anteil in Großstädten aber fast 45 Prozent beträgt[23]. Ende 1975 hatte eine Bedienungstankstelle im Durchschnitt 2,5 und eine SB-Station 4,2 Zapfsäulen[24]. Der durchschnittliche Mengenabsatz war zu diesem Zeitpunkt bei einer SB-Anlage pro Station 3,6mal und pro Zapfsäule 2,1mal höher als bei einer Servicetankstelle.

Der Rückgang der Zahl der Tankstellen weist zwischen den verschiedenen Netzen erhebliche Unterschiede auf. Überdurchschnittliche Abgangsraten haben seit 1968 die großen Markengesellschaften (Gruppe 1) mit Ausnahme der Aral aufzuweisen, die Anfang der siebziger Jahre aufgrund der Eingliederung von Gasolin zunächst eine Sonderbewegung nach oben durchmachte. Bei Unternehmen der Gruppe 2 ist die Tendenz uneinheitlich. Gulf, Occidental und Amoco haben sich in der ersten Hälfte der siebziger Jahre völlig aus dem Tankstellengeschäft zurückgezogen, Agip hat den norddeutschen und Chevron den süddeutschen Regionalmarkt weitgehend aufgegeben[25]. Demgegenüber expandiert Elf sehr stark und hat durch die Übernahme der Occidental- und

21 Mönig, Walter, u. a. S. 345.

22 Vgl. ebenda.

23 Vgl. ebenda.

24 Vgl. dazu und zum folgenden ebenda, S. 338.

25 Vgl. ebenda, S. 330 und 335.

Amoco-Tankstellen ihr Netz seit 1970 mehr als verfünffacht[26].

Der Rückgang der konzernunabhängigen Tankstellen war in dem Zeitraum von 1970 bis 1975 leicht unterdurchschnittlich. Die Zahl der BFT-Tankstellen ging zwar absolut zurück, ihr Anteil an der Gesamtzahl stieg aber von 3,9 auf 5,0 Prozent[27]. Die Verbrauchermarkttankstellen dürften während dieses Zeitraums sogar absolut zugenommen haben. Die Abgangsraten der UNITI-Tankstellen waren leicht überdurchschnittlich, so daß sich deren Anteil an der Gesamtzahl von 15 auf 14 Prozent reduzierte[28].

Im Zuge der strukturellen Veränderungen kam es auch zu einer starken Ausweitung des sogenannten Folgemarktes an den Tankstellen, der neben Dienstleistungen den Verkauf von Autozubehör, Lebens- und Genußmitteln und so weiter umfaßt. „Nach Branchenschätzungen setzten die Aral im Jahr 1975 zwischen 80 und 85 Millionen DM, die Esso knapp 75 Millionen DM und die BP knapp 30 Millionen DM im Folgemarktgeschäft um[29]." Shell vergrößerte seinen Umsatz in diesem Bereich von 117 (1975) auf 140 Millionen DM im darauffolgenden Jahr[30].

Der strukturelle Wandel, der im letzten Drittel der sechziger Jahre begann und noch nicht abgeschlossen ist, ist auf einen Wechsel in der Politik der Mineralölgesellschaften zurückzuführen. Bis dahin waren diese Unternehmen bemüht, ihr Tankstellennetz möglichst stark auszudehnen, damit jeder Autofahrer auf kürzestem Wege „seine" Marke tanken könne[31]. Die jetzige Politik einer Netzbereinigung auf weniger und größere Tankstellen wird mit Kostenvorteilen im Vertrieb begründet, die zu einer besseren Auslastung der

---

26 Vgl. Mönig, Walter, u. a., S. 330.

27 Vgl. ebenda, S. 335.

28 Vgl. ebenda.

29 Ohne Verfasser, „Wir kennen kein Tankstellenproletariat mehr", in: Blick durch die Wirtschaft, Nr. 16 vom 20. 1. 1977.

30 Vgl. ebenda.

31 Vgl. Kistowski, Askar von, Der Tankstellenvertrag. Eine Untersuchung in handels- und arbeitsrechtlicher Hinsicht, Diss. Köln 1962, S. 14.

Einrichtungen führe und daher nicht nur für die Mineralölgesellschaften, sondern auch für die Tankstellenhalter und Verbraucher von Nutzen sei[32].

C. Überlegungen zur Marktphase, Homogenität und Preiselastizität der Nachfrage

1. Marktphase

Die Entwicklung der Nachfrage nach Vergaserkraftstoff ist im wesentlichen von drei Bestimmungsfaktoren abhängig:
— dem Personenkraftfahrzeugbestand,
— dem durchschnittlichen Benzinverbrauch pro km und Pkw,
— den durchschnittlich gefahrenen km pro Jahr und Pkw.

Sollten die beiden letzten Faktoren im Zeitablauf relativ konstant sein, dann müssen die Marktphasen[33] der Produkte Benzin und Pkw (gemessen am Pkw-Bestand) ähnlich verlaufen; vorausgesetzt, daß keines dieser beiden Güter aufgrund einer anderen, bisher unbekannten Verwendung eine Sonderentwicklung durchmacht.

Abbildung 2 zeigt die prozentualen Zuwachsraten des realen Bruttosozialprodukts, des Motorenbenzinverbrauchs

---

[32] Vgl. BTG-Geschäftsbericht 1974, S. 7.

[33] Heuss unterscheidet die Experimentierungsphase, die Expansionsphase, die Ausreifungsphase sowie die Stagnations- und Rückbildungsphase. Als eine Meßgröße für die einzelnen Phasen kann die Einkommenselastizität (E) der Nachfrage herangezogen werden; sie zeigt die relative Veränderung der mengenmäßigen Nachfrage im Verhältnis zur relativen Veränderung des realen Bruttosozialprodukts an und errechnet sich wie folgt:

$$E = \frac{\text{prozentuale Veränderung der mengenmäßigen Nachfrage}}{\text{prozentuale Veränderung des realen Bruttosozialprodukts}}$$

Eine Einkommenselastizität von größer als 1 ist dann ein Indikator dafür, daß sich der Markt in der Expansionsphase befindet. Bei einem Wert um 1 dürfte die Ausreifungsphase, bei einem Wert kleiner als 1 die Stagnationsphase und bei einem negativen Wert die Rückbildungsphase erreicht sein (vgl. Heuss, Ernst, Allgemeine Markttheorie, Tübingen, Zürich 1965, S. 14 ff.).

Abbildung 2: Gegenüberstellung der Wachstumsraten des realen Bruttosozialprodukts, des Motorenbenzinverbrauchs und des Bestands an Personenkraftwagen (Veränderungen in Prozent gegenüber dem Vorjahr).

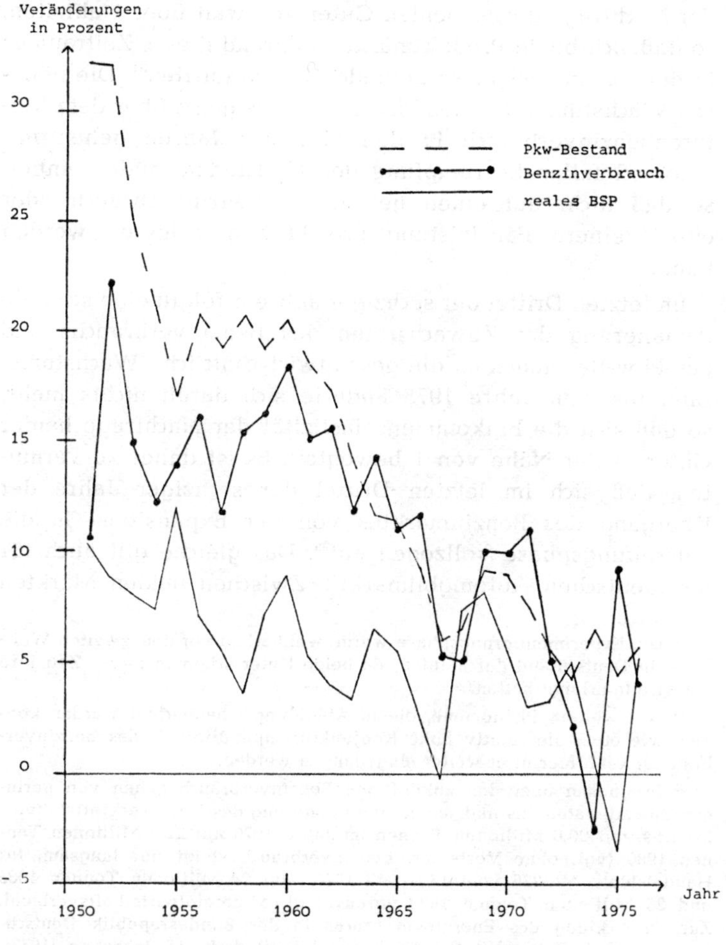

Quelle: Statistisches Bundesamt, Statistisches Jahrbuch für die Bundesrepublik Deutschland, Stuttgart, Mainz, verschiedene Jahrgänge; MWV-Jahresbericht 1975, a.a.O., T 32 und T 55; eigene Berechnungen.

und des Pkw-Bestandes über einen Zeitraum von 25 Jahren. Von 1951 bis in die zweite Hälfte der sechziger Jahre waren die jährlichen Zuwachsraten des Benzinverbrauchs und des Pkw-Bestandes bedeutend größer als der reale Bruttosozialproduktzuwachs. Daraus läßt sich eine Einkommenselastizität der Nachfrage dieser beiden Güter von weit über 1 ableiten, so daß sich beide Produktmärkte während dieses Zeitraumes in der Expansionsphase befunden haben dürften[34]. Die höheren Wachstumsraten des Pkw-Bestandes gegenüber dem Motorenbenzinverbrauch in den fünfziger Jahren gehen mit einer schnellen Schrumpfung des Kraftradbestandes einher, so daß nicht auf einen geringeren Benzinverbrauch oder eine kleinere Fahrleistung pro Pkw geschlossen werden kann.

Im letzten Drittel der sechziger Jahre erfolgte eine schnelle Annäherung der Zuwachsraten des Benzinverbrauchs und des Pkw-Bestandes an die gesamtwirtschaftliche Wachstumsrate. Bis zum Jahre 1975 änderte sich daran nichts mehr, so daß sich die Einkommenselastizität der Nachfrage beider Güter in der Nähe von 1 bewegte[35]. Es ist daher zu vermuten, daß sich im letzten Drittel der sechziger Jahre der Übergang des Benzinmarktes von der Expansions- in die Ausreifungsphase vollzogen hat[36]. Das gleiche gilt auch für den deutschen Automobilmarkt[37]. Zwischen beiden Märkten

---

[34] Die Experimentierungsphase wurde wohl schon vor dem zweiten Weltkrieg in Deutschland durchlaufen, da beide Güter schon in dieser Zeit ihre Marktreife erlangt hatten.

[35] Auf weitere Phänomene, die in Abbildung 2 beobachtet werden können, wie etwa die relativ hohe Konjunkturempfindlichkeit des Benzinverbrauchs, kann hier nicht weiter eingegangen werden.

[36] Prognosen über den zukünftigen Benzinverbrauch gehen von geringen Zuwachsraten aus und sagen eine Steigerung des Vergaserkraftstoffverbrauchs von 20,6 Millionen Tonnen im Jahre 1976 auf 22,5 Millionen Tonnen 1980 (vgl. ohne Verfasser, Benzinverbrauch steigt nur langsam, in: Handelsblatt, Nr. 236 vom 17./18. 12. 1976), auf 24 Millionen Tonnen 1985 und 25 Millionen Tonnen 1990 voraus (vgl. Mineralölwirtschaftsverband, Zur Entwicklung des Energieverbrauchs in der Bundesrepublik Deutschland, in: Oel, Zeitschrift für die Mineralölwirtschaft, 15. Jahrgang [1977], S. 152).

[37] Nach zwei Modellrechnungen der Deutschen Shell AG wird der Pkw-Bestand der Bundesrepublik von 19,2 Millionen Autos Ende 1976 über 21,4 (22,0) Millionen 1980 und 23,0 (24,6) Millionen auf 23,4 (25,9) Millionen

dürfte auch in Zukunft eine enge Komplementärbeziehung bestehen.

Eine wichtige ökonomische Konsequenz dieses Wechsels der Marktphase ist, daß der Markt für die beteiligten Unternehmen enger geworden ist und enger bleiben wird. Mit anderen Worten: Die jährlichen Nachfragezuwachsraten werden in Zukunft relativ klein sein, so daß größere Absatzausweitungen eines Unternehmens nur noch auf Kosten seiner Konkurrenten möglich sind. Diese Tatsache kann die Verhaltensweisen der Firmen beeinflussen.

2. Zur Frage der Homogenität von Motorenbenzin

Bei Motorenbenzin bestehen zwei Produktvarianten, Super- und Normalbenzin, die sich hinsichtlich ihrer chemischen Zusammensetzung und Eignung für verschiedene Motoren unterscheiden. Diese beiden Benzinarten werden an allen Tankstellen angeboten[38].

Umstritten ist, ob es bei Normal- und insbesondere bei Superbenzin Qualitätsunterschiede zwischen den einzelnen Marken und besonders zu dem markenlosen Benzin der unabhängigen Tankstellen gibt. Die Stiftung Warentest hat im Jahre 1974 die Ergebnisse eines Benzin-Tests veröffentlicht und festgestellt, „daß der Autofahrer sicher sein kann, in der Bundesrepublik hochwertiges Benzin zu tanken"[39]. Es bestehen zwar bei allen Marken- und markenlosen Vergaserkraftstoffen gewisse produktionsbedingte Qualitätsschwankungen, sie bewegen sich aber innerhalb der zulässigen Grenzen. Die größten Schwankungen werden bei den freien Tankstellen festgestellt, doch „die von der gültigen Norm verlangte Oktanzahl von 90 ROZ[40] wurde im allgemeinen von den

---

Fahrzeuge ansteigen (vgl. ohne Verfasser, Der Autobestand wächst bis 1989 weiter. Eine Prognose der Deutschen Shell AG, in: Frankfurter Allgemeine Zeitung, Nr. 208 vom 8. 9. 1977).

[38] BP-Tankstellen bieten darüber hinaus noch Mischungen von Super- mit Normalbenzin an.

[39] Ohne Verfasser, Test: Benzin (Normal und Super). Was ist normal an Super?, in: test, Die Zeitschrift für den Verbraucher, 9. Jahrgang (1974), S. 113.

[40] Research-Oktan-Zahl.

„Freien" ebenso erreicht wie von den anderen Benzinen im Test"[41].

Die Diskussion um die Frage von Qualitätsschwankungen bei markenlosem Benzin flammte in der ersten Hälfte des Jahres 1976 noch einmal auf, nachdem am 1. 1. 1976 die zweite Stufe des Benzin-Blei-Gesetzes in Kraft getreten war[42]. „In einer bundesweiten Testaktion wollte nun der ADAC — was durchaus bemerkenswert ist — zusammen mit dem Volkswagenwerk und der Aral AG, dem größten deutschen Tankstellenbesitzer, prüfen, inwieweit diese Normen eingehalten werden[43]." Zunächst wurde als Ergebnis in der Presse bekannt, daß lediglich Markensuperbenzin den Qualitätsanforderungen entsprechen würde, während ein Großteil des markenlosen oder unter Handelsmarken vertriebenen Super-Benzins den Test nicht bestanden habe[44].

Nach zahlreichen Protesten von seiten der Betroffenen wurden die Vorwürfe konkretisiert, und die Zentrale gegen unlauteren Wettbewerb, die ebenfalls an dieser Aktion beteiligt war, erwirkte gegen den Inhaber der Goldin-Tankstellenkette eine einstweilige Verfügung, die diesem verbot, Kraftstoff unter der Bezeichnung „Super" zu verkaufen[45]. In einem Rechtsstreit, der bisher über zwei Instanzen gelaufen ist und inzwischen beim Bundesgerichtshof anhängt, wurde die Verfügung aufgehoben und der Zentrale gegen unlauteren Wettbewerb vom Landgericht Bochum untersagt zu behaupten, Goldin-Super sei minderwertig und entspreche nicht den DIN-Vorschriften. Das Oberlandesgericht Hamm bestätigte das Urteil und stellte darüber hinaus fest, daß die Entnahme der Benzinproben nicht fehlerfrei und den Vorschriften gemäß erfolgt sei[46]. Obwohl nicht völlig auszuschließen ist, daß wegen gewisser vorübergehender Anpassungsschwierigkeiten ausländischer Raffinerien an das novellierte deutsche Bleigesetz ein Teil des importierten Superbenzins im ersten Halbjahr 1976 die vorgeschriebene Qualität nicht erreichte, lassen Mängel in der Durchführung dieses Benzin-

---

[41] Ohne Verfasser, Test: Benzin, S. 113. In dem Test wurden lediglich die unabhängigen Tankstellen berücksichtigt, die Mitglieder des Bundesverbandes Freier Tankstellen sind (vgl. ebenda, S. 113).

[42] Vgl. S. 38 f.

[43] Ohne Verfasser, Freie Tankstellen wehren sich ihrer Haut, in: Mainzer Allgemeine Zeitung, Nr. 96 vom 24./25. 4. 1976.

[44] Vgl. Kemmer, Heinz-Günter, Tricks mit Roz und Moz, in: Die Zeit, Nr. 19 vom 30. 4. 1976.

[45] Vgl. ebenda.

[46] Vgl. Matthiesen, Peter E., Superstreit um MOZ, in: Deutsche Zeitung, Nr. 32 vom 6. 8. 1976; ohne Verfasser, Im Superstreit lenkt keiner ein, in: Frankfurter Allgemeine Zeitung, Nr. 176 vom 11. 8. 1976, und ohne Verfasser, Benzinmarkt: Pusher und Panscher, in: Wirtschaftswoche, Nr. 21 vom 21. 5. 1976, S. 67 f.

tests und nicht auszuschließende Interessenverstrickungen seiner Initiatoren begründete Zweifel an der Seriosität und der Brauchbarkeit der Ergebnisse zu.

In Anlehnung an die Untersuchungsergebnisse der Stiftung Warentest kann wohl davon ausgegangen werden, daß das in der Bundesepublik von den Marken- und freien Tankstellen angebotene Super- und Normalbenzin weitgehend homogen ist und die Qualitätsschwankungen unbedeutend sind. So auch Sauermann: „In ihren entscheidenden Eigenschaften sind die Benzinzusätze aller Firmen also ziemlich gleichwertig; das betrifft auch das sog. markenfreie Benzin, das objektiv die gleiche Güte hat, da es die vorgeschriebene Oktanzahlhöhe ebenfalls einhalten muss[47]." Zu berücksichtigen ist ferner, daß die unabhängigen Tankstellen etwa 60 Prozent ihres Motorenbenzins von den Mineralölgesellschaften aus deutschen Raffinerien beziehen[48]. Diese Produkte dürfen, auch wenn sie vollkommen identisch sind mit dem Treibstoff einer bestimmten Marke, aufgrund einer Entscheidung des Bundesgerichtshofes nicht unter der Bezeichnung Markenbenzin verkauft werden[49]. Vermutlich liefern die Mineralölgesellschaften Treibstoffe, die sie an den unabhängigen Handel verkaufen, deshalb in neutralen Tankwagen[50], damit dieser Sachverhalt beim Transport verborgen bleibt.

Wenn Motorenbenzin ein annähernd homogenes Produkt ist, heißt das noch nicht, daß auch in den Augen des Verbrauchers keine wesentlichen Unterschiede bestehen. Wie groß eine solche „künstliche Produktdifferenzierung"[51] ist, läßt sich an der Bereitschaft der Konsumenten ablesen, für eine bestimmte Marke bei freier Wahlmöglichkeit einen höheren Preis als für eine andere Marke oder für markenloses Benzin zu bezahlen. Ein solches Verhalten resultiert aus der Annahme, daß — trotz der in Wirklichkeit annä-

[47] Sauermann, Peter, Der Einfluß von Werbung und Promotionen auf das Tankverhalten des Autofahrers, Dissertation, München 1973, S. 87.

[48] Vgl. S. 45 f.

[49] Vgl. Bundesgerichtshof, Beschluß des Bundesgerichtshofs vom 7. 4. 1965, in: Der Betrieb, 18. Jahrgang (1965), S. 1324 f.

[50] Vgl. Möhrmann, Dieter, S. 40.

[51] Schüller, Alfred, Dienstleistungsmärkte . . ., S. 220.

hernd gleichen Beschaffenheit — Qualitätsunterschiede bestehen, die es dem Käufer gerechtfertigt erscheinen lassen, einen höheren Preis für eine bestimmte Marke zu bezahlen[52]. Dies ist auf einen ungenügenden Informationsstand des Verbrauchers zurückzuführen, der unter anderem durch intensive Werbung herbeigeführt oder verstärkt worden sein kann[53]. Aber auch das höchstrichterliche Urteil, das freien Tankstellenhaltern verbietet, Benzin von Markengroßhändlern unter der Bezeichnung Markenbenzin zu vertreiben, dürfte dazu beigetragen haben[54].

Einige Anhaltspunkte sprechen dafür, daß die Zahl der Verbraucher, die an Qualitätsunterschiede bei Benzin glauben, ständig abgenommen hat. Eine Untersuchung der Esso AG, die sich mit der Einstellung der Autofahrer zu Markenbenzin beschäftigt, kam zu folgendem Ergebnis: „Es zeigte sich, daß 1952 rund 50 % der Pkw-Fahrer davon überzeugt waren, daß zwischen den wichtigsten Marken keinerlei qualitative Differenzen bestehen. 1955 waren es bereits über 60 %, die Qualitätsunterschiede verneinten. Und 1958 waren es nur noch knapp 35 % der befragten Pkw-Fahrer, die glaubten, daß zwischen den einzelnen Marken Qualitätsunterschiede bestehen. Und damit war die Ansicht, daß Qualitätsunterschiede vorliegen, also eindeutig rückläufig[55]." Auch die Qualitätsunterschiede zwischen Marken- und markenlosem Benzin sind nach Meinung der Konsumenten erheblich geringer geworden. Als Indikator dafür kann der Preisabstand zwischen beiden „Benzinarten" angesehen werden. In den fünfziger Jahren betrug die Preisdifferenz bis zu dreizehn Pfennig pro Liter[56], wurde aber nach und nach geringer und

[52] Vgl. dazu allgemein Scherhorn, Gerhard, Information und Kauf. Empirische Analyse der „Markttransparenz", Köln, Opladen 1964, S. 52 ff., und derselbe, Gesucht: der mündige Verbraucher. Grundlagen eines verbraucherpolitischen Bildungs- und Informationssystems, Düsseldorf 1973, S. 34 ff.

[53] Vgl. ebenda.

[54] Vgl. Schüller, Alfred, Dienstleistungsmärkte . . ., S. 225 ff.

[55] Holm, Karl-Friedrich, Zusammenarbeit zwischen Marktforschung und Werbung an Hand praktischer Beispiele (unveröffentlichtes Vortragsmanuskript), ohne Ort, 1964, S. 52 (zitiert nach Sauermann, Peter, S. 87).

[56] Vgl. Heyde, Werner, Wettbewerbsverhältnisse und Absatzpolitik auf dem westdeutschen Benzinmarkt, Dissertation, München 1960, S. 47.

bewegt sich heute um drei Pfennig. Trotz dieser Verringerung des Preisabstandes ist der Marktanteil des markenlosen Benzins von zwei Prozent im Jahre 1953[57] auf etwa 20 bis 25 Prozent stark angestiegen. Aus dieser Entwicklung kann geschlossen werden, daß Motorenbenzin nicht nur aufgrund seiner stofflichen Beschaffenheit, sondern auch in den Augen des Verbrauchers ein weitgehend homogenes Produkt geworden ist.

3. Preiselastizität der Nachfrage

Bei Überlegungen, die sich auf die direkte Preiselastizität der Gesamtnachfrage eines Produktes beziehen, entstehen dann unüberwindliche Probleme, wenn sich die „Nachfragekurve" im Zeitablauf ändert, was in bestimmten Marktphasen und bei Einkommensveränderungen der Fall ist. Es kann dann bei Preisänderungen nicht mehr festgestellt werden, ob die erfolgte Mengenänderung ursächlich damit zusammenhängt oder aber auf eine veränderte Nachfragestruktur zurückzuführen ist. Besonders schwer sind annähernd richtige Elastizitätsvorstellungen auf einem stark expandierenden Markt zu erhalten[58]. Befindet sich dagegen ein Markt in der Ausreifungsphase, wie das beim Treibstoffmarkt der Fall ist, sind Elastizitätsüberlegungen von grösserer Sicherheit, da die auf Preisänderungen folgenden Mengenänderungen weitgehend kausal zusammenhängen dürften, wenn kurzfristig konstante Einkommen unterstellt werden.

Verschiedene Anzeichen deuten darauf hin, daß die Preiselastizität der Gesamtnachfrage bei Treibstoff deutlich unter 1 liegt. Eine direkte Substitutionskonkurrenz zu Vergaserkraftstoff, der aus Mineralöl gewonnen wird, ist nicht vorhanden, so daß keine Nachfrage zu einem Konkurrenzprodukt abwandern kann. Es ist zwar technisch möglich, Benzin aus Kohle herzustellen, bei der heutigen Kohle-Erdöl-Preisrelation und den bisher bekannten technischen Verfahren ist

---

[57] Vgl. Schneider, Olaf, Die Preiszusammenhänge auf dem deutschen Treibstoffmarkt, Dissertation, Hamburg 1961, S. 205.

[58] Vgl. Heuss, Ernst, Allgemeine Markttheorie, S. 53 ff.

diese Alternative allerdings mit Kosten verbunden, die um das Zwei- bis Zweieinhalbfache höher liegen[59]. „Als Fernziel sieht man im Wasserstoff den idealen Kraftstoff für mobile Anwendungen[60]." Die Lösung damit zusammenhängender technischer Probleme ist aber „erst für das nächste Jahrhundert zu erwarten"[61].

Die tendenziell steigende Preiselastizität der Gesamtnachfrage aufgrund von Benzinpreiserhöhungen, die insbesondere durch verschiedene Anhebungen der Mineralölsteuer und die Rohölverteuerungen Ende 1973 hervorgerufen wurde, ist wahrscheinlich durch Nominaleinkommenserhöhungen kompensiert worden, die zu einer „Rechtsverschiebung der Nachfragekurve" geführt haben, so daß die Gesamtnachfrage nicht elastischer geworden sein dürfte.

Die bisherigen Betrachtungen beschränken sich auf die Gesamtnachfrage nach Treibstoff. Wie die Preiselastizität der Nachfrage aus der Sicht des einzelnen Tankstellenhalters oder Großhändlers aussieht, ist demgegenüber von anderen Faktoren, insbesondere von den lokalen Konkurrenzverhältnissen und dem Homogenitätsgrad der Produkte, abhängig. Bei vollständiger Homogenität gäbe es — von räumlichen Unterschieden abgesehen — einen einheitlichen Produktpreis. Aus der Sicht des einzelnen Anbieters wäre die Preiselastizität der Nachfrage unendlich, da aufgrund der Homogenität des Produkts ihm die gesamte Nachfrage bis zur Kapazitätsgrenze zufallen würde, wenn er den Preis auch nur geringfügig senken würde. Da aber tasächlich eine gewisse Verschiedenartigkeit des Motorenbenzins je nach

---

59 Vgl. ohne Verfasser, 120 Mill. DM werden für die Kohleforschung eingesetzt, in: Handelsblatt, Nr. 39 vom 24. 2. 1977, und ohne Verfasser, Benzin aus Kohle ist noch unwirtschaftlich, in: Handelsblatt, Nr. 54 vom 17. 3. 1977. Eine weitere Alternative ist ein Methanol-Benzin-Mischkraftstoff, der als Antriebsenergie für Autos inzwischen technisch problemlos einsetzbar ist (vgl. ohne Verfasser, Methanol-Benzin frühestens 1982, in: Frankfurter Allgemeine Zeitung, Nr. 26 vom 1. 2. 1977). Aber auch hier dürften die ungünstigeren Kostenrelationen im Vergleich zu Benzin auf alleiniger Mineralölbasis das eigentliche Problem sein.

60 Marquardt, Klaus, Autofahrer bleiben auf Öl angewiesen, in: Handelsblatt, Nr. 122 vom 29. 6. 1977.

61 Ebenda.

Marke in den Augen der Konsumenten existiert und nur jeder zehnte Tankstellenhalter den Preis selbst bestimmt, sind die Auswirkungen auf das Preisverhalten der Tankstellenhalter komplizierter[62]. Festzuhalten bleibt, daß die Treibstoffnachfrage aus der Sicht des einzelnen Tankstellenhalters ausgesprochen elastisch sein dürfte, während die Preiselastizität der Gesamtnachfrage kleiner als 1 ist.

Drittes Kapitel

Die Beziehungen zwischen Groß- und Einzelhandel

A. Vorbemerkung

Wie im vorigen Kapitel dargelegt, bestehen bei 90 Prozent der 31 000 Tankstellen sehr enge Bindungen zu den Treibstoffgroßhändlern, die weit über „normale" Lieferbeziehungen hinausgehen. Die gebundenen Tankstellenhalter vertreiben Treib- und Schmierstoffe im Handelsvertreter- oder Agenturverhältnis, das heißt, im Namen und auf Rechnung ihres Lieferanten, sie sind aber rechtlich selbständige Unternehmer[1]. Die Beziehungen zwischen den Bindenden und den Gebundenen werden meist in den sogenannten Tankstellenverträgen schriftlich fixiert[2]. Darin werden die gegenseitigen Rechte und Pflichten festgelegt. Mehr als 70 Prozent aller Tankstellen sind an die fünf großen deutschen Mineralölgesellschaften Aral, Esso, Shell, BP und Texaco gebunden[3] und vertreiben deren Treibstoff unter einer bestimmten Marke. Da die Verträge dieser Unternehmen in den wesentlichen

[62] Auf die Auswirkungen auf den Wettbewerb wird im dritten Teil dieser Arbeit eingegangen.

[1] Vgl. dazu S. 77 ff.

[2] Vgl. zu den Tankstellenverträgen Heyer, Louis Ferdinand, Rechtsfragen an Tankstelle und Garage, Würzburg 1964; Kistowski, Askar von; Koeble, Wolfgang, Die kartellrechtliche Beurteilung von Preis- und Ausschließlichkeitsbindungen in Handelsvertreter- und Vertragshändlerverträgen — am Beispiel der Tankstellenverträge —, Dissertation, Göppingen 1973; Möhrmann, Dieter, S. 26 ff.; Nippold, Dietrich, Der Tankstellenvertrag, Dissertation, Würzburg 1966; Rehbinder, Manfred, Der Tankstellenvertrag im Blickfeld der Rechtstatsachenforschung, Berlin 1971.

[3] Vgl. S. 41 f.

Punkten sachlich gleich sind[4], kann zumeist ein beliebiger Vertrag herausgegriffen werden, um den wesentlichen Inhalt der vertraglichen Beziehungen darzustellen. Auf bestehende kleinere Unterschiede wird nach Möglichkeit hingewiesen.

Ein zentraler Bestandteil aller Verträge ist die vertikale Ausschließlichkeitsbindung der Tankstellen. Demgegenüber haben die unabhängigen Tankstellen, die lediglich ein knappes Zehntel der Gesamtzahl ausmachen, die Möglichkeit, ihre Bezugsquellen zu wechseln. Daher bestehen hier in der Regel Lieferbeziehungen sowohl zu den Mineralölgesellschaften als auch zu unabhängigen Treibstoffgroßhändlern.

B. Die Beziehungen zwischen Mineralölgesellschaften und gebundenen Tankstellen

1. Die Eigentumsverhältnisse bei gebundenen Tankstellen

Hinsichtlich der Eigentumsverhältnisse lassen sich

— Eigentümertankstellen (partnereigene Tankstellen) und

— Pächtertankstellen (gesellschaftseigene Tankstellen)

unterscheiden[5]. Die Eigentümer- oder partnereigene Tankstelle befindet sich im Eigentum des Tankstellenhalters, der meist als Stationär bezeichnet wird[6]. Ihm gehören das Grundstück und die Aufbauten, während die tanktechnischen Einrchtungen immer Eigentum der Mineralölgesellschaften sind. Die gesellschaftseigene oder Pächtertankstelle wird von der Mineralölgesellschaft an einen Tankstellenhalter, den sogenannten Tankstellenpächter, verpachtet. Sie kann entweder Eigentum des Mineralölunternehmens oder von einem Dritten gepachtet worden sein. Der Pächter ist ebenso wie der Stationär nicht Angestellter der Mineralölgesellschaft, sondern ein im rechtlichen Sinne selbständiger Unternehmer.

---

4 Wie ein Vergleich der Tankstellenverträge der fünf führenden Unternehmen ergab, die dem Verfasser zugänglich waren. Vgl. dazu auch Koeble, Wolfgang, S. 6.

5 Vgl. Nippold, Dietrich, S. 6 f.

6 Vgl. Heyer, Louis Ferdinand, S. 32 ff.

Bis in die frühen fünfziger Jahre existierten noch sogenannte Gemeinschaftstankstellen, die über Zapfsäulen verschiedener Treibstoffgesellschaften verfügten. Seit 1951 wurden solche Stationen nicht mehr neu errichtet und bestehende nach und nach entflochten[7].

Die Zahl der Pächtertankstellen entspricht etwa der Zahl der Eigentümertankstellen, allerdings ist der durchschnittliche Mengenabsatz der gesellschaftseigenen Tankstellen dreimal so hoch, da die in jüngster Zeit errichteten umsatzstarken Selbstbedienungsanlagen überwiegend gesellschaftseigene Einrichtungen sind und nur verpachtet werden[8].

Die vertraglichen Beziehungen der Mineralölgesellschaften zu den Stationären unterscheiden sich nur in einigen Punkten von den Verträgen mit Pächtern gesellschaftseigener Tankstellen, so daß im folgenden keine getrennte Behandlung der Vertragsinhalte notwendig erscheint. Auf vorhandene Unterschiede, die im wesentlichen bei der Provisionsregelung und der Vertragsdauer bestehen, wird jeweils hingewiesen. Bei den Tankstellenverträgen, die eine Mineralölgesellschaft mit ihren Vertragspartnern, den Stationären und Pächtern, abschließt, handelt es sich um in der Regel „vorgedruckte Vertragsformulare"[9], die für alle an dieses Unternehmen gebundenen Tankstellen im Wortlaut gleich sind.

2. Der Inhalt der Verträge zwischen Mineralölunternehmen und gebundenen Tankstellen

a) Die vertikale Ausschließlichkeitsbindung

Der Tankstellenvertrag verpflichtet den Tankstellenhalter, „weder für eigene noch für fremde Rechnung Waren der

[7] Vgl. Caspary, Manfred, Das Treibstoffgeschäft in der Bundesrepublik, Dissertation, Tübingen 1958, S. 103.

[8] Vgl. Spitzenverbände des Tankstellengewerbes, Die Auswirkungen der vertraglichen Bindungen Tankstellen—Mineralölgesellschaften, Stand: Mai 1975, abgedruckt als Anhang des BTG-Geschäftsberichtes 1974, Teil I, S. 1. (Dieses Papier wurde dem Bundeswirtschaftsministerium von zwei Tankstellenverbänden zugeleitet.)

[9] Möhrmann, Dieter, S. 28. In jüngster Zeit sind einige Mineralölgesellschaften zu einer teilweise individuellen Vertragsgestaltung übergegangen.

in Absatz 1 bezeichneten Art[10] oder verwandte Produkte, die er nicht von der Firma oder durch Vermittlung der Firma erhält, (zu) verkaufen"[11]. „Auch alle anderen zum ARAL-Warenprogramm gehörenden Erzeugnisse, insbesondere für Kraftfahrzeuge, wird Partner nach den Richtlinien der Firma für seine eigene oder für Rechnung der Firma vertreiben und hierüber mit der Firma erforderlichenfalls besondere Abmachungen treffen[12]." Auch seinen gesamten Eigenbedarf muß der Tankstellenhalter bei Aral decken[13].

In diesem Vertragsteil, der die Lieferbeziehungen regelt, werden Stationäre und Pächter erstens verpflichtet, alle Erzeugnisse, die zum Aral-Warenprogramm gehören, in das Verkaufssortiment aufzunehmen. Es geht hier also nicht nur um Mineralölerzeugnisse, sondern auch um Artikel des sogenannten Folgemarktes oder Nebengeschäfts, das Automobilzubehör, Ersatzteile und so weiter umfaßt. Zweitens wird dem Tankstellenhalter ausdrücklich untersagt, Treib- und Schmierstoffe sowie Frostschutzmittel von anderen Lieferanten zu beziehen. Die Regelung enthält daher neben der Ausschließlichkeitsbindung für Mineralölprodukte eine Bezugsverpflichtung für alle übrigen Erzeugnisse des Warenangebots der Aral. Die entsprechenden Passagen in den Verträgen der anderen Mineralölgesellschaften sind inhaltlich gleich. Die Bezugsverpflichtung für die Artikel des Nebengeschäftes ist nicht mehr mit einer Ausschließlichkeitsbindung gekoppelt, seit das Bundeskartellamt im Jahre 1968[14] eine solche Regelung untersagt hat.

Da aber der Anteil des Nebengeschäfts am Gesamtumsatz einer Tankstelle in den letzten Jahren erheblich angestiegen ist und die Erträge der Tankstellenhalter aus diesem Bereich fast schon die Hälfte der Gesamterträge ausmachen[15],

---

[10] Gemeint sind Treib- und Schmierstoffe sowie Frostschutzmittel.

[11] Tankdienststellenvertrag der Aral AG, § 1 Absatz 2.

[12] Ebenda, Absatz 4.

[13] Vgl. ebenda, Absatz 3.

[14] Vgl. Bundeskartellamt, Beschluß des Bundeskartellamtes vom 22. 5. 1968 („Kraftfahrzeugpflegemittel"), in: Wirtschaft und Wettbewerb, 18. Jahrgang (1968), S. 697 ff.

dürfte auch das Interesse der Mineralölgesellschaften an einer vollständigen Kontrolle des Folgemarktes gewachsen sein. Nach Aussagen der Tankstellenverbände erzwingen die Mineralölgesellschaften ein Ausschließlichkeitsverhalten im Nebengeschäft, indem sie „nur in seltenen Fällen rechtlich, aber mit ebenso wirksamen wirtschaftlichen Mitteln und teilweise unter Anwendung nachhaltiger Überzeugungsmethoden"[16] die Tankstellen zur Abnahme ihrer Produkte bringen. Die Gültigkeit dieser Aussage kann hier nicht abschließend beurteilt werden. Allerdings gibt es wegen des außerordentlichen wirtschaftlichen Machtungleichgewichts zwischen Mineralölgesellschaften und Tankstellen eine Fülle wirtschaftlicher Druckmittel[17].

Zusammenfassend ist festzustellen, daß ein Handlungspielraum des einzelnen Tankstellenhalters — unabhängig davon, ob er Stationär oder Pächter ist — bei der Wahl seiner Lieferanten im Treib- und Schmierstoffgeschäft aufgrund der Ausschließlichkeitsbindung nicht vorhanden ist. Im Nebengeschäft besteht zwar vertraglich „nur" eine Bezugsverpflichtung. Es ist aber nicht auszuschließen, daß sie faktisch wie eine Auschließlichkeitsbindung wirkt.

b) Vertikale Preisbindung und Provision

Mit der Ausschließlichkeitsbindung ist typischerweise die Bindung des Abgabepreises verknüpft. Letztere ist faktisch eine vertikale Preisbindung[18] des Endverkaufspreises der

---

15 Vgl. ohne Verfasser, Die Autofahrer tanken immer mehr Bonbons, in: Blick durch die Wirtschaft, Nr. 140 vom 2. 7. 1976, und ohne Verfasser, Tankstelleneinkommen wie im Einzelhandel, in: Blick durch die Wirtschaft, Nr. 141 vom 3. 7. 1976.

16 Spitzenverbände des Tankstellengewerbes, Teil IV, S. 1.

17 Vgl. dazu S. 67 ff.

18 Beim Treibstoffvertrieb im Handelsvertreterverhältnis handelt es sich um eine vertikale Preisbindung im ökonomischen Sinne, da der Lieferant oder Hersteller die Preise der nachgelagerten Vertriebsstufe(n) kontrolliert. Rechtlich vertreibt der Handelsvertreter die Produkte im Namen und auf Rechnung seines Unternehmens, so daß aus dieser Sicht die Freiheit seiner Preisgestaltung nicht beschränkt sein kann, da ihm die Erzeugnisse nicht gehören (vgl. dazu S. 77 ff.). Hier geht es aber um die wirtschaftliche Funktion und die ökonomischen Wirkungen dieser Vertriebsform, so daß

Treib- und Schmierstoffe durch den Lieferanten der gebundenen Tankstelle. „Verkauf und Auslieferung dürfen nur gegen bar, Tankschecks oder von der Aral AG zugelassene Gut- und Kreditscheine zu den vorgeschriebenen Preisen erfolgen[19]." Ähnlich lauten die Bestimmungen der Verträge der anderen Gesellschaften. Der Verkauf hat gegen bar zu erfolgen. Kreditverkäufe werden allerdings geduldet[20] und haben einen so erheblichen Umfang angenommen, daß allein der durchschnittliche Kreditausfall pro Jahr und Tankstelle mehr als 1 000 DM beträgt[21]. Kreditverkäufe sind deshalb ein von den Tankstellenhaltern oft eingesetztes Mittel, obwohl es sich hier trotz der offensichtlichen Duldung durch die Mineralölgesellschaften um eine Vertragsverletzung handelt. Für den Tankstellenhalter besteht das Problem darin, daß er ohne Kreditverkäufe einen Wettbewerbsnachteil gegenüber seinen Konkurrenten erleidet. Setzt er aber dieses absatzpolitische Instrument ein, so trägt er — obwohl er im Namen und auf Rechnung seiner Gesellschaft verkauft — das Ausfallrisiko, denn sein Vertragspartner kann sich auf eine Vertragsverletzung berufen.

Die Mineralölgesellschaften bestimmen allein schon aufgrund der Preishoheit zu einem erheblichen Teil den Umsatz und damit das Einkommen ihrer Tankstellenpartner. Denn wegen der weitgehenden Homogenität der verschiedenen Markentreibstoffe ist der Umsatz einer Tankstelle in sehr starkem Maße davon abhängig, ob der Abgabepreis unter dem, auf dem oder über dem örtlichen Preisniveau liegt.

Die Verkaufseinnahmen der Tankstellenhalter gehen abzüglich der Provision sofort in das Eigentum der Gesellschaft

im folgenden von der vertikalen Preisbindung im Rahmen des Treibstoffagenturvertriebs gesprochen wird (zur vertikalen Preisbindung vgl. Hoppmann, Erich, Vertikale Preisbindung und Handel, Berlin 1957, S. 11 ff.). Auch das Kammergericht (Beschluß des Kammergerichts vom 4. 7. 1974 [„AGIP II"], in: Wirtschaft und Wettbewerb, 24. Jahrgang [1974], S. 771) geht davon aus, daß die wirtschaftliche Funktion eines Tankstellenhalters im Handelsvertreterverhältnis vollkommen identisch ist mit einem Tankstellenhalter im Eigenhändlerverhältnis.

19 Tankdienststellenvertrag der Aral AG, § 6 Absatz 2.

20 Vgl. Koeble, Wolfgang, S. 39.

21 Vgl. BTG-Geschäftsbericht 1974, S. 16.

über. Aral verpflichtet seine Partner darüber hinaus „unwiderruflich, seine Bank gemäß dem ihm vorgelegten Muster zu beauftragen, die von der Firma im Abbuchungsauftragsverfahren eingereichten Lastschriftenkarten einzulösen"[22]. Der Tankstellenhalter hat „für alle Ansprüche aus diesem Vertragsverhältnis eine jeweils angemessene und der Firma genehme Sicherheit (zu) leisten"[23]. Diese Regelung bezieht sich vor allem auf die in der Tankstelle eingelagerten Produkte.

Tabelle 8

Provisionsvergleich bei Motorenbenzin

Mengenumsatz pro Jahr in 1 000 Liter	Aral Pf/l	BP Pf/l	Esso Pf/l	Shell Pf/l	Texaco Pf/l
Pächter/Bedienung					
bei: 100	5,90	6,35	6,50	6,40	6,40
500	6,38	6,35	6,50	6,40	6,40
1 000	6,35	6,35	6,50	6,40	6,32
2 400	5,90	5,39	5,51	6,40	5,20
4 000	5,25	5,11	5,23	6,40	4,88
Stationär/Bedienung					
bei: 100	6,50	6,85	6,50	6,40	5,70
500	8,58	8,30	8,00	6,40	8,00
1 000	8,55	8,30	8,00	6,40	7,20
2 400	8,10	7,39	7,00	6,40	7,20
4 000	7,45	7,11	7,00	6,40	7,20
Pächter/Selbstbedienung					
bei: 100	3,40	4,15	4,40	3,90	4,40
500	3,88	4,15	4,40	3,90	4,40
1 000	3,85	4,15	4,40	3,90	4,34
2 400	3,40	3,19	3,25	3,26	3,19
4 000	2,75	2,91	2,75	3,08	2,63
Stationär/Selbstbedienung					
bei: 100	5,40	—[a])	6,00	3,90	6,00
500	5,88	—	6,00	3,90	6,00
1 000	5,85	—	6,00	3,90	5,20
2 400	5,40	—	5,18	3,26	4,50
4 000	4,75	—	4,83	3,08	4,50

a) Individualvereinbarungen.

Quelle: BTG-Geschäftsbericht 1974, S. 10 und 12.

Die Provisionssätze für den Verkauf von Motorenbenzin der fünf großen Mineralölgesellschaften sind in Tabelle 8 für ausgewählte Mengenumsätze zusammengestellt worden[24]. Mit einer Ausnahme — der Shell AG für Bedienungstankstellen — sind sie so ausgestaltet, daß der Betrag pro Liter bei Jahresumsätzen von 100 bis 1 000 cbm ansteigt oder konstant bleibt und bei Mengenumsätzen, die darüber hinaus gehen, wieder abnimmt. Die Provisionen der fünf Unternehmen weisen zwar gewisse Abweichungen auf, sind aber wegen der unterschiedlichen Pachtregelungen, die zu mehr oder weniger hohen Belastungen der Tankstellenpächter führen, nicht direkt vergleichbar[25]. Unter Berücksichtigung dieses Sachverhaltes sind die Abweichungen geringer. Schon in den fünfziger Jahren wendeten die Treibstoffirmen „im großen und ganzen die gleichen Provisionssätze an“[26].

Als Entgelt für die Bereitstellung der eigenen Tankstelle erhält der Stationär entweder eine etwas höhere Provision von bis zu 2,5 Pfennig pro Liter oder — wie bei der Shell AG — eine gesonderte Pacht.

Die Provisionssätze können beispielsweise von der Esso AG einseitig „durch schriftliche Erklärung gegenüber dem TV (Tankstellenverwalter) neu fest ... (gesetzt)“[27] werden, wobei eine Halbjahresfrist einzuhalten ist. Eine ähnliche, aber allgemeiner gehaltene Passage findet sich in dem Vertrag der Texaco[28].

---

22 Tankdienststellenvertrag der Aral AG, § 6 Absatz 5.

23 Ebenda, Absatz 7.

24 Aral, BP und Shell haben Mitte 1977 Provisionserhöhungen vorgenommen, die nach der Tankstellenkategorie und -größe gestaffelt wurden und zwischen 3 und 14 Prozent liegen (vgl. ohne Verfasser, BP erhöht Provisionen, in: Oel, Zeitschrift für die Mineralölwirtschaft, 15. Jahrgang [1977], S. 172; ohne Verfasser, Aral erhöht Tankstellenvergütungen, in: ebenda, S. 236, und ohne Verfasser, Höhere Shell-Provisionen, in: ebenda, S. 236).

25 Vgl. BTG-Geschäftsbericht 1974, S. 12.

26 Caspary, Manfred, S. 139.

27 Esso-Tankstellenvertrag, § 2 Absatz 4.

28 Texaco behält sich einseitige „Vertragsänderungen nach dem Grundsatz von Treu und Glauben vor“, wenn sie dies „auf Grund der Marktentwicklung oder des Verhaltens des Wettbewerbes für erforderlich“ hält (Texaco-Tankstellenvertrag, § 8 Absatz 2).

Über die Höhe der Provisionseinnahmen pro Tankstelle während eines Jahres lassen sich nur Durchschnittsangaben machen. Bei einem geschätzten durchschnittlichen Jahresmengenumsatz der Bedienungstankstellen von 490 cbm und der Selbstbedienungstankstellen von 1 700 cbm[29] dürfte die Jahresprovision eines Pächters aus dem Verkauf von Motorenbenzin in der Nähe von 30 000 und 60 000 DM liegen[30]. Es ist anzunehmen, daß die tatsächlichen Abweichungen von den Durchschnittswerten erheblich sind[31].

c) Vertragskündigung

Erhebliche Unterschiede bestehen bei der Ausgestaltung der Vertragskündigung zwischen Eigentümer- und gesellschaftseigenen Tankstellen. Bei Verträgen zwischen Mineralölgesellschaften und Pächtern können beide Parteien während der ersten sechs Monate mit einmonatiger Frist kündigen, danach verlängert sich die Kündigungsfrist je nach Vertragsdauer auf drei bis sechs Monate[32].

Es ist wahrscheinlich, daß solch kurzfristige Möglichkeiten der Kündigung aufgrund des hohen wirtschaftlichen Machtungleichgewichts sich einseitig zuungunsten des schwächeren Partners — des Pächters — auswirken[33]. Denn jede Kündigung bedeutet für ihn den sofortigen Verlust der Existenzgrundlage, während für die Mineralölgesellschaft keine nennenswerten Schwierigkeiten bestehen dürften, die Tankstelle mit einem Nachfolger neu zu besetzen[34]. Daher kann nicht

---

29 Errechnet aus Tabelle 4, S. 40.

30 Diesen groben Schätzungen wurden Provisionen von 6,4 Pf/l für Bedienungstankstellen und 3,5 Pf/l für Selbstbedienungstankstellen zugrunde gelegt.

31 Aral zahlte für das Jahr 1976 an seine Tankstellenpartner nach eigenen Angaben im Durchschnitt 61 000 DM an Agenturvergütungen (vgl. ohne Verfasser, Das Aral-Netz wird weiter gestrafft, in: Frankfurter Allgemeine Zeitung, Nr. 144 vom 25. 6. 1977).

32 Vgl. Tankdienststellenvertrag der Aral AG, § 10 Absatz 1, und Spitzenverbände des Tankstellengewerbes, Teil I, S. 1.

33 Vgl. Schüller, Alfred, Vermachtungserscheinungen im tertiären Sektor, in: Ordo, Jahrbuch für die Ordnung von Wirtschaft und Gesellschaft, Band 19 (1968), S. 232.

34 Vgl. Koeble, Wolfgang, S. 53 f.

ausgeschlossen werden, daß durch eine Kündigungsdrohung die Pächter zu einem absoluten Wohlverhalten gezwungen werden können und auch die wenigen Bereiche, die sie laut Vertrag selbständig gestalten können, durch den stärkeren Vertragspartner bestimmt werden[35].

Demgegenüber schlossen Mineralölgesellschaften bis gegen Ende der sechziger Jahre mit Tankstelleneigentümern Verträge mit einer Laufzeit von meist 25 Jahren ab[36]. Seit dem Wechsel von der Politik der Tankstelleninflationierung zur Netzbereinigung[37] beträgt die Laufzeit neu abgeschlossener Verträge meistens fünf Jahre.

Regelmäßig wird der Stationär als Grundstückseigentümer zur Eintragung einer beschränkt persönlichen Dienstbarkeit in das Grundbuch verpflichtet, die besagt, daß ausschließlich die Mineralölgesellschaft berechtigt ist, „das Grundstück zum Betrieb einer Tankstelle für Autotreib- und Schmierstoffe aller Art und weiterer damit verbundener Einrichtungen zu benutzen"[38]. Diese Verpflichtung ist langfristiger Natur und verlängert sich automatisch mit dem Tankstellenvertrag, ist aber andererseits nicht mit diesem zu Ende, wenn die vereinbarte Laufzeit der Grunddienstbarkeit darüber hinaus geht. Daher darf der Stationär auch nach Ablauf des Tankstellenvertrages Grundstück und Baulichkeiten nicht anderweitig benutzen, wenn die Grunddienstbarkeit noch besteht[39].

---

[35] Nach Aussagen der Tankstellenverbände sieht es so aus, „daß Kooperation von den Mineralölgesellschaften in wichtigen Fragen der Geschäftsentwicklung als Beratung verstanden und durch den Außendienst in der Form der Weisung praktiziert wird" (Spitzenverbände des Tankstellengewerbes, Teil I, S. 1), „unter Anwendung teilweise nachhaltiger Überzeugungsmethoden" (ebenda, Teil VI, S. 1).

[36] Vgl. Kistowski, Askar von, S. 38.

[37] Vgl. S. 46 ff.

[38] Shell AG, Vertragsformular zur Eintragung einer beschränkten persönlichen Dienstbarkeit, vgl. dazu auch Heyer, Louis Ferdinand, S. 23 ff., und Schwartz, Gustav, § 18 GWB, in: Gesetz gegen Wettbewerbsbeschränkungen und Europäisches Kartellrecht. Gemeinschaftskommentar, herausgegeben von Hans Müller-Henneberg und Gustav Schwartz, 3. Auflage, 7. Lieferung, Köln, Berlin, Bonn, München 1974, Anmerkung 38.

[39] Vgl. Roidl, Harald, Die Ausschließlichkeitsbindung in Tankstellenverträgen, in: Deutsches Autorecht, 28. Jahrgang (1959), S. 286, und Caspary, Manfred, S. 111 f.

Das ausschließliche Nutzungsrecht des Grundstücks für bestimmte Zwecke durch die Mineralölgesellschaft führt zu einer starken Beeinträchtigung der Verwendungsmöglichkeiten und kann daher eine Wertminderung bedeuten[40]. Darüber hinaus wird die Möglichkeit von aktuellen oder potentiellen Konkurrenten des Nutznießers der Grunddienstbarkeit, an verkehrsgünstigen Stellen ihre Treibstoffe abzusetzen, je nach der Häufigkeit solcher Verträge eingeschränkt[41, 42].

Trotz der langen Laufzeit der Stationärverträge bestehen für die Mineralölgesellschaften verschiedene einseitige, fristlose Kündigungsmöglichkeiten. So kann Esso den Vertrag fristlos kündigen, wenn ihr behördliche Auflagen oder Reparaturen an von ihr zur Verfügung gestellten tanktechnischen Einrichtungen nicht tragbar erscheinen[43]. Bei Vertragsverletzungen durch den Tankstellenhalter ist ebenfalls eine fristlose Kündigung möglich. Das gleiche gilt bei Eintritt seiner Zahlungsunfähigkeit. Da die Mineralölgesellschaft allein schon durch Festsetzung der Tankstellenabgabenpreise die Umsätze und damit die Einnahmen des Tankstellenpartners entscheidend beeinflußt, hat sie die Möglichkeit, einen Anlaß zur fristlosen Kündigung herbeizuführen oder den Vertragspartner wegen Zahlungsunfähigkeit zur Geschäftsaufgabe zu bringen[44, 45].

---

40 Vgl. Schüller, Alfred, Vermachtungserscheinungen . . ., S. 225 f.

41 Vgl. Biedenkopf, Kurt H., Über das Verhältnis wirtschaftlicher Macht zum Privatrecht, in: Wirtschaftsordnung und Rechtsordnung, Festschrift zum 70. Geburtstag von Franz Böhm, herausgegeben von Helmut Coing, Heinrich Kronstein, Ernst-Joachim Mestmäcker, Karlsruhe 1965, S. 124 ff.

42 Der Bundesgerichtshof hat zwar im Jahre 1959 entschieden, daß ein Verbot des Vertriebs von Konkurrenzprodukten nicht Gegenstand einer beschränkt persönlichen Dienstbarkeit sein darf (vgl. Bundesgerichtshof, Beschluß des Bundesgerichtshofes vom 30. 1. 1959 [„Motorentreibstoffe"], in: Wirtschaft und Wettbewerb, 9. Jahrgang [1959], S. 811 ff.). Solange aber der eigentliche Tankstellenvertrag eine Ausschließlichkeitsbindung enthält und mit einer Grunddienstbarkeit gekoppelt werden kann, ist das Urteil ohne positive Wirkung auf den Zugang Dritter zu verkehrsgünstig gelegenen Grundstücken.

43 Vgl. Esso-Tankstellenvertrag, § 5 Absatz 2 und 3.

44 Mehrfach scheint dieses Mittel zur Netzbereinigung angewendet worden zu sein. Vgl. ohne Verfasser, Tankstellen-Sterben. Die Pächter proben den Aufstand, in: Wirtschaftswoche, Nr. 42 vom 15. 10. 1976, S. 28 ff., wo

Demgegenüber ist eine vorzeitige Kündigung des Vertrages durch den Stationär praktisch ausgeschlossen. Im Falle einer Veräußerung seiner Tankstelle muß er den Käufer verpflichten, dem Vertrag beizutreten. Sein Vertragsverhältnis wird „ruhend gestellt, mit Ausnahme der für die Laufzeit des Vertrages unverändert fortbestehenden Treuepflicht“[46]. Das heißt, er darf weiterhin keine Tätigkeit aufnehmen, bei der er „den Absatz von Konkurrenzprodukten unmittelbar oder mittelbar“[47] fördern würde. Insbesondere bei den bis zum Ende der sechziger Jahre üblichen Laufzeit von 25 und mehr Jahren kommt dies einem langfristigen Berufsverbot gleich. Sogar mit dem Tod des Stationärs ist der Vertrag noch nicht beendet, sondern er geht auf seine Erben über[48].

„Die Kündigungsmöglichkeiten der beiden Vertragsparteien stehen in einem krassen Mißverhältnis zueinander“[49], da die Verträge ausgesprochen einseitig zugunsten der Mineralölgesellschaften ausgestaltet sind[50]. Die kurzfristige Möglichkeit der Kündigung eines Pächters kann als Druckmittel zur Erzwingung eines Wohlverhaltens benutzt werden. Demgegenüber werden mit Stationären Verträge mit langfristiger Laufzeit abgeschlossen. Trotzdem bestehen für die Mineralölgesellschaft verschiedene einseitige Möglichkeiten der fristlosen Kündigung. Der Stationär ist im Gegensatz dazu nicht in der Lage, gegen den Willen der Gesellschaft aus einem bestehenden langfristigen Vertrag herauszukommen.

---

auch über andere Möglichkeiten der Herbeiführung einer fristlosen Kündigung berichtet wird.

45 BP kann einen Stationärsvertrag einseitig unter Einhaltung einer Frist von drei Monaten kündigen, wenn der Umsatz wesentlich hinter demjenigen vergleichbarer Tankstellen zurückbleibt und BP den Partner mindestens sechs Monate vorher schriftlich darauf hingewiesen hat (vgl. BP-Tankstellenvertrag, § 6 Absatz 5).

46 Esso-Tankstellenvertrag, § 5 Absatz 4.

47 Ebenda, § 4.

48 Vgl. ebenda, § 5 Absatz 5.

49 Koeble, Wolfgang, S. 53.

50 Vgl. auch Caspary, Manfred, S. 109 f.

d) Investitionsentscheidung, Werbung, Kontrollrechte

Die Investitionsentscheidung über die Errichtung einer Tankstelle wird allein von den Mineralölgesellschaften getroffen, die genaue Richtlinien über die Größe und Ausgestaltung der Baulichkeiten erlassen haben, an die sich der Tankstellenhalter, auch wenn er Eigentümer des Grundstücks und der Gebäude ist, halten muß. In der Regel wird dem Stationär ein zinsgünstiges Baudarlehen von der Gesellschaft gewährt.

Auch der Einsatz von Werbemaßnahmen liegt in der Hand der Mineralölunternehmen und wird zentral gesteuert. Der Tankstellenhalter darf ohne Erlaubnis in dieser Richtung nicht tätig werden.

Den Gesellschaften stehen umfassende, vertraglich abgesicherte Kontrollmöglichkeiten ihrer Tankstellenpartner zu. „THP[51] ist verpflichtet, eine den Wünschen der BP entsprechende Buchführung einzurichten und der BP jederzeit Einsicht in seine Buchführungsunterlagen zu gewähren[52]." Ähnlich lautende Klauseln finden sich in den anderen Verträgen[53]. Die Tankstellenhalter der großen Mineralölgesellschaften werden teilweise verpflichtet, mit der EURO-DATA GmbH, einem Datenverarbeitungsunternehmen, „einen Dienstleistungsvertrag über die

1. Kontierung der Buchungsbelege,
2. Datenerfassung,
3. Überwachung der Buchhaltung,
4. steuerliche Beratung,
5. Datenauswertung"[54]

abzuschließen. „Die Dienstleistungen zu 1) - 4) werden erbracht von einem bei der Firma EURO-DATA unter Vertrag stehenden Steuerberater bzw. Steuerbevollmächtigten. Die Dienstleistung zu 5) erbringt EURO-DATA selbst[55]." Mit an-

---

[51] Im Tankstellenvertrag der BP mit einem Pächter heißt dieser Tankhaus-Partner (THP).

[52] BP-Tankhausvertrag, § 9 Absatz 2.

[53] Vgl. auch Kistowski, Askar von, S. 37.

[54] Spitzenverbände des Tankstellengewerbes, Teil III, S. 1.

deren Worten: Der Steuerbrater ist vertraglich verpflichtet, die betriebsinternen Daten der Tankstellen der EURO-DATA zu übermitteln, die für die Mineralölgesellschaften diese Information auswertet, womit letzteren eine lückenlose und rationelle Kontrolle über alle Geschäftsvorgänge bei den Tankstellenpartnern ermöglicht wird. Eine solche Regelung entlastet zwar den Tankstellenhalter von verschiedenen Buchhaltungsarbeiten. Es stellt sich aber zugleich die Frage, ob die nahtlose Kontrolle eines jeden Geschäftsvorgangs der Tankstellen nicht ein Indiz dafür ist, daß von der Unternehmereigenschaft und der Selbständigkeit des Tankstellenhalters außer dem rechtlichen Schein wenig übrig bleibt.

e) Öffnungszeiten, Kundendienst

Die Entscheidung über den Einsatz der bisher dargestellten Aktionsparameter[56] liegt aufgrund vertraglicher Bestimmungen nicht bei den Tankstellen, sondern bei den Mineralölgesellschaften. Demgegenüber haben die Tankstellenhalter hinsichtlich der Länge der Öffnungszeiten und bei Kundendienstleistungen[57] einen mehr oder weniger großen Entscheidungsspielraum.

Die Öffnungszeit einer Tankstelle, die im wesentlichen die Arbeitszeit des Tankstellenhalters bestimmt, wird in den Verträgen nicht genau festgelegt. So heißt es im BP-Vertrag, daß die Tankstelle „gemäß Verkehrsanforderungen und Wettbewerbsverhältnissen geöffnet sein"[58] muß. „Hierzu haben alle Mineralölgesellschaften gegenüber der Regierung übereinstimmend erklärt, daß sie auf die Öffnungszeiten im Tankstellengewerbe keinen Einfluß nehmen[59, 60]."

---

55 Spitzenverbände des Tankstellengewerbes, Teil III, S. 1.

56 Wahl der Lieferanten, Festsetzung der Verkaufspreise, Bestimmung des Warensortiments, Investitionsentscheidungen usw.

57 Ausführung kleinerer Autoreparaturen, Luft- und Ölkontrolle usw.

58 BP-Tankhausvertrag, § 11.

59 BTG-Geschäftsbericht 1975, S. 26.

60 In der juristischen Literatur wird die freie Bestimmung der Arbeitszeit als entscheidendes Kriterium für die unternehmerische Selbständigkeit eines Handelsvertreters angesehen, vgl. Baumbach, Adolf; Duden, Konrad, Handelsgesetzbuch, 20. Auflage, München 1972, § 84, Anmerkung 5.

Hinsichtlich der Öffnungszeiten dürfte ein partieller Interessengegensatz zwischen beiden Vertragspartnern bestehen. Es ist anzunehmen, daß die Mineralölgesellschaften an einer möglichst langen Öffnungszeit interessiert sein dürften, da dies mit keinerlei Kosten für sie verbunden ist, andererseits aber den Absatz ihrer Produkte erhöhen kann. Demgegenüber sind wohl die Tankstellenhalter an einer Verlängerung der Öffnungszeiten, die auf Kosten ihrer Freizeit geht, nur interessiert, solange der zusätzliche Umsatz in einem angemessenen Verhältnis zur zusätzlichen Arbeitszeit steht. Dieser zusätzliche Umsatz während verkehrsschwacher Öffnungszeiten ist um so geringer, je mehr Konkurrenztankstellen ebenfalls geöffnet haben.

Nach Aussagen der Tankstellenverbände versuchen alle Mineralölgesellschaften in Einzelfällen, durch Festsetzung von Richtlinien oder Ausübung von Druck „die Öffnungszeiten möglichst auszuweiten"[61]. Vertragliche Mindestöffnungszeiten hat allein Adler-Amoco[62] mit seinen Tankstellenpartnern vereinbart, und zwar werktags von 6.30 Uhr bis 21 Uhr und sonn- und feiertags von 8 Uhr bis 20 Uhr[63].

Einer Verringerung der Öffnungszeit wirken die Mineralölgesellschaften nach Aussagen der Tankstellenverbände oft dadurch entgegen, daß sie Versuche von Tankstellenhaltern in kleineren Orten, während des Wochenendes den relativ geringen Treibstoffbedarf durch Absprachen über die Öffnung in wechselnder Folge zu decken, durch den Hinweis zu verhindern suchen, daß solche Absprachen aus wettbewerbsrechtlichen Gründen unzulässig seien[64].

Hinsichtlich der Bestimmung seiner Arbeitszeit sind dem Tankstellenhalter daher faktisch sehr enge Grenzen gesetzt,

---

[61] Spitzenverbände des Tankstellengewerbes, Teil I, S. 2. Die Tankstellenverbände fordern daher mehr Entscheidungsfreiheit „bei der Festlegung der betrieblichen Öffnungszeiten" (vgl. ohne Verfasser, Tankstellenpächter gegen Vertragsdiktate, in: Handelsblatt, Nr. 47 vom 8. 3. 1977).

[62] Die Adler-Amoco-Tankstellen wurden Ende 1975 von Elf übernommen. Vgl. ohne Verfasser, Auch Elf erleidet hohe Verluste, in: Frankfurter Allgemeine Zeitung, Nr. 239 vom 23. 10. 1976.

[63] Vgl. Spitzenverbände des Tankstellengewerbes, Teil I, S. 2.

[64] Vgl. ebenda, S. 2 f.

weil eine Reduzierung der zumeist überdurchschnittlich langen Arbeitszeit nur sehr begrenzt möglich ist. Denn zum einen ist eine längere Öffnungszeit eines der wenigen Mittel, durch das er seinen Umsatz, der das persönliche Einkommen weitgehend bestimmt, erhöhen kann. Zum anderen dürfte es für den einzelnen Tankstellenhalter aufgrund des bestehenden Machtungleichgewichts kaum möglich sein, in der Frage der Öffnungszeiten sich den Vorstellungen seiner Mineralölgesellschaft auf Dauer zu widersetzen, auch wenn keine vertraglichen Vereinbarungen bestehen.

Bei der Ausgestaltung der Kundendienstleistungen ist der Tankstellenhalter in der Lage, gewisse „persönliche Präferenzen“[65] der Kunden für seine Tankstelle zu schaffen. Zum Kundendienst bei Bedienungstankstellen, der über das eigentliche Betanken der Fahrzeuge hinausgeht, gehört die Überprüfung des Reifendrucks, des Ölstandes sowie das Säubern der Scheiben. Diese Tätigkeit beansprucht einen erheblichen Teil der Zeit des Tankstellenhalters, sie wird aber nicht gesondert vergütet und berechnet. Ein indirekter Nutzen entsteht, wenn durch Zusatzleistungen, wozu auch die preisgünstige Ausführung kleinerer Autoreparaturen gehört, die Zahl der Kunden steigt. Die Wirksamkeit solcher Maßnahmen dürfte allerdings dann weitgehend neutralisiert werden, wenn die Konkurrenztankstellen mit der gleichen Aufmerksamkeit den gleichen Service anbieten.

f) Zusammenfassung

Zusammenfassend kann festgestellt werden, daß die Tankstellenverträge, die die Beziehungen zwischen Mineralölgesellschaften und Tankstellen regeln, die Rechte und Pflichten zwischen beiden Partnern ungleichmäßig zu Lasten der Tankstellen verteilen. Die Mineralölgesellschaften befreien sich durch eine solche vertragliche Konstruktion von allen Belastungen, die ein Tankwart in einem Arbeitsverhältnis mit sich bringen würde. Andererseits sichern sie sich ein fast vollständiges Weisungs- und Kontrollrecht gegenüber ihren

[65] Heyde, Werner, S. 187. Vgl. auch Sauermann, Peter, S. 105 ff.

Vertragspartnern, so daß der Tankstellenhalter zwar viele Risiken, aber kaum Chancen eines selbständigen Unternehmers hat, da ihm alle wesentlichen Aktionsparameter vertraglich aus der Hand genommen worden sind. Von einer Selbständigkeit im Sinne einer wirtschaftlichen Handlungsfreiheit kann daher nicht die Rede sein; was bleibt, ist nur noch die rechtliche Hülle.

Es ist zu vermuten, daß die Kompliziertheit der Tankstellenverträge dazu führt, daß dem in solchen Dingen unerfahrenen Tankstellenhalter die Einseitigkeit der Lastenverteilung eines solchen Vertrages gar nicht klar wird. Überall dort, wo keine Interessenidentität, sondern ein Interessenkonflikt zwischen beiden Vertragspartnern besteht, ist es wahrscheinlich, daß er allein im Sinne der Mineralölgesellschaft gelöst wird, da die Möglichkeiten des Tankstellenhalters gegenüber dem in jeder Hinsicht übermächtigen Partner außerordentlich gering sind.

C. Die Beziehungen unabhängiger Tankstellen zu den Mineralölgesellschaften und unabhängigen Treibstofflieferanten

1. Die Beziehungen zu den Mineralölgesellschaften

Etwa 9 Prozent der bundesdeutschen Tankstellen gehören einer größeren Zahl wirtschaftlich selbständiger Unternehmen, die nicht an einen Mineralölkonzern oder einen unabhängigen Treibstoffhändler vertraglich gebunden sind[66]. Sie werden als freie oder unabhängige Tankstellen bezeichnet.

Ein erheblicher Teil ihres Treibstoffbedarfs wird von den Mineralölgesellschaften gedeckt und stammt von inländischen Raffinerien[67]. Allerdings dürfen diese Produkte, auch wenn sie aus derselben Raffinerie wie ein bestimmtes Markenbenzin kommen, aufgrund eines höchstrichterlichen Urteils nicht als Markenware bezeichnet werden[68]. Verpflich-

[66] Vgl. S. 41 ff.

[67] Vgl. S. 45 f.

[68] Vgl. S. 55.

tungen wie der Wiederverkauf zu bestimmten Preisen oder Ausschließlichkeitsbindungen bestehen für die unabhängigen Tankstellen nicht, allerdings werden manchmal langfristige Lieferverträge abgeschlossen.

2. Die Beziehungen zu den unabhängigen Treibstoffgroßhändlern

Die zweite Bezugsquelle der unabhängigen Tankstellen ist der freie Treibstoffgroßhandel, der wiederum seine Produkte überwiegend von Importeuren erhält[69]. Auch hier bestehen keine vertraglichen Bindungen, die über den Liefer- und Kaufvertrag hinausgehen[70].

Schwierig wird die Situation der unabhängigen Tankstellen, wenn Lieferungen unabhängiger Großhändler nicht möglich sind und eine fast vollständige Abhängigkeit von den Mineralölkonzernen besteht[71].

---

[69] Vgl. S. 34 f.

[70] Vgl. Heyde, Werner, S. 44 ff.

[71] Vgl. S. 35 ff.

ZWEITER TEIL

Vertikale Ausschließlichkeitsbindungen im geltenden Recht

Viertes Kapitel

Bundesrepublik Deutschland

A. Die rechtliche Stellung des Tankstellenhalters

Der Tankstellenvertrag ist ein „gemischtrechtlicher Vertrag"[1], der neben Vereinbarungen über die rechtliche Stellung des Tankstellenhalters[2] alle Beziehungen zwischen den Vertragspartnern regelt und damit Elemente eines Pacht-, eines Finanzierungs- und eines Geschäftsbesorgungsvertrages sowie einer beschränkt persönlichen Dienstbarkeit zum Inhalt hat[3].

Im Treib- und Schmierstoffgeschäft ist der Tankstellenhalter — gleichgültig, ob als Stationär oder Pächter — ein Handelsvertreter, der „im Namen und für Rechnung"[4] seines Treibstofflieferanten diese Produkte verkauft[5]. An anderer

---

[1] Rehbinder, Manfred, S. 15.

[2] Im folgenden geht es allein um die rechtliche Einordnung der vertraglich gebundenen Tankstellenhalter. Die unabhängigen Tankstellen unterscheiden sich demgegenüber nicht von dem typischen Handelsunternehmen, das rechtlich und wirtschaftlich selbständig ist und den Einsatz seiner Aktionsparameter selbst bestimmt.

[3] Vgl. Rehbinder, Manfred, S. 36 ff., und Koeble, Wolfgang, S. 23 f.

[4] Tankdienststellenvertrag der Aral AG, § 1 Absatz 1.

[5] Vgl. dazu auch Arbeitskreis Kartellrecht, Die wettbewerbspolitische und kartellrechtliche Problematik vertikaler Integrationsformen zwischen Warenherstellung und Vertrieb. Arbeitsunterlage zur Tagung am 11./12. 10. 1971 (unveröffentlichtes Manuskript), S. 4 ff.; Rittner, Fritz, Die Ausschließlichkeitsbindungen in dogmatischer und rechtspolitischer Betrachtung, Düsseldorf 1957, S. 151; Kistowski, Askar von, S. 41 f.; Koeble, Wolfgang, S. 30 ff. Demgegenüber sind Hirsch, Ernst E., Das Recht im sozialen Ordnungsgefüge. Beiträge zur Rechtssoziologie, Berlin 1966, S. 188 ff., und Rehbinder, Manfred, S. 27 und 29 ff., der Ansicht, der Tankstellenhalter sei Arbeitnehmer. Die Konstruktion des Tankstellenvertrages verfolge den Zweck einer Risikoverlagerung auf den schwächeren Vertragspartner bei fehlenden Schutzmöglichkeiten eines Angestellten.

Stelle wird in den Verträgen meist noch einmal ausdrücklich darauf hingewiesen, daß der Tankstellenhalter Handelsvertreter ist[6]. Der Handelsvertreter ist ein rechtlich selbständiger Unternehmer[7] und tritt als Absatzmittler zwischen Warenhersteller und Konsument auf. Seine Rechte und Pflichten sind im Handelsgesetzbuch, §§ 84 bis 92, beschrieben[8].

Im Zusammenhang mit der rechtlichen Stellung des Tankstellenhalters ist wettbewerbsrechtlich und -politisch von besonderer Bedeutung, ob sich aus der Rechtsnatur des Handelsvertreters schon eine Ausschließlichkeitsbindung ableiten läßt. Nach der herrschenden Lehre steht der Handelsvertreter in einem Interessenwahrungsverhältnis[9] zu seinem Lieferanten, das ihn verpflichtet, in bestimmtem Umfang dessen Interessen wahrzunehmen. Diese Abhängigkeit sei in der Funktion der Beziehung begründet und bestehe nicht etwa deshalb, weil der Handelsvertreter im Namen und für Rechnung des Bindenden verkauft. Danach ergibt sich aus der Pflicht der Interessenwahrung ein besonderes Vertrauensverhältnis, das dem Handelsvertreter grundsätzlich verbietet, mit Konkurrenten des Bindenden in geschäftliche Beziehun-

---

[6] Vgl. Esso-Tankstellenvertrag, § 1 Absatz 1; BP-Tankhausvertrag, § 4 Absatz 1; Texaco-Tankstellenvertrag, § 1 Absatz 1; Shell-Tankstellen-Vertriebsvertrag, § 1 Absatz 1.

[7] „Selbständig ist, wer im wesentlichen seine Tätigkeit frei gestalten und seine Arbeitszeit bestimmen kann" (HGB, § 84 Satz 1).

[8] Durch das Gesetz zur Änderung des HGB vom 6. 8. 1953 (BGBl., S. 771) wurde ein besonderes Recht des Handelsvertreters geschaffen. Aber auch das HGB von 1897 wies schon gewisse Vorschriften für „Handlungsagenten" auf, vgl. Baumbach, Adolf; Duden, Konrad, § 84 Anmerkung 1. Zur Abgrenzung des Handelsvertreters vom Vertragshändler vgl. Ulmer, Peter, Der Vertragshändler, München 1969, S. 207 ff., und zu den Funktionen des Handelsvertreters vgl. Lampe, Adolf, Stellung und Aufgabe des Handelsvertreters in der Gesamtwirtschaft. Aus dem Nachlaß herausgegeben von Joachim Tiburtius, Berlin 1962, S. 43 ff.

[9] Rittner unterscheidet die folgenden vertikalen Marktbeziehungen:

1. Das Verhältnis des Interessengegensatzes. Die Beteiligten stehen sich als Anbieter und Nachfrager gegenüber.
2. Das Verhältnis der Interessenwahrung. Ein Marktteilnehmer ist an den anderen vertraglich gebunden (zum Beispiel als Handelsvertreter) und vertritt die Interessen des Bindenden in bestimmtem Umfang.
3. Das Verhältnis der Interessenverbindung. Der Gebundene ist auch organisatorisch dem Unternehmen des Bindenden angegliedert.

(Vgl. Rittner, Fritz, Die Ausschließlichkeitsbindungen . . ., S. 112 ff.)

gen zu treten[10]. Mit anderen Worten: Für den Handelsvertreter besteht mit und ohne ausdrückliche vertragliche Vereinbarung eine Ausschließlichkeitsbindung. Die herrschende Lehre in der juristischen Literatur basiert weitgehend auf Rittners Argumentation zur Stellung und Funktion des Handelsvertreters. Abweichend davon wendet sich Steindorff gegen die ausschließliche Bindung des Handelsvertreters, da dieses Wettbewerbsverbot zu seinen Lasten erst in Lehre und Rechtsprechung unter einseitiger Berücksichtigung der Unternehmerinteressen entwickelt worden sei[11]. Die handelsrechtliche Diskussion über die Stellung des Handelsvertreters wirft die Frage auf, ob der Tankstellenvertrag als Handelsvertretervertrag überhaupt unter das Gesetz gegen Wettbewerbsbeschränkungen fällt, wenn die Ausschließlichkeitsbindung in der Rechtsnatur eines solchen Vertrages liegt[12].

Von ähnlicher wettbewerbspolitischer Bedeutung ist auch, ob die vertikale Preisbindung in den Tankstellenverträgen die entsprechende kartellrechtliche Norm berührt oder ob sich die fehlende Gestaltungsfreiheit der Abgabepreise für den Tankstellenhalter grundsätzlich aus dem Handelsvertreterverhältnis ergibt[13].

Im Gegensatz zum Treib- und Schmierstoffgeschäft ist der Tankstellenhalter im Nebengeschäft zumeist ein Eigenhändler, der diese Produkte im eigenen Namen auf eigene Rechnung vertreibt[14].

B. Zur Diskussion über die Anwendbarkeit des GWB auf den Tankstellenvertrag

1. Die in Frage kommenden gesetzlichen Bestimmungen

Die vertragliche Ausgestaltung der Beziehungen zwischen Tankstellen und Mineralölgesellschaften berührt verschie-

[10] Vgl. Rittner, Fritz, Die Ausschließlichkeitsbindungen . . ., S. 142.

[11] Vgl. Steindorff, Ernst, Vereitelte Ansprüche und Wettbewerbsverbot des Handelsvertreters, in: Zeitschrift für das gesamte Handelsrecht und Wirtschaftsrecht, Band 130 (1967), S. 85.

[12] Vgl. S. 80 ff.

[13] Vgl. S. 81 ff.

[14] Vgl. S. 62 f.

dene Wettbewerbsfragen. Zunächst einmal wird der Tankstellenhalter durch Ausschließlichkeits- und weitere Bindungen in seiner Handlungs- und Entscheidungsfreiheit eingeschränkt.

Zweitens sind Konkurrenten des Bindenden von der Lieferung an den Gebundenen ausgeschlossen. Je nach der Häufigkeit der Ausschließlichkeitsbindungen auf dem betreffenden Markt wird dieser dadurch mehr oder weniger geschlossen. Mit anderen Worten: Die Eintrittsbarrieren werden für newcomers auf der Großhandelsstufe höher.

Drittens bestimmen die Unternehmen der Großhandelsstufe die Tankstellenabgabepreise und weitere Aktionsparameter, kontrollieren also die nachgelagerte Einzelhandelsstufe in verschiedener Hinsicht.

Zu diesen drei Punkten kommt hinzu, daß in der Bundesrepublik Deutschland fünf Mineralölgesellschaften auf der Großhandelsstufe des Treibstoffmarktes eine überaus starke Stellung haben, die durch vertikale und horizontale Verflechtungen noch erheblich an Gewicht gewinnt. Es ist nun zu fragen, welche kartellrechtlichen Bestimmungen möglicherweise durch den Tankstellenvertrag berührt werden.

Die für Ausschließlichkeitsbindungen relevante wettbewerbsrechtliche Norm findet sich in § 18 Absatz 1, Nr. 2 GWB. Darin heißt es, daß die Kartellbehörde unter bestimmten Voraussetzungen bestehende Verträge für unwirksam erklären und die Anwendung neuer gleichartiger Bindungen verbieten kann, soweit sie einen Vertragsbeteiligten „darin beschränken, andere Waren oder gewerbliche Leistungen von Dritten zu beziehen oder an Dritte abzugeben"[14a]. Es geht hier um ausschließliche Bezugs- oder Absatzbindungen, die auch gegenseitig bestehen können und unter dem Oberbegriff Ausschließlichkeitsbindung bekannt sind. In den Tankstellenverträgen sind ausschließliche Bezugsbindungen verankert.

[14a] Auf die Unterschiede zur ursprünglichen und der 1965 zum erstenmal novellierten Fassung kann hier nicht eingegangen werden, vgl. Schwartz, Gustav, § 18 GWB, Anmerkung 5 ff.

Ausschließlichkeitsbindungen unterliegen der Mißbrauchsaufsicht, das heißt, sie sind grundsätzlich nicht verboten, können aber vom Kartellamt untersagt werden. Dazu muß alternativ eine von drei Eingriffsvoraussetzungen erfüllt sein:

a) „Soweit dadurch eine für den Wettbewerb auf dem Markt erhebliche Zahl von Unternehmen gleichartig gebunden und in ihrer Wettbewerbsfreiheit unbillig eingeschränkt ist oder
b) dadurch für andere Unternehmen der Marktzutritt unbillig beschränkt ist oder
c) durch das Ausmaß solcher Beschränkungen der Wettbewerb auf dem Markt für diese oder andere Waren oder gewerbliche Leistungen wesentlich beeinträchtigt ist[15]."

Ein Eingreifen der Kartellbehörde ist also möglich, wenn aufgrund der Häufigkeit der Bindungen die Wettbewerbsfreiheit einer erheblichen Zahl von Gebundenen unbillig eingeschränkt oder der Marktzutritt von Konkurrenten des Bindenden unbillig beschränkt oder durch das Ausmaß solcher Beschränkungen der Wettbewerb wesentlich beeinträchtigt ist.

Die Kartellnovelle 1973 hat das Verbot der vertikalen Preisbindung auf Markenwaren mit Ausnahme von Verlagserzeugnissen ausgedehnt[16]. Danach sind „Verträge zwischen Unternehmen über Waren oder gewerbliche Leistungen ... nichtig, soweit sie einen Vertragsbeteiligten in der Freiheit der Gestaltung von Preisen oder Geschäftsbedingungen bei solchen Verträgen beschränken, die er mit Dritten über die gelieferten Waren, über andere Waren oder über gewerbliche Leistungen schließt"[17]. Es ist daher zu prüfen, ob durch die vertikale Preisbindung, wie sie in den Tankstellenverträgen vereinbart ist, § 15 GWB berührt wird.

---

[15] § 18 Absatz 1 Buchstabe a bis c GWB.

[16] Vgl. dazu ausführlich Belke, Rolf, Die vertikalen Wettbewerbsbeschränkungsverbote nach der Kartellgesetznovelle 1973, in: Zeitschrift für das gesamte Handelsrecht und Wirtschaftsrecht, Band 138 (1974), S. 242 ff.

[17] § 15 GWB.

Der durch eine Ausschließlichkeitsklausel Gebundene steht auch unter dem Schutz des Paragraphen 22 GWB, wenn der Bindende ein marktbeherrschendes Unternehmen ist[18]. Die Kartellbehörde kann ein nachgewiesenes mißbräuchliches Verhalten marktbeherrschender Unternehmen untersagen und Verträge für unwirksam erklären. Für die Annahme der Marktbeherrschung gibt das Gesetz verschiedene Vermutungskriterien. Da auf die fünf größten Mineralölunternehmen der Großhandelsstufe des Treibstoffmarktes ein Marktanteil von rund 75 Prozent entfällt[19], ist ein Vermutungskriterium — daß fünf oder weniger Unternehmen zusammen einen Marktanteil von zwei Dritteln oder mehr haben[20] — erfüllt.

Darüber hinaus könnte § 26 Absatz 2 GWB das heutige System des Treibstoffvertriebs berühren, weil durch diese Vorschrift die Vertragsfreiheit und freie Vertriebsgestaltung marktbeherrschender Unternehmen und von Unternehmen mit überragender Marktstellung eingeschränkt wird, „um die Entfaltungsfreiheit und Startgleichheit schwächerer Gruppen auf der gleichen, vor- oder nachgelagerten Marktstufe zu schützen"[21].

2. Haltung des Kartellamtes und Rechtsprechung

Das Bundeskartellamt hat Anfang der sechziger Jahre zum erstenmal die Frage geprüft, „ob die sich aus den Ausschließlichkeitsklauseln ergebende Beschränkung der wirtschaftlichen Bewegungsfreiheit der Handelsvertreter"[22] im Konflikt

---

18 Vgl. Möschel, Wernhard, Der Oligopolmißbrauch im Recht der Wettbewerbsbeschränkungen, Tübingen 1974, S. 188 ff., und Raisch, Peter, Zum Begriff des Mißbrauchs im Sinne des § 22 GWB, in: Wettbewerb als Aufgabe. Nach zehn Jahren Gesetz gegen Wettbewerbsbeschränkungen, herausgegeben von Ernst-Joachim Mestmäcker, Bad Homburg v. d. H., Berlin, Zürich 1968, S. 389 f.

19 Vgl. S. 27 f.

20 Vgl. § 22 Absatz 3 Nr. 2 Buchstabe b GWB.

21 Benisch, Werner, § 26 GWB, in: Gesetz gegen Wettbewerbsbeschränkungen und Europäisches Kartellrecht. Gemeinschaftskommentar, herausgegeben von Hans Müller-Henneberg und Gustav Schwartz, 3. Auflage, 9. Lieferung, Köln, Berlin, Bonn, München 1976, Anmerkung 4. Vgl. auch Belke, Rolf, Die vertikalen Wettbewerbsbeschränkungsverbote ..., S. 261 ff.

22 Kartellbericht 1960, S. 47. Die Prüfung bezog sich speziell auf Tankstellenverträge.

mit dem Kartellgesetz steht. Im Jahre 1964 entschied das Amt, daß § 18 GWB auf Handelsvertreterverträge nicht anwendbar sei, da es sich hier um ein Interessenwahrungsverhältnis handele[23].

Seit 1966 ist eine Änderung der Haltung der Kartellbehörde festzustellen. Es untersuchte bei Kraftfahrzeugschmierstoffen[24] und -pflegemitteln[25] erneut, ob aufgrund der Ausschließlichkeitsbindungen negative Auswirkungen auf den Wettbewerb vorhanden sind, und „neigt dazu ... (die Frage), ob Handelsvertreterverträge der Mißbrauchsaufsicht nach Paragraph 18 GWB unterliegen, ... zu bejahen"[26]. Unmißverständlich ist die Stellungnahme der Behörde im Zusammenhang mit der Einstellung des Schmiermittelverfahrens, wo ausgeführt wird: „An der Auffassung des BKartA, daß § 18 auf Agenturverträge anwendbar ist, hat sich dadurch nichts geändert[27]."

1964 hat das Bundeskartellamt zu der Frage Stellung genommen, ob § 15 GWB auf den Treib- und Schmierstoffvertrieb im Handelsvertreterverhältnis anwendbar ist[28]. Nach Ansicht der Behörde handelt es sich um keine vertikale Preisbindung im Sinne des § 15 GWB, da die Mineralölprodukte im Namen und für Rechnung der Mineralölgesellschaften vertrieben werden, so daß der Tankstellenhalter nicht in der Freiheit der Preisgestaltung von Erzeugnissen beschränkt werden kann, die ihm nicht gehören.

Seit Ende 1973 und Anfang 1974 im Gefolge der Rohölverteuerungen und -verknappungen die Preise für Mineralölprodukte erheblich anstiegen, hat das Bundeskartellamt am Treibstoffmarkt verstärkt das Instrument der Mißbrauchsaufsicht gemäß § 22 wegen des Verdachts mißbräuchlich überhöhter Preise aufgrund der marktbeherrschenden Stellung einiger Mineralölgesellschaften eingesetzt[29]. Der Nachweis

---

[23] Vgl. Kartellbericht 1964, S. 15.

[24] Vgl. Kartellbericht 1966, S. 24 und 1967, S. 38 f.

[25] Vgl. Bundeskartellamt („Kraftfahrzeugpflegemittel"), S. 697 ff.

[26] Ebenda, S. 700.

[27] Kartellbericht 1973, S. 75.

[28] Vgl. Kartellbericht 1964, S. 15.

mißbräuchlicher Preisgestaltung gelang dem Amt jedoch nach Auffassung des Kammergerichts nicht überzeugend, da eine eingehende Analyse der Preis- und Kostenentwicklung und die Überprüfung der internationalen Verflechtungen der Mineralölunternehmen nicht erfolgt sei[30].

Zusammenfassend kann festgestellt werden, daß die Kartellbehörde seit 1966 die Probleme, die sich aus den Bindungen in den Tankstellenverträgen ergeben, über die Eingriffsmöglichkeiten gemäß § 18 GWB und seit 1973 auch über § 22 GWB in den Griff zu bekommen versucht.

Die Möglichkeit einer gerichtlichen Entscheidung zur Frage der Anwendbarkeit des § 18 GWB auf Handelsvertreterverträge ergibt sich erst, wenn das Kartellamt einen solchen Vertrag für unwirksam erklärt und einer der Betroffenen dagegen klagt[31]. Nach einer Entscheidung des Bundesgerichtshofs aus dem Jahre 1967[32] verstoßen Tankstellenverträge nicht gegen § 15 GWB, da der Tankstellenhalter als Handelsvertreter kein selbständiger Wettbewerber sei. Ob § 18 GWB auf Handelsvertreterverträge anwendbar sei, ließ das Gericht demgegenüber ausdrücklich offen[33]. Zu dieser Frage gibt es, soweit dem Verfasser bekannt, bis heute noch keine höchstrichterliche Entscheidung.

---

29 Vgl. Kartellbericht 1974, S. 42 ff.

30 Vgl. Kammergericht, Beschluß des Kammergerichts vom 14. 5. 1974 („BP"), in: Wirtschaft und Wettbewerb, 24. Jahrgang (1974), S. 549 ff. Zur wettbewerbspolitischen Einschätzung der Mißbrauchsaufsicht im Treibstoffvertrieb vgl. S. 121 ff.

31 Vgl. Cramer, Horst H., Die Wettbewerbsverbote des Handelsvertreters und ihre kartellrechtliche Beurteilung. FIW-Schriftenreihe, Heft 61, Köln, Berlin, Bonn, München 1972, S. 69 f.

32 Vgl. Bundesgerichtshof, Urteil des Bundesgerichtshofes vom 15. 12. 1967 („Shell-Tankstelle"), in: Wirtschaft und Wettbewerb, 18. Jahrgang (1968), S. 295 ff.

33 Vgl. Koenigs, Folkmar, Einige Probleme des § 18 GWB, in: Wettbewerb als Aufgabe. Nach zehn Jahren Gesetz gegen Wettbewerbsbeschränkungen, herausgegeben von Ernst-Joachim Mestmäcker, Bad Homburg v. d. H., Berlin, Zürich 1968, Fußnote 48, S. 315, und Schmidt, Ulrich; Thiele, Harald, Die Ausschließlichkeitsbindung des Tankstellenhalters für Treib- und Schmierstoffe, in: Der Betriebs-Berater, Band 23 (1968), S. 886 ff. Anderer Auffassung ist Riesenkampff, Alexander, Die Ausschließlichkeitsbindung des Tankstellenhalters für Treib- und Schmierstoffe, in: Der Betriebs-Berater, Band 23 (1968), S. 732 ff.

3. Die in der Literatur geäußerten Auffassungen

In der Literatur ist die Auffassung vorherrschend, daß die vertikale Ausschließlichkeits- und Preisbindung in den Tankstellenverträgen nicht unter das GWB fällt, da es sich um Handelsvertreterverträge handelt. Die Begründungen für das Ergebnis „Nichtanwendbarkeit" im Zusammenhang mit der Ausschließlichkeitsbindung unterscheiden sich zum Teil nicht unerheblich.

Rittner[34] geht davon aus, daß der Handelsvertreter als Absatzmittler Interessenwahrer des bindenden Unternehmens gemäß § 86 HGB ist. Daraus leitet er für den Handelsvertreter ein Konkurrenzverbot ab, „das der Disposition der Vertragsparteien entzogen"[35] bleibt. Mit anderen Worten: Die Ausschließlichkeitsbindung gehört zwingend zu jedem Interessenwahrungsverhältnis, auf das eine Anwendung des § 18 GWB grundsätzlich nicht in Frage kommt. Allein die Vertikalbeziehung des Interessengegensatzes, bei der sich die Vertragspartner im Rahmen einer Austauschbeziehung als Anbieter und Nachfrager gegenüberstehen, fällt unter das GWB.

Eine abweichende Begründung für die Nichtanwendbarkeit des § 18 GWB auf Handelsvertreterverträge geben die Vertreter der sogenannten Immanenztheorie[36]. Sie lehnen Rittners These von der grundsätzlichen Nichtanwendbarkeit des GWB auf Interessenwahrungsverhältnisse ab. Für den Han-

---

34 Vgl. Rittner, Fritz, Die Wettbewerbsverbote im Handelsvertreterverhältnis und § 18 GWB, in: Zeitschrift für das gesamte Handelsrecht und Wirtschaftsrecht, Band 135 (1971), S. 289 ff., und derselbe, Das Wettbewerbsverbot im Handelsvertreterverhältnis, in: Festschrift für Rudolf Reinhardt zum 70. Geburtstag, herausgegeben von Klemens Pleyer; Dietrich Schultz; Erich Schwinge, Köln-Marienburg 1972, S. 301 ff.; ähnlich Rasch, Harold, Ausschließlichkeitsbindungen im Handelsvertreterrecht, in: Wirtschaft und Wettbewerb, 8. Jahrgang (1958), S. 208 ff., und Leo, Hans-Christoph, Das Wettbewerbsverbot des Handelsvertreters im Lichte des § 18 GWB, in: Wettbewerb in Recht und Praxis, Band 19 (1969), S. 85 ff.

35 Rittner, Fritz, Das Wettbewerbsverbot . . ., S. 314.

36 Vgl. Biedenkopf, Kurt H., Vertragliche Wettbewerbsbeschränkung und Wirtschaftsverfassung, Die Ausschließlichkeitsklausel als Beispiel, Heidelberg 1958, S. 206; Cramer, Horst H., S. 130 ff.; Gallus, Michael, Wettbewerbsbeschränkungen im Recht des Handelsvertreters, München 1971, S. 140 ff., und Schwartz, Gustav, § 18 GWB, Anmerkung 29 und 32 mit weiteren Literaturhinweisen.

delsvertreter besteht eine Ausschließlichkeitsbindung für solche Waren, die er für seinen Geschäftsherrn vertreibt. Darüber hinausgehende Bindungen, etwa ein Verbot des Vertriebs nichtkonkurrierender Produkte, die der Handelsvertreter als Eigenhändler vertreibt, fallen dagegen unter das Kartellrecht, soweit sie nicht zur „ordnungsgemäßen Erfüllung der Handelsvertreterpflicht"[37] erforderlich und daher diesem Verhältnis nicht „immanent" sind.

Trotz der unterschiedlichen Begründungen sind die beiden Auffassungen im Ergebnis gleich. Danach ist das GWB per se nicht auf die vertraglichen Beziehungen zwischen Tankstellenhaltern und Mineralölgesellschaften anwendbar, soweit es um den Vertrieb von Treib- und Schmierstoffen im Handelsvertreterverhältnis geht. Ausschließlichkeitsbindungen fallen daher nach dieser Auffassung nicht unter die Mißbrauchsaufsicht des Kartellamtes nach § 18 GWB.

Abweichend von der herrschenden Lehre schließen einige Autoren die Anwendbarkeit des § 18 GWB auf Handelsvertreterverträge nicht von vornherein aus[38]. Nach Koenigs ist das Interessenwahrungsverhältnis „kein brauchbares Kriterium für die Abgrenzung des Anwendungsbereichs des § 18"[39]. „Wie gerade das Beispiel der Tankstellenverträge der Mineralölgesellschaften zeigt, ist es in bestimmten Fällen möglich, ohne rechtliche oder tatsächliche Schwierigkeiten Eigenhändler mit Ausschließlichkeitsbindungen in Handelsvertreter umzuwandeln. Beiden ist gemeinsam, daß sie als Interessenwahrer in die Absatzorganisation eines Unternehmens eingegliedert sind. Die Gefahren, die sich aus der Existenz derartiger Absatzorganisationen für den ungehinderten Zugang dritter Unternehmen zum Markt und für den Wettbe-

---

[37] Schwartz, Gustav, § 18 GWB, Anmerkung 32.

[38] Vgl. Birkhahn, Raimund, Die Ausschließlichkeitsklausel in Handelsvertreterverträgen unter besonderer Berücksichtigung des § 18 GWB, Dissertation, Hamburg 1961; Hensen, Jürgen, Die kartellrechtliche Mißbrauchskontrolle und das Wettbewerbsverbot des Handelsvertreters, Bielefeld 1973, S. 60 ff.; Koenigs, Folkmar, S. 314 ff.,und Kreis, Helmut, Ausschließlichkeitsbindungen in Tankstellenverträgen, in: Der Betriebs-Berater, Band 22 (1967), S. 942 ff.

[39] Koenigs, Folkmar, S. 318.

werb als Institution ergeben können, und denen § 18 begegnen will, können in beiden Fällen gleich groß sein[40]." Daher sind nach Koenigs Ausschließlichkeitsbindungen im Handelsvertreterverhältnis nicht per se der Mißbrauchskontrolle der Kartellbehörde entzogen, sondern unabhängig von ihrer rechtlichen Ausgestaltung daraufhin zu überprüfen, ob sie negative Auswirkungen auf den Wettbewerb haben.

Demgegenüber ist in der Literatur in Übereinstimmung mit der Rechtsprechung und dem Bundeskartellamt weitgehend unstrittig, daß § 15 GWB auf die vertikale Preisbindung in Handelsvertreter- und damit auch in Tankstellenverträgen nicht anwendbar ist[41].

Die Kartellbehörde hat nach § 22 die Möglichkeit, marktbeherrschenden Unternehmen ein mißbräuchliches Verhalten zu untersagen und Verträge für unwirksam zu erklären. Im Falle des Mißbrauchs können daher auch Ausschließlichkeitsverträge für unwirksam erklärt werden. Das Problem liegt hier in der Mißbrauchskonkretisierung[42]. Möschel schlägt in Anlehnung an die amerikanische Praxis eingehende Strukturanalysen zur Beurteilung eines möglichen Mißbrauchs vor, dabei sollten „die mehr quantitativ bestimmten Kriterien wie relative Größe des bindenden Unternehmens, Umfang der blockierten Marktanteile, Dauer der Verträge und namentlich parallele Vorbereitung solcher Praktiken auf dem jeweiligen Markt im Vordergrund stehen"[43].

Wenn Ausschließlichkeitsbindungen nach § 18 erlaubt sind, darf „man sie nicht durch extensive Auslegung des § 26 II wieder illusorisch machen"[44]. Belke zieht zur Präzisierung

---

[40] Koenigs, Folkmar, S. 318.

[41] Vgl. Meissner, Manfred, Die Auslegung des § 15 GWB im Hinblick auf Preisbindungen im Rahmen von Interessenwahrungsverhältnissen, S. 128, und Schwartz, Gustav, § 15 GWB, in: Gesetz gegen Wettbewerbsbeschränkungen und Europäisches Kartellrecht. Gemeinschaftskommentar, herausgegeben von Hans Müller-Henneberg und Gustav Schwartz, 3. Auflage, 2. Lieferung, Köln, Berlin, Bonn, München 1972, Anmerkung 22. Gegenteiliger Auffassung ist Koeble, Wolfgang, S. 151.

[42] Vgl. Möschel, Wernhard, S. 188 ff.

[43] Ebenda, S. 190.

[44] Belke, Rolf, Die vertikalen Wettbewerbsbeschränkungsverbote ..., S. 262.

des § 26 Absatz 2 GWB die drei Eingriffsvoraussetzungen des § 18[45] heran und kommt dann zu folgendem Ergebnis: „Ausschließlichkeitssysteme marktbeherrschender Unternehmen sind nach alledem regelmäßig nach § 26 II verboten und nach §§ 18 I c, 22 IV dem behördlichen Zugriff wegen Mißbrauchs ausgesetzt, sofern sie einen quantitativ erheblichen Teil der Nachfrage binden[46]."

Fünftes Kapitel

Vertikale Ausschließlichkeitsbindungen im geltenden Recht ausgewählter anderer Staaten

A. USA

1. Die gesetzlichen Grundlagen

Als erste Rechtsgrundlage für vertikale Ausschließlichkeitsbindungen ist das älteste amerikanische Antitrust-Gesetz, der Sherman Act aus dem Jahre 1890 heranzuziehen, der sowohl horizontale als auch vertikale Wettbewerbsbeschränkungen erfaßt. Er erklärt „every contract, combination in the form of trust or otherwise, or conspiracy, in restraint of trade or commerce among the several States, or with foreign nations"[1] für ungesetzlich und droht jedem eine Geld- oder Gefängnisstrafe an, der dieser Bestimmung zuwiderhandelt. Das gleiche gilt für Personen „who shall monopolize, or attempt to monopolize, or combine or conspire with any other person or persons, to monopolize any part of the trade or commerce among the several States, or with foreign nations"[2]. Hier handelt es sich also um eine

---

45 Vgl. S. 81.

46 Belke, Rolf, Die vertikalen Wettbewerbsbeschränkungsverbote ..., S. 264.

1 Section 1, Sherman Act. Die wesentlichen amerikanischen Antitrust-Gesetze sind u. a. im Anhang zu Kronstein, Heinrich; Miller, John T.; Dommer, Paul P., Major American Antitrust Laws, New York 1965, S. 399 ff., abgedruckt.

2 Section 2, Sherman Act.

Generalklausel, die jeden Versuch einer Beschränkung des Handels und einer Monopolisierung verbietet.

Ergänzt und konkretisiert wird der Sherman Act durch den Clayton Act aus dem Jahre 1914, der in Section 3 Ausschließlichkeitsbindungen von Käufern, Mietern, Pächtern und Entleihern sowie Treuerabattvereinbarungen untersagt, soweit sie mit Ausschließlichkeitsbindungen gekoppelt sind, wenn

— sich die Verträge auf „goods, wares, merchandise" beziehen,
— der Bindende eine „person engaged in commerce" ist
— und der Wettbewerb „substantially" beschränkt ist[3].

Eine dritte Vorschrift, Section 5 a) des Federal Trade Commission Act aus dem Jahre 1914 erklärt „unfair methods of competition in commerce, and unfair or deceptive acts or practices in commerce" für ungesetzlich.

Die hier angeführten gesetzlichen Bestimmungen sind sehr allgemein gehalten. Von besonderer Bedeutung für das amerikanische Wettbewerbsrecht sind deshalb die Präzedenzentscheidungen des Federal Supreme Court. Lange Zeit war insbesondere umstritten, wie der Nachweis erbracht werden sollte, ob Ausschließlichkeitsbindungen den Effekt haben „to substantially lessen competition or tend to create a monopoly". Diese wichtige Norm des Clayton Act im Zusammenhang mit Ausschließlichkeitsbindungen wird auch als Com-

[3] Vgl. Section 3, Clayton Act. („That it shall be unlawfull for any person engaged in commerce, in the course of such commerce, to lease or make a sale or contract for sale of goods, wares, merchandise, machinery, supplies, or other commodities, whether patented or unpatented, for use, consumption, or resale within the United States ... or fix a price charged therefore, or discount from, or rebate upon, such price, on the condition, agreement, or understanding that the lessee or purchaser thereof shall not use or deal in the goods, wares, merchandise, machinery, supplies, or other commodity of a competitor or competitors of the lessor or seller, where the effect of such lease, sale, or contract for sale or such condition agreement, or understanding may be to substantially lessen competition or tend to create a monopoly in any line of commerce.") Vgl. dazu auch Biedenkopf, Kurt H., Vertragliche Wettbewerbsbeschränkung ..., S. 49 ff., und Mayerle, Reinhold, Die kartellrechtliche Zulässigkeit von Alleinvertriebsverträgen mit Eigenhändlern im amerikanischen Recht, Dissertation, Tübingen 1966, S. 50 f. und 122 ff.

petitive-impact-Klausel bezeichnet[4]. Nach Lockhart und Sacks könnte die Competitive-impact-Klausel „be interpreted to incorporate a rule of reason[5] into Section 3, Clayton Act"[6], so daß nur nach einer eingehenden, auf den konkreten Fall bezogenen Marktanalyse entschieden werden könne, ob diese Bindungen ungesetzlich seien[7]. Dieser Auffassung schloß sich der Federal Supreme Court nicht an.

2. Ausschließlichkeitsbindungen in der Rechtsprechung

Von grundlegender Bedeutung ist das Urteil des Federal Supreme Court im Fall Standard Oil Company of California versus United States[8]. Die Standard Oil of California hatte 1946 in den westlichen Staaten der USA einen Marktanteil von 23 Prozent des Treibstoffumsatzes, der wie folgt abgesetzt wurde:

— 6,8 Prozent über konzerneigene Tankstellen

— 6,7 Prozent über knapp 6 000 Tankstellen (= 16 Prozent aller Tankstellen dieses Raumes) mit Ausschließlichkeitsbindungen

— 9,5 Prozent über industrielle Großabnehmer[9].

---

4 Vgl. Lockhart, William B.; Sacks, Howard R., The Relevance of Economic Factors in Determing whether Exclusive Arrangements violate Section 3 of the Clayton Act, in: The Harvard Law Review, Band 65 (1952), S. 915, und Biedenkopf, Kurt H., Vertragliche Wettbewerbsbeschränkung . . ., S. 51 ff.

5 Nach der rule of reason (Vernünftigkeitsklausel) sind nur solche Wettbewerbsbeschränkungen verboten, die „unreasonable" sind. Dies gilt nicht für Wettbewerbsbeschränkungen, die per se verboten sind. Die rule of reason wurde im bekannten Standard-Oil-Fall entwickelt; vgl. dazu Biedenkopf, Kurt H., Vertragliche Wettbewerbsbeschränkung . . ., S. 52.

6 Lockhart, William B.; Sacks, Howard R., S. 915.

7 Vgl. ebenda, S. 923 ff., wo verschiedene Beurteilungskriterien für eine Marktprüfung vorgeschlagen werden.

8 Vgl. Standard Oil of California and Standard Stations versus United States, 337 U.S. 293 ff. (1949). Vgl. dazu auch Lockhart, William B.; Sacks, Howard R., S. 916 ff.; Biedenkopf, Kurt H., Vertragliche Wettbewerbsbeschränkung . . ., S. 55 ff.; Zohlnhöfer, Werner, Wettbewerbspolitik im Oligopol. Erfahrungen der amerikanischen Antitrustpolitik, Tübingen 1968, S. 98 f., und Schmidt, Ingo, US-amerikanische und deutsche Wettbewerbspolitik gegenüber Marktmacht, Berlin 1973, S. 319 ff.

9 Vgl. dazu und zum folgenden 337 U.S. 295 ff. (1949). Die Standard Oil

Neben Standard Oil of California gab es noch sechs größere Konkurrenten, die einen Marktanteil von zusammen 42 Prozent und ebenfalls mit ihren Tankstellenabnehmern Ausschließlichkeitsbindungen vereinbart hatten, so daß insgesamt 65,5 Prozent des Marktes auf die sieben größten Mineralölgesellschaften entfielen. Rund siebzig kleinere Unternehmen teilten sich die übrigen 34,5 Prozent.

Bei dieser Entscheidung ging es um die Frage, ob die ausschließliche Bindung der 6 000 Tankstellen (= 16 Prozent der Gesamtzahl) mit einem Treibstoffmarktanteil von 6,7 Prozent die entsprechenden Antitrust-Normen verletzt. Mit der knappen Mehrheit von 5 : 4 entschied das Gericht, daß die Ausschließlichkeitsbindungen der Standard Oil of California mit ihren Tankstellenpartnern ungesetzlich seien:

„We conclude, therefore, that the qualifying clause of § 3 is satisfied by proof that competition has been foreclosed in a substantial share of the line of commerce affected. It cannot be gainsaid that observance of a dealer of this requirements contract with Standard does effectively foreclose what ever opportunity there might be for competing supplies to contract his patronage, and it is clear that the affected proportion of retail sales petroleum products is substantial[10]."

Das Gericht hat zwei relativ leicht feststellbare Kriterien zur wettbewerbsrechtlichen Beurteilung vertikaler Ausschließlichkeitsbindungen herangezogen: den Martkanteil des Bindenden und die Häufigkeit der Bindungen am relevanten Markt[11]. In diesem speziellen Fall entschied der Supreme Court, daß aufgrund des Marktanteils der Standard Oil und der Tatsache, daß die Ausschließlichkeitsbindungen weitverbreitet waren, mit hinreichender Wahrscheinlichkeit von einer Wettbewerbsbeschränkung auszugehen sei. Ausdrücklich lehnte das Gericht eine Prüfung der tatsächlichen Aus-

---

Company of California nennt sich inzwischen Chevron und gehört zu den großen „Sieben".

10 337 U.S. 314 (1949).

11 Durch diese höchstrichterliche Aufstellung von Beurteilungskriterien (auch quantitative substantiality-Klausel genannt) wurde die allgemein gehaltenere Norm Section 3, Clayton Act, konkretisiert; vgl. Biedenkopf, Kurt H., Vertragliche Wettbewerbsbeschränkung . . ., S. 58 ff.

wirkungen auf den Wettbewerb und der wirtschaftlichen Zweckmäßigkeit solcher Bindungen ab[12].

Allerdings handelt es sich hier nicht um ein per se Verbot aller vertikalen Ausschließlichkeitsbindungen, sondern in diesem Grundsatzurteil wurde klargestellt, daß allein bei wirtschaftlich mächtigen Unternehmen solche Bindungen per se unzulässig sind. Je häufiger Ausschließlichkeitsbindungen auf einem Markt anzutreffen sind, desto schärfere Maßstäbe werden angelegt. Das wird auch aus einer Entscheidung im Verfahren United States versus Richfield Oil Corporation[13] aus dem Jahre 1952 deutlich. Richfield gehörte zu den sechs großen Konkurrenten von Standard Oil of California. Aufgrund der weiten Verbreitung der Bindungen am relevanten Markt untersagte das Gericht die Ausschließlichkeitsbindungen dieses Unternehmens, das drei Prozent des Gesamttreibstoffverbrauchs über gebundene Tankstellen absetzte. Das Verbot bezog sich auch auf Verträge mit Pächtern gesellschaftseigener Tankstellen.

Zusammenfassend läßt sich feststellen: In der amerikanischen Rechtsprechung wird davon ausgegangen, daß vertikale Ausschließlichkeitsbindungen auf oligopolistischen Märkten mit hinreichender Wahrscheinlichkeit wettbewerbsbeschränkend wirken und daher per se ungesetztlich sind[14]. Demgegenüber unterliegen solche Bindungen auf polypolistischen Märkten einer Mißbrauchsaufsicht. Das heißt, eine auf den konkreten Fall bezogene Prüfung der Auswirkungen auf den Wettbewerb entscheidet über die Rechtmäßigkeit der Ausschließlichkeitsbindungen.

Auch bei Ausschließlichkeitsbindungen, die agency oder consignment agreements betreffen, gibt es Präzedenzfälle. Diese vertraglichen Beziehungen sind vergleichbar mit den deutschen Handelsvertreterverträgen, da „in both agency and consignment, the title of the goods remains in the

---

[12] Vgl. auch Mayerle, Reinhold, S. 129.

[13] Vgl. United States versus Richfield Oil Corporation, 343 U.S. 922 ff. (1952); vgl. auch Möschel, Wernhard, S. 129.

[14] Vgl. auch Mayerle, Reinhold, S. 131 f., und Zohlnhöfer, Werner, S. 99 f.

manufacturer until they are sold"[15]. Im Fall R. S. Simpson versus Union Oil of California[16] ging es um einen zivilen Schadenersatzprozeß. Die Union Oil vertrieb ihre Treibstoffe über Tankstellen, die sie im Rahmen einjähriger consignment agreements an Tankstellenhalter verpachtet hatte. Aufgrund dieser vertraglichen Konstruktion blieb die Treibstoffgesellschaft Eigentümerin der Produkte bis zum endgültigen Verkauf an den Verbraucher. Sie bestimmte daher auch die Abgabepreise. Die Pächter arbeiteten auf Provisionsbasis. Diese Konstellation ist mit den Tankstellenverträgen in der Bundesrepublik Deutschland vergleichbar.

Der Pächter R. S. Simpson hielt sich nicht an die von der Gesellschaft festgesetzten Benzinpreise, sondern nahm eine Senkung auf das Preisniveau konkurrierender Tankstellen vor. Daraufhin wurde sein Einjahresvertrag nicht mehr erneuert. Der Federal Supreme Court erkannte in seiner Entscheidung zu diesem Fall zwar agency und consignment selling als mögliche Vertriebsformen an. Er stellte sie aber grundsätzlich unter das Antitrustrecht und sah in diesem Fall in der vertraglichen Ausgestaltung „by clever manipulation of words, not by differences in substance"[17] einen Versuch zur Umgehung und damit eine Verletzung von Section 1 des Sherman Acts. Durch die Ausübung von wirtschaftlichem Druck solle mit Hilfe der kurzfristigen Kündigungsregelung eine Endpreisfestsetzung bei einer großen Zahl gebundener Tankstellenhalter erzwungen werden.

3. Erzwingung eines Ausschließlichkeitsverhaltens und Rechtsprechung

Da die amerikanischen Gerichte bei der Beurteilung von vertikalen Ausschließlichkeitsbindungen sehr strenge Maß-

---

15 Baker, James E. S., Agency and Consignment Selling, in: Antitrust Bulletin, Band 9 (1964), S. 303. Vgl. auch S. 305 f., wo Baker die Voraussetzungen für eine „true agency relationship" aufführt.

16 Vgl. dazu R. S. Simpson versus Union Oil of California, 377 U.S. 13 ff. (1964); vgl. auch Baker, James E. S., S. 299 ff.; Belke, Rolf, Kundenbeschränkung und Verkaufsverweigerung im Antitrustrecht der Vereinigten Staaten, Stuttgart 1967, S. 40 ff., und Möschel, Wernhard, S. 199 f.

17 377 U.S. 21 f. (1964).

stäbe anlegen, sind Unternehmen verschiedentlich dazu übergegangen, ein Ausschließlichkeitsverhalten durch Anwendung von wirtschaftlichem Druck zu erzwingen Eine solche Ausschließlichkeitspolitik unterscheidet sich von Ausschließlichkeitsbindungen dadurch, daß es sich nicht um vertragliche Abmachungen handelt, so daß sie „dem Wortlaut nach nicht unter Sec. 3, Clayton Act"[18], fällt.

In den beiden höchstrichterlichen Entscheidungen zu Atlantic Refining versus Federal Trade Commission[19] und Federal Trade Commission versus Texaco[20] wurde die Frage untersucht, ob die beiden Mineralölgesellschaften ihre Tankstellenpartner durch Ausübung von Druck zwingen, bestimmte Reifen, Autobatterien und -zubehör abzunehmen. Die Mineralölgesellschaften hatten mit bestimmten TBA[21]-Herstellern Verträge abgeschlossen, in denen sie sich verpflichteten, den Verkauf der Produkte bei ihren Tankstellenpartnern zu fördern. Als Gegenleistung erhielten sie eine Provision für alle dort verkauften Erzeugnisse[22].

Atlantic Refining zwang die Tankstellenhalter durch Androhung von Pachtvertragskündigungen zum ausschließlichen Bezug bestimmter Waren, während Texaco über eigene Firmenvertreter den Pächtern den Bezug bestimmter Erzeugnisse nachdrücklich empfahl. Insbesondere wurde die Verlängerung der kurzfristigen Pachtverträge ständig überprüft, wobei die Beurteilung durch die Firmenvertreter eine große Rolle spielte.

---

18 Biedenkopf, Kurt H., Vertragliche Wettbewerbsbeschränkung . . ., S. 67.

19 Vgl. Atlantic Refining versus Federal Trade Commission, 381 U.S. 357 ff. (1965).

20 Vgl. Federal Trade Commission versus Texaco, 393 U.S. 223 ff. (1968). Eine deutsche Übersetzung dieses Urteils ist im Außenwirtschaftsdienst des Betriebs-Beraters, 15. Jahrgang (1969), S. 150 ff., abgedruckt. Vgl. auch Bierling, Wilhelm, Die Sicherung des Marktzugangs dritter Unternehmen gegenüber Absatzbindungen, in: Wettbewerb in Recht und Praxis, 19. Jahrgang (1969), S. 258 ff., und Markert, Kurt, Tankstellennebengeschäft und Antitrustrecht, in: Wirtschaft und Wettbewerb, 19. Jahrgang (1969), S. 546 ff.

21 tires, batteries, accessories.

22 Im Vertrag zwischen Texaco und dem TBA-Hersteller Goodrich betrug die Provision zehn Prozent.

Das oberste Gericht stellte im ersten Fall offenkundige Durckmaßnahmen zur Erzwingung eines Ausschließlichkeitsverhaltens fest. Demgegenüber sprach es im zweiten Fall von einem Verkaufssystem, das „seinem Wesen nach mit Druck verbunden“[23] ist, ohne daß offenkundige Druckmaßnahmen nachgewiesen werden könnten. In beiden Fällen kam der Supreme Court zu dem Ergebnis, daß durch die Zahlung von Provisionen an die Ölgesellschaften deren wirtschaftliche Macht gekauft worden sei, um Durck auf die Tankstellen auszuüben. Da ein wesentlicher Teil des Marktes durch dieses Verhalten berührt sei[24], werde der Wettbewerb in unfairer Weise erschwert, so daß die Erzwingung eines Ausschließlichkeitsverhaltens Section 5, Federal Trade Commission Act, verletzt.

4. Neuere Entwicklungen in der amerikanischen Gesetzgebung

Ausschließlichkeitsbindungen werden am Treibstoffmarkt in den USA wie in der Bundesrepublik Deutschland hauptsächlich von internationalen, vertikal integrierten Mineralölgesellschaften zur Kontrolle der Endvertriebsstufe benutzt. In der amerikanischen Gesetzgebung sind in neuester Zeit Bestrebungen im Gange, diese vertikale Konzentration durch eine Entflechtung der Ölgesellschaften zu zerschlagen. Der Antitrust-Ausschuß des amerikanischen Senats hat Anfang April 1976 einen Gesetzentwurf verabschiedet, der die Tätigkeit der 18 größten vollintegrierten Mineralölgesellschaften auf eine der vier Stufen Erdölförderung, Transport, Verarbeitung oder Vertrieb beschränken soll[25]. Im Juni desselben Jahres wurde dieser Gesetzentwurf mit knapper Mehrheit im Rechtsausschuß des Senats gebilligt und steht nun vor der Verabschiedung im Senat selbst[26]. Im Treibstoffvertrieb ist

---

[23] 393 U.S. 223 ff. (1968), zitiert nach der deutschen Übersetzung im Außenwirtschaftsdienst, S. 152.

[24] Die Texaco kontrolliert 16,5 Prozent aller Tankstellen der USA, vgl. ebenda.

[25] Vgl. ohne Verfasser, Gesetzentwurf gegen Ölfirmen, in: Frankfurter Allgemeine Zeitung, Nr. 80 vom 3. 4. 1976.

[26] Vgl. ohne Verfasser, Amerikanische Ölkonzerne sollen bald Federn lassen, in: Handelsblatt, Nr. 108 vom 18./19. 6. 1976.

die Ausnahme vorgesehen, daß Raffinerieunternehmen solche Tankstellen weiter betreiben dürfen, die vor dem 1. Januar 1976 in ihrem Besitze waren[27]. Ob die neue Regierung unter Präsident Carter diese Pläne unterstützt oder ablehnt, ist zur Zeit noch nicht absehbar[28].

Die Befürworter des Gesetzentwurfs erwarten durch eine Entflechtung eine Verschärfung des Wettbewerbs, der zu einer Senkung des Preisniveaus für Mineralölprodukte führen könnte, und sehen in den stark angestiegenen Gewinnen der großen Gesellschaften ein Indiz für einen Markt ohne wesentlichen Wettbewerb[29]. Höhere Produktionskosten aufgrund zu kleiner Unternehmenseinheiten, die economies of scale dann nicht mehr wahrnehmen könnten, seien bei einer Aufspaltung nicht zu erwarten, da zum Beispiel bei einer Entflechtung von Exxon „jede der drei oder vier selbständig arbeitenden Gesellschaften noch immer größer sein (würde) als etwa die US Steel Company"[30]. Außerdem wird darauf hingewiesen, „daß inzwischen über ein Viertel der Kohlenproduktion, 95 % der Uranaufbereitung und 65 % der Uranreserven von Ölgesellschaften kontrolliert werden"[31].

Demgegenüber behaupten die Gesellschaften, daß durch eine solche Maßnahme eine Erhöhung der Preise für Mineralölerzeugnisse eintreten werde[32]. Dem Vorwurf, die hohen

---

27 Vgl. ohne Verfasser, Amerika: Ölkonzerne sollen aufgespalten werden, in: Frankfurter Allgemeine Zeitung, Nr. 130 vom 18. 6. 1976.

28 Vgl. ohne Verfasser, Amerikas Energiepläne werden durchleuchtet, in: Handelsblatt, Nr. 65 vom 1./2. 4. 1977.

29 Vgl. ohne Verfasser, Amerika: Ölkonzerne ... Die Federal Trade Commission hatte allerdings schon vor der Energiekrise den Vorwurf erhoben, „daß die Gesellschaften höhere Preise für Öl und Ölprodukte festgelegt hätten, als in einer vom freien Wettbewerb beherrschten Wirtschaft zustande gekommen wären". (Adam, Robert, Debatte ..., S. 230.)

30 Ebenda, S. 231.

31 Ohne Verfasser, Die amerikanische Ölindustrie fürchtet Jimmy Carter.

32 Begründet wird dies unter anderem an folgendem Beispiel: „Die Standard Oil Company hat 1964 pro Gallon einen Gewinn von 1,6 Cents gehabt. Dieser Betrag würde schon wegen der Einschaltung vieler Mittelsmänner zwischen den getrennten Operationen steigen, die Verwaltungskosten müßten erheblich zunehmen." (Adam, Robert, Debatte ..., S. 231). Adam selbst pflichtet dem bei und sieht für eine mögliche Entflechtung katastrophale Folgen.

Gewinnsteigerungen seien auf Marktmacht zurückzuführen, wird begegnet, daß die Gewinne im Verhältnis zum eingesetzten Kapital nicht überdurchschnittlich im Vergleich zu anderen Branchen seien. „Zudem stammten 85 Prozent der im Jahre 1973 erreichten Gewinne aus Geschäften, die außerhalb der USA abgewickelt wurden[33]." Auf die hier vorgetragenen Argumente wird bei der wettbewerbspolitischen Beurteilung vertikaler Ausschließlichkeitsbindungen zurückzukommen sein.

5. Rechtsvergleich USA—Bundesrepublik Deutschland

Die Unterschiede und Gemeinsamkeiten in der Behandlung vertikaler Ausschließlichkeitsbindungen in Recht und Rechtsprechung der USA und der Bundesrepublik Deutschland sollen hier kurz zusammengefaßt werden.

In beiden Ländern wird diese Form der vertikalen Integration durch die Antitrustgesetze beziehungsweise das GWB erfaßt. Grundsätzlich verboten sind die Bindungen in keinem der beiden Staaten. Allerdings sind die Grenzen in den USA sehr viel enger gezogen, denn auf einem Oligopolmarkt sind solche Bindungen per se verboten, da von der Annahme ausgegangen wird, daß die „vernünftigte Wahrscheinlichkeit" einer Wettbewerbsbeschränkung gegeben ist, so daß die Gerichte eine Prüfung der tatsächlichen Auswirkungen auf den Wettbewerb ablehnen[34]. Entscheidende Kriterien sind der Marktanteil des Bindenden und die Häufigkeit der Bindungen am relevanten Markt. Sind Ausschließlichkeitsbindungen am Markt weit verbreitet, genügt schon ein Marktanteil von 3 Prozent für ein Verbot[35].

Im Unterschied dazu sind in der deutschen Rechtsprechung „die Marktfolgen ... in ihrer Wirkung auf die gesamte Marktlage zu prüfen"[36]. „Stets ist aber in der Ermessens-

[33] So John C. Sawhill, Leiter der Federal Energy Administration, der sich der Argumentation der Mineralölgesellschaften anschließt. (Vgl. Adam, Robert, Energieprobleme der USA nach Aufhebung des Ölembargos, in: Energiewirtschaftliche Tagesfragen, 24. Jahrgang [1974], S. 429).

[34] Vgl. Mayerle, Reinhold, S. 146, und Schmidt, Ingo, S. 339.

[35] Vgl. S. 92.

entscheidung auch das Interesse des Bindenden an der Einfügung der Bindungsklausel und ihrer Beibehaltung zu würdigen[37]." Dabei ist sogar in der Literatur strittig, ob jede einzelne Bindung für sich oder die Gesamtheit der Bindungen bei der Beurteilung der Auswirkungen auf den Wettbewerb zu berücksichtigen ist[38]. Im Kfz-Pflegemitelfall konnte diese Frage nicht gerichtlich entschieden werden, da das Verfahren vom „BKartA in der Hauptsache für erledigt erklärt"[39] wurde. Einem Verbot vertikaler Ausschließlichkeitsbindungen durch das Kartellamt müssen daher immer komplizierte Marktuntersuchungen vorausgehen.

Ein weiterer wesentlicher Unterschied besteht darin, daß im amerikanischen Recht grundsätzlich alle vertraglichen Beziehungen unter das Antitrust-Recht fallen. Demgegenüber sind im deutschen Recht §§ 15 und 18 GWB auf Handelsvertreterverträge nach vorherrschender Meinung nicht anwendbar, so daß Ausschließlichkeitsbindungen und sonstige vertragliche Bindungen in Tankstellenverträgen einer Kontrolle des Kartellamtes entzogen sind. Inwieweit die Mißbrauchsaufsicht über marktbeherrschende Unternehmen nach der Kartellnovelle 1973 hier neue Möglichkeiten für die Behörde gebracht hat, ist noch nicht abzusehen.

Maßnahmen zur Erzwingung eines Ausschließlichkeitsverhaltens durch marktstarke Unternehmen fallen nicht unter § 18 GWB, der vertragliche Bindungen voraussetzt[40]. Daher spricht Schmidt von einer „echte(n) Schutzlücke des deutschen Kartellgesetzes, der nur in sehr engen Grenzen im Rahmen der Mißbrauchsaufsicht über marktbeherrschende Unternehmen begegnet werden könnte"[41].

Das Antitrust-Recht gibt demjenigen, der durch Wettbewerbsbeschränkungen einen Schaden erlitten haben könnte,

---

36 Schwartz, Gustav, § 18 GWB, Anmerkung 69.

37 Ebenda, Anmerkung 77.

38 Vgl. ebenda, Anmerkung 67, den Stand der Meinungen mit weiteren Literaturhinweisen.

39 Kartellbericht 1970, S. 49.

40 Vgl. Belke, Rolf, Kundenbeschränkung . . ., S. 2.

41 Schmidt, Ingo, S. 336.

zwei Möglichkeiten, sich zu wehren. Er kann eine für ihn kostenlose Untersuchung bei der Federal Trade Commission beantragen und in einem Zivilprozeß auf dreifachen Schadenersatz klagen[42]. So stellte der Supreme Court im Simpson-Fall fest, daß dem Tankstellenhalter durch die Nichtverlängerung seines Vertrages ein einklagbarer Schaden enstanden sei[43]. Da insbesondere im Treibstoffgeschäft dem wirtschaftlich meist sehr schwachen Tankstellenhalter ein mächtiges Mineralölunternehmen gegenübersteht, so daß er in den seltensten Fällen einen mit hohen Kosten verbundenen Zivilprozeß wagen könnte, reduziert ein solches Antragsrecht die faktische Ungleichheit der beiden Kontrahenten im Falle eines Konflikts.

Im deutschen Recht gibt es diese beiden Möglichkeiten nicht. Der Regierungsentwurf zu § 18 GWB sah zwar vor, daß die Kartellbehörde „auf Antrag eines betroffenen Unternehmens oder von Amts wegen"[44] tätig werden könne. Das vorgesehene Antragsrecht wurde aber vom wirtschaftspolitischen Ausschuß des Bundestages gestrichen.

Zusammenfassend ist festzustellen, daß die Behandlung vertikaler Ausschließlichkeitsbindungen im amerikanischen Recht sich faktisch erheblich von derjenigen im deutschen Recht unterscheidet. Die Gründe dafür scheinen weniger in den gesetzlichen Bestimmungen selbst zu liegen, sondern sind wohl mehr auf die unterschiedliche Entwicklung der herrschenden Lehre und der Rechtsprechung in beiden Ländern zurückzuführen.

B. Großbritannien

1. Die gesetzlichen Grundlagen

Das britische Recht gegen Wettbewerbsbeschränkungen unterscheidet sich nicht unwesentlich vom deutschen und

---

42 Vgl. Schmidt, Ingo, S. 337.

43 Vgl. auch S. 92 f.

44 Bundesregierung, Regierungsentwurf eines Gesetzes gegen Wettbewerbsbeschränkungen, § 13 (der jetzige § 18), in: Bundestagsdrucksache II/1158.

amerikanischen Recht. Verantwortlich für die Kontrolle wettbewerbsbeschränkender Praktiken ist der Board of Trade[45], eine politische Instanz, die nach politischen Zweckmäßigkeitsüberlegungen handelt und der parlamentarischen Kontrolle unterliegt, deren Entscheidungen aber gerichtlich nicht anfechtbar sind[46]. Im Unterschied zu den amerikanischen und deutschen Kartellbehörden, deren Entscheidungsspielraum durch Gesetz und Grundsatzurteile relativ eng gezogen ist, orientiert sich der Board of Trade am gesetzlich „nicht näher definiert(en)"[47] öffentlichen Interesse (public interest)[48].

Das englische Recht gegen Wettbewerbsbeschränkungen besteht im wesentlichen aus vier Gesetzen[49]. Eine spezielle, auf Ausschließlichkeitsbindungen zugeschnittene wettbewerbsrechtliche Norm gibt es im Gegensatz zur Bundesrepublik Deutschland und den USA nicht. Mittelbar dürfte der Monopolies and Restrictive Practices (Inquiry and Control) Act[50] aus dem Jahre 1948, das erste und grundlegende Gesetz gegen Wettbewerbsbeschränkungen, den größten Einfluß auf die Behandlung vertikaler Ausschließlichkeitsbindungen in Großbritannien haben. Dieses Gesetz verfügte die Gründung einer Monopolies and Restrictive Practices Commission[51], die im Auftrag des Board of Trade bestimmte Fälle zu untersuchen und vorzulegen hat, die gegen das öffentliche Interesse verstoßen könnten[52]. Der Auftrag zu einer solchen Unter-

---

45 Nach Baur, Jürgen F., Der Mißbrauch im deutschen Kartellrecht, Tübingen 1972, Fußnote 13, S. 8, gibt die Übersetzung Wirtschaftsministerium nur unvollkommen die Funktion des Board of Trade wieder.

46 Vgl. ebenda, S. 8 f., und Möschel, Wernhard, S. 74 ff.

47 Baur, Jürgen F., S. 11.

48 Vgl. auch John, Peter, Die Kontrolle von Marktmacht in Großbritannien. Konzeption, Genesis und Praxis der Wettbewerbspolitik gegenüber Monopolen und Unternehmenszusammenschlüssen. FIW-Schriftenreihe, Heft 68, Köln, Berlin, Bonn, München 1974, S. 15 ff.

49 Vgl. dazu Baur, Jürgen F., S. 7 ff.; Möschel, Wernhard, S. 75 ff., und John, Peter, S. 14 ff.

50 In Auszügen abgedruckt bei John, Peter, Anhang 1, S. 251 ff. Eine deutsche Übersetzung findet sich in: Wirtschaft und Wettbewerb, 3. Jahrgang (1953), S. 116 ff.

51 Diese Kommission hat ihren Namen mehrfach geändert. Sie nannte sich 1956 Monopolies Commission und heißt seit 1973 Monopolies and Mergers Commission (vgl. John, Peter, Fußnote 30, S. 19).

suchung liegt allein im Ermessen des Board of Trade. Stellt die Kommission einen Verstoß gegen das öffentliche Interesse fest, so kann der Board of Trade verschiedene Maßnahmen anordnen, ohne aber an die Ergebnisse und Empfehlungen der Kommission gebunden zu sein[53]. Anfang der sechziger Jahre führte die Monpolies Commission im Auftrag des Board of Trade eine Untersuchung durch, die sich mit den Beziehungen zwischen Treibstoffgesellschaften und Tankstellen, insbesondere auch mit Ausschließlichkeitsbindungen beschäftigte[54].

2. Zum Bericht der Monopolies Commission über den britischen Treibstoffmarkt

Die Kommission hatte zu prüfen, ob bestimmte auf dem Treibstoffmarkt übliche Vertriebspraktiken gegen das öffentliche Interesse verstoßen[55]. Auch am englischen Treibstoffmarkt dominieren internationale, vertikal konzentrierte Mineralölkonzerne. Im Jahre 1964 entfielen auf die Shell-BP-Gruppe, die ihre Treibstoffe über drei Gemeinschaftsunternehmen verkauft, 45,0 Prozent, auf die Esso-Gruppe 27,4 Prozent, die Regent Oil 11,1 Prozent, Mobil Oil 5,9 Prozent, Jet Petroleum 3,5 Prozent, Petrofina 2,5 Prozent und etwa zwanzig kleine Anbieter 4,6 Prozent Marktanteil[56]. Alle großen und die Mehrheit der kleinen Anbieter vertreiben ihre Treibstoffe, teilweise auch Schmieröle und sonstige Produkte, über Tankstellen, die durch Ausschließlichkeitsverträge (solus trading arrangements) gebunden sind[57].

---

52 Vgl. Mestmäcker, Ernst-Joachim, Der Bericht der englischen Monopolkommission, in: Ordo, Jahrbuch für die Ordnung von Wirtschaft und Gesellschaft, Band 8 (1956), S. 265 f.

53 Vgl. John, Peter, S. 21 ff.

54 Vgl. The Monopolies Commission, Petrol—A Report on the Supply of Petrol to Retailers in the United Kingdom, London 1965. Eine Zusammenfassung findet sich bei Markert, Kurt, Der Bericht der englischen Monopolkommission über Wettbewerbsbeschränkungen im Tankstellenvertrieb, in: Wirtschaft und Wettbewerb, 16. Jahrgang (1966), S. 49 ff.

55 „... whether or not any of those things operate or may be expected to operate against the public interest." (The Monopolies Commission, S. 162.)

56 Vgl. ebenda, Tabelle 5, S. 5 und Tabelle 23, S. 99.

57 Vgl. dazu und zum folgenden ebenda, S. 29 ff.

Die Tankstellenhalter werden zu „reasonable" Öffnungszeiten und einem „efficient service" verpflichtet. Bei einem Verkauf der Tankstelle sind die Vertragsbedingungen nicht beendet, sondern ein Nachfolger muß sie — insbesondere die Ausschließlichkeitsbedingungen — übernehmen. Einige Unternehmen behalten sich ein Vorkaufsrecht (first refusal to purchase) vor. Hinsichtlich der Endverkaufspreise gaben die Gesellschaften Empfehlungen[58]. Die Kommission stellte allerdings fest, daß sich bis auf eine kleine Minderheit alle Tankstellenhalter an diese Empfehlungen hielten[59]. Die Zahl der gesellschaftseigenen Tankstellen ist von 79 im Jahre 1953 auf 5 000 im Jahre 1964 angestiegen (etwa 13 Prozent der Gesamtzahl), die durchschnittlich abgesetzte Treibstoffmenge war allerdings erheblich höher als bei Eigentümertankstellen, so daß ein knappes Viertel des gesamten Treibstoffabsatzes durch deren Zapfhähne floß[60].

Bei der Beurteilung des hier nur kurz im Überblick dargestellten Sachverhalts kommt die Kommission im wesentlichen zu folgenden Ergebnissen[61]:

1. Am Treibstoffmarkt besteht, da die Shell-BP-Gruppe einen Marktanteil von mehr als einem Drittel hat, eine Monopolsituation[62]. Die Preisempfehlungen und die vertraglichen Bindungen stabilisieren diese Situation[63].

2. Die Frage, ob die vorgefundenen Vertriebsformen gegen das öffentliche Interesse verstoßen, versuchte die Kommission dadurch zu beantworten, daß sie eine Interessenabwägung zwischen Mineralölkonzernen, unabhängigen

---

[58] Vgl. The Monopolies Commission, S. 10.

[59] Vgl. ebenda, S. 129.

[60] Vgl. ebenda, S. 56 ff., insbesondere Tabellen 28 und 29.

[61] Vgl. ebenda, S. 129 ff.

[62] Nach Section 3 des Monopolies and Restrictive Practices Act von 1948 ist der Monopoltatbestand gegeben, wenn ein Unternehmen oder Konzern einen Marktanteil von mehr als einem Drittel hat. Im Fair Trading Act von 1973 ist der Monopoltatbestand neu definiert worden und bei einem Marktanteil von 25 Prozent gegeben (vgl. Meinhardt, Peter, Der englische Fair Trading Act von 1973, in: Außenwirtschaftsdienst des Betriebs-Beraters, 20. Jahrgang [1974], S. 226).

[63] Vgl. The Monopolies Commission, S. 130 ff.

Herstellern, Tankstellenhaltern und Verbrauchern vornahm. Danach kam sie zu dem Ergebnis, daß Ausschließlichkeitsbindungen bei Treibstoffen zu einer Reduzierung der Vertriebs- und Transportkosten führen, die auch dem Verbraucher zugute kämen und nicht gegen das öffentliche Interesse verstießen[64]. Die Bindungen dürften allerdings einen Zeitraum von fünf Jahren nicht überschreiten[65] und eine Verwendungsbeschränkung der von den Gesellschaften vermieteten oder verkauften Tankanlagen sei nur noch sehr begrenzt zuzulassen.

3. Demgegenüber verstoßen Ausschließlichkeitsbindungen und sonstige Beschränkungen bei Schmierölen und Zubehör nach Auffassung der Kommission gegen das öffentliche Interesse.
4. Außerdem sieht sie Gefahren in einem weiteren Erwerb von Tankstellen durch die Mineralölunternehmen und schlägt vor, solchen Gesellschaften den Erwerb oder die Errichtung weiterer Tankstellen zu verbieten, die mindestens 15 Prozent des jährlichen Treibstoffabsatzes über eigene Tankstellen vertreiben. Diese Regelung sollte nicht für Treibstofflieferanten mit einem Jahresumsatz von weniger als 10 Millionen Gallonen gelten[66]. Tankstellen, die schon im Besitz der Gesellschaften sind, sollten diese behalten dürfen.
5. Die Pächter von Tankstellen will die Kommission durch mindestens dreijährige Pachtverträge schützen[67].

In einem abweichenden Votum kommt Professor Barna, ein Mitglied der Kommission, zu einer wesentlich anderen Beurteilung.

„I (Barna) have come to the conclusion that exclusive selling arrangements are against the public interest mainly for the reason that they lead to wasteful expanditure, an inefficient system of distribution, high profits, and thus to a high price for petrol[68]."

[64] Vgl. The Monopolies Commission, S. 133 ff.

[65] Vgl. ebenda, S. 142 ff.

[66] Vgl. ebenda, S. 160.

[67] Vgl. ebenda, S. 153 ff.

[68] Vgl. ebenda, S. 177. Vgl. auch die sich daran anschließende Diskus-

Er empfahl unter anderem ein Verbot der Ausschließlichkeitsbindungen und die Einführung von zwei oder drei Standardbenzinqualitäten, um eine Ausweitung der Werbung zu verhindern und die Markttransparenz der Nachfrageseite zu erhöhen. Dem Vorschlag, die Zahl der gesellschaftseigenen Tankstellen zu begrenzen, stimmte Barna zu. Allerdings lehnte er eine Besitzstandswahrung strikt ab, da sonst ein Präzedenzfall geschaffen würde, wonach während einer Untersuchung der Monopolkommission die betroffenen Unternehmen schnell noch ihre Position stärken könnten[69].

Die Vorschläge der Kommission wurden von dem Board of Trade weitgehend akzeptiert. Allerdings wurden von dem Verbot, weitere Tankstellen zu erwerben oder zu errichten, wenn mindestens 15 Prozent des Treibstoffs über eigene Stationen abgesetzt wurden, alle Gesellschaften mit einem Mengenumsatz von 50 Millionen Gallonen pro Jahr ausgenommen[70]. Die Kommission hatte eine Begrenzung von 10 Millionen Gallonen vorgeschlagen. 1968 wurde auch diese Beschränkung aufgehoben, da sie nach Ansicht des Board of Trade willkürlich sei[71]. Die übrigen Empfehlungen der Kommission wurden im Wege freiwilliger Abmachungen mit den betroffenen Mineralölgesellschaften durchgesetzt[72].

---

sion: Townsend, Harry, Exclusive Dealing in Petrol: Some Comments, in: Economica, Band 32 (1965), S. 410 ff.; Barna, T., Exclusive Dealing in Petrol: A Reply, in: Economica, Band 33 (1966), S. 231 ff.; Pass, C. L., Hawkins, F. H., Exclusive Dealing, Supplies Ownership of Outlets an the Public Interest: The Petrol Case, in: Antitrust Bulletin, Band 17 (1972), S. 567 ff., und Dixon, Donald F., Economic Effects of Exclusive Dealing and Ownership Control: The United Kingdom Petrol Case revisited, in: Antitrust Bulletin, Band 18 (1973), S. 375 ff.

69 Vgl. The Monopolies Commission, S. 180 ff.

70 Vgl. Board of Trade, Annual Report by the Board of Trade for the year ended 31 December 1968, London 1969, Anhang 7 (zitiert nach John, Peter, S. 240).

71 Vgl. Board of Trade, Annual Report by the Board of Trade for the year ended 31 December 1966, London 1967, Anhang 5 (zitiert nach John, Peter, S. 240), und Tirpitz, Egbert von, Jahresberichte 1968 und 1969 des Board of Trade über die Anwendung der Konzentrationsgesetzgebung in England, in: Wirtschaft und Wettbewerb, 21. Jahrgang (1971), S. 249.

72 Vgl. Markert, Kurt, Die Neuregelung des englischen Tankstellenvertriebs, in: Wirtschaft und Wettbewerb, 17. Jahrgang (1967), S. 194 ff.

Dritter Teil

Die Beurteilung vertikaler Ausschließlichkeitsbindungen aus wettbewerbspolitischer Sicht

Vorbemerkung

Zu den wettbewerbspolitischen Grundlagen

Es besteht weitgehende Übereinstimmung darüber, den Wettbewerb als dynamischen Prozeß zu verstehen, der durch vorstoßende Aktionen von Unternehmen und nachfolgende Reaktionen von Konkurrenten gekennzeichnet ist[1]. Ob es nun tatsächlich zu einem Wettbewerb im Sinne eines solchen Bewegungsvorgangs kommt, ist von verschiedenen Bedingungen abhängig. So muß es den Marktteilnehmern, um überhaupt agieren oder reagieren zu können, möglich sein, die wesentlichen Aktionsparameter einzusetzen. Eine notwendige Voraussetzung ist daher die Handlungs- und Entscheidungsfreiheit der Wirtschaftssubjekte. Die Zeitspanne zwischen Aktion und Reaktion darf weder zu lang noch zu kurz sein. Ist sie zu kurz, fehlt der Anreiz zu einem Vorstoß, weil der Pioniergewinn sofort verschwindet. Ist sie zu lang oder bleibt die Reaktion ganz aus, gelangt der Pionier möglicherweise zu einer Monopolstellung mit dauerhaften Vorsprungswinnen[2]. Genauso wichtig wie der Vorstoß ist daher

---

1 Vgl. dazu und zum folgenden Clark, John Maurice, Competition and the Objective of Government Policy, in: Monopoly and Competition and their Regulation, herausgegeben von E. H. Chamberlin, London 1954, S. 326 f.; derselbe, Competition as a Dynamic Process, Washington D. C. 1961, S. 471 ff., und ihm folgend statt vieler Heuss, Ernst, Wachstum und Wettbewerbsbeschränkungen, in: Wettbewerb als Aufgabe. Nach zehn Jahren Gesetz gegen Wettbewerbsbeschränkungen, herausgegeben von Ernst-Joachim Mestmäcker, Bad Homburg v. d. H., Berlin, Zürich 1968, S. 35 ff.; Hoppmann, Erich, Zum Schutzobjekt des GWB, in: Wettbewerb als Aufgabe, S. 89 f.; Kantzenbach, Erhard, Die Funktionsfähigkeit des Wettbewerbs, Göttingen 1966, S. 32 ff. Auf das statische Gleichgewichtsmodell der vollkommenen Konkurrenz, das lange Zeit zu erheblichen wettbewerbspolitischen Mißverständnissen beigetragen hat, kann hier nicht eingegangen werden. Vgl. dazu Schmidt, Ingo, S. 20 ff. mit weiteren Hinweisen.

der Imitationsprozeß, der erst für die volkswirtschaftlich so wichtige Verbreitung von Innovationen sorgt.

Ist die Reaktionsverbundenheit so hoch, daß ein Preisvorstoß wegen des sofortigen Nachziehens der Konkurrenten unterbleibt, kann der Preis als Aktionsparameter ausfallen, wie das im engen Oligopol oft anzutreffen ist. Es ist aber durchaus möglich und häufig zu beobachten, daß sich der Wettbewerb zunächst verstärkt auf andere Aktionsparameter (intensive Werbekampagnen, laufende Produktdifferenzierung oder anderes mehr) verlagert, weil hier der Spielraum für einen Vorstoß noch größer ist und von den Konkurrenten nicht sofort begegnet werden kann. Wenn nun die Wettbewerber reagieren und sich ebenfalls dieses Mittels bedienen, so ist es wahrscheinlich, daß sich diese Maßnahmen mittelfristig neutralisieren. Was bleibt, sind höhere Kosten. Setzt sich diese Erkenntnis durch, steht einer freiwilligen Einschränkung des Nichtpreis-Wettbewerbs der Beteiligten nichts mehr im Wege. Bei einer großen Zahl von Marktteilnehmern, wo die Gefahr eines unbemerkten Ausbrechens eines Wettbewerbers auf Kosten seiner Konkurrenten immer besteht, ist im allgemeinen eine vertragliche Absicherung notwendig, im engen Oligopol demgegenüber wegen der hohen Markttransparenz nicht. Von einem Wettbewerb kann daher nicht mehr die Rede sein, wenn der Preis und weitere relevante Aktionsparameter aufgrund bestimmter struktureller Gegebenheiten des Marktes blockiert sind.

Aufgabe der Wettbewerbspolitik ist daher die Erhaltung des Wettbewerbs im Sinne eines dynamischen Prozesses oder, anders ausgedrückt, die Verhinderung von Marktstrukturen und vertraglichen oder stillschweigenden Vereinbarungen von Marktteilnehmern, die zu einer Blockierung wettbewerbsrelevanter Aktionsparameter führen können. Dabei stehen der Wettbewerb und das GWB vor dem Hintergrund zweier Zielsetzungen. „Es geht dabei erstens um die Sicherung der ökonomischen und damit auch der politischen

---

[2] Vgl. dazu auch Gandenberger, Otto, Konkurrenzinformation und Wettbewerb, in: Jahrbücher für Nationalökonomie und Statistik, Band 188 (1973), S. 16 ff.

Freiheit[3] (z. B. Freiheit der wirtschaftlichen Betätigung; Freiheit der Wahl zwischen mehreren Angeboten; Freiheit zum selbständigen Einsatz von Aktionsparametern; Begrenzung von wirtschaftlicher Macht durch Leistungskontrollen seitens der Konkurrenten und der Vertragspartner) und zweitens um die ständige Verbesserung der Marktversorgung im Sinne einer besseren oder billigeren Belieferung der Kunden[4]."

Die Wirkungen vertikaler Ausschließlichkeits- und Preisbindungen im Treibstoffvertrieb sind daher aus wettbewerbspolitischer Sicht hauptsächlich daraufhin zu untersuchen, wie sie das Marktversorgungs- und das Freiheitssicherungsziel berühren. Denkbar wäre auch ein Konflikt zwischen beiden Zielen, wenn die Beschränkung der wirtschaftlichen Freiheit bestimmter Marktteilnehmer — in unserem Falle der gebundenen Tankstellenhalter — die Marktversorgung positiv beeinflußt, obwohl langfristig einiges dagegen spricht, da mit der Reduzierung wirtschaftlich selbständiger Einheiten die Wahrscheinlichkeit innovatorischer Vorstöße sinken kann[5].

---

[3] Zum Zusammenhang zwischen ökonomischer und politischer Freiheit und dem Problem der wirtschaftlichen Macht vgl. Biedenkopf, Kurt H., Über das Verhältnis wirtschaftlicher Macht zum Privatrecht, S. 113 ff., und Merz, Hans, Kartellrecht — Instrument der Wirtschaftspolitik oder Schutz der persönlichen Freiheit?, in: Wirtschaftsordnung und Rechtsordnung, Festschrift zum 70. Geburtstag von Franz Böhm, herausgegeben von Helmut Coing, Heinrich Kronstein, Ernst-Joachim Mestmäcker, Karlsruhe 1965, S. 227 ff.

[4] Hamm, Walter, Wettbewerbspolitische Aspekte genossenschaftlicher Aktivität, in: Genossenschaft, Demokratie und Wettbewerb. Verhandlungsberichte und Diskussionsergebnisse der VII. Internationalen Genossenschaftswissenschaftlichen Tagung Münster 1972, Tübingen 1972, S. 468 f.

[5] Vgl. ebenda, S. 469.

Sechstes Kapitel

Die Auswirkungen vertikaler Ausschließlichkeits- und Preisbindungen auf den Wettbewerb der Einzelhandelsstufe

A. Die Auswirkungen auf den Preiswettbewerb

1. Zu dem Ausmaß der räumlichen Preisunterschiede und ihrer zeitlichen Entwicklung

Die Differenzen bei den Tankstellenabgabepreisen in der Bundesrepublik Deutschland sind erheblich und betragen zehn und mehr Pfennig pro Liter. Diese Unterschiede zwischen Höchst- und Niedrigstpreisen wären ohne den hohen Steueranteil des Tankstellenpreises, der in der Bundesrepublik für Benzin bei mehr als 55 Prozent liegt[1], noch sehr viel stärker sichtbar. Es kann deshalb von einer großen Zahl lokaler und regionaler Teilmärkte gesprochen werden, deren räumliche Abgrenzung aber nicht einfach sein dürfte, da sich die Grenzen im Zeitablauf dauernd verschieben. Feststellbar ist allerdings ein allgemeines Preisgefälle von ländlichen Räumen zu städtischen Regionen[2]. Es liegt nahe, mit dem Bundeskartellamt zu vermuten, daß die Preisdifferenzen auf die unterschiedliche Wettbewerbsintensität zurückzuführen sind[3]. Die zum Teil erheblich höheren Preise an Autobahntankstellen sind nach Auffassung der Behörde in der Regel von dem unterschiedlichen Preisniveau und der Entfernung zu den umliegenden Straßentankstellen abhängig, und nicht etwa — wie man annehmen könnte — auf die Kostenunterschiede des Vertriebs, insbesondere des Transports, zurückzuführen[4].

---

[1] Vgl. Mönig, Walter, u. a., S. 343. Zu den Änderungen des Steueranteils im Zeitablauf vgl. Deutsche BP AG, Zahlen aus der Mineralölwirtschaft, ohne Ort, 1976, S. 47.

[2] Vgl. Mönig, Walter, u. a., S. 345.

[3] Vgl. Kartellbericht 1966, S. 23 f., und auch Mönig, Walter, u. a., S. 345.

[4] Vgl. Kartellbericht 1972, S. 54, wo festgestellt wird: „... in der Nähe von Raffinerien gelegene und zudem noch stark frequentierte BAT hatten

Zwischen den Markentankstellen der fünf großen Gesellschaften Aral, Esso, Shell, BP und Texaco bestehen auf den einzelnen Lokalmärkten keine Preisunterschiede. Preisänderungen werden gleichzeitig oder im Abstand weniger Tage vorgenommen[5]. Bei den Markentankstellen der Gesellschaften mit relativ geringem Marktanteil (Agip, Chevron, Elf, Fina, Jet, Total) ist eine differenzierte Preisstrategie erkennbar. Auf bestimmten örtlichen Märkten halten insbesondere Jet und Agip, teilweise aber auch Elf, einen Preisabstand von einem Pfennig zu den fünf großen Marken, während in anderen Regionen keine Preisunterschiede feststellbar sind.

Die Tankstellen, die an Treibstoffgroßhändler gebunden sind und Benzin unter einer bestimmten Handelsmarke verkaufen, praktizieren ebenfalls eine unterschiedliche Preispolitik. Avia orientiert sich überwiegend an den Abgabepreisen der fünf großen Marken und liegt auf deren Niveau[6], während einige andere Handelsmarken einen Preisabstand von 1 bis 3 Pfennigen halten. Letzteres gilt auch für die Mehrzahl der Freien Tankstellen (BFT). Ein besonders intensiver Preiswettbewerb geht von Verbrauchermarkttankstellen aus, die neben einigen anderen unabhängigen Tankstellen auf lokalen Märkten starke Preisbewegungen nach unten verursachen. Typisch „ist dabei der sogenannte ‚Trichtereffekt'. Um eine Unterpreis-Tankstelle[7] ... herum richten sich alle Kraftstoffpreise — vom Kern aus mit abnehmender Reaktionsverbundenheit — auf diese Preisorientierungsgröße aus"[8]. Bei Verknappungserscheinungen von Treibstoffen und einem hohen Preisniveau am Rotterdamer Markt

---

nicht selten höhere Preise als absatzschwache oder entferntere Autobahnstationen."

[5] Vgl. Kartellbericht 1974, S. 44.

[6] Solange das Zonenpreissystem (vgl. dazu S. 110) noch bestand, orientierten sich die Avia-Tankstellen an den Zonenpreisen (vgl. Caspary, Manfred, S. 86).

[7] Im Branchenjargon werden die Tankstellen, die einen Preisabstand von mindestens einem Pfennig pro Liter zu den großen Marken halten, als ‚Unterpreis-Tankstellen' bezeichnet, die eine ‚Unterpreispolitik' betreiben.

[8] Mönig, Walter, u. a., S. 345.

läßt der Wettbewerbsdruck dieser Tankstellen allerdings sehr stark nach oder verschwindet vollständig.

Zwischen Selbstbedienungs- und Servicetankstellen hat sich überwiegend ein Preisabstand von drei Pfennig pro Liter eingependelt. Seit Anfang des Jahres 1977 zeichnet sich bei einigen Marken eine Erhöhung dieser Differenz auf vier Pfennig pro Liter ab[9].

Bis zum Jahre 1960 gab es in der Bundesrepublik sechs Preiszonen, in denen alle Mineralölgesellschaften einheitlich unterschiedlich hohe Preise verlangten. Die Zonenpreise wurden mit den unterschiedlichen Transportkosten von den Hauptproduktionsgebieten Hamburg und Ruhrgebiet begründet. Ein Blick auf die Karte der Preiszonen[10] zeigt schon, daß dieses Argument nicht stichhaltig sein konnte, da zum Beispiel der Transport nach Lörrach am Oberrhein mit Binnenschiffen mit erheblich geringeren Kosten verbunden sein dürfte, als der Landtransport nach Hof an der Grenze zur DDR und Tschechoslowakei, obwohl beide Orte derselben Zone angehörten.

Es lag vermutlich in erster Linie an den unabhängigen Tankstellen, die sich nicht an den Preiszonen orientierten und ihren Marktanteil von zwei Prozent im Jahre 1953 auf acht bis zehn Prozent im Jahre 1959 erhöhten, daß die starren Zonenpreise nicht mehr zu halten waren und aufgehoben wurden[11]. Die Begründung von seiten der Mineralölgesellschaften lautete, der Bau einer transalpinen Pipeline habe diese Maßnahme notwendig werden lassen[12].

---

9 Vgl. ohne Verfasser, Deutschland: Preisdifferenz 4 Pfennig, in: Erdöl-Informationsdienst, 30. Jahrgang, Nr. 34 vom 18. 2. 1977, und die Einwände eines Tankstellenverbandes gegen diese Maßnahme (ohne Verfasser, ZTG erhebt Einwände, in: ebenda, Nr. 41 vom 7. 4. 1977).

10 Vgl. Thünen, Heinrich von, Die deutsche Mineralölwirtschaft, Hamburg 1956, S. 342.

11 Vgl. Schneider, Olaf, S. 205 ff., und Heyde, Werner, S. 112 ff.

12 Vgl. Stavenhagen, Lutz, S. 142 f.

2. Versuch einer Erklärung des Preisverhaltens

Es wurde oben schon dargelegt, daß einige Mineralölgesellschaften die Abgabepreise von mehr als 81 Prozent aller Tankstellen kontrollieren und weitere 9 Prozent an unabhängige Treibstoffhändler oder -vereinigungen gebunden sind[13]. Bei einem knappen Zehntel der Tankstellen wird der Preis von einer größeren Zahl wirtschaftlich selbständiger Einheiten bestimmt. Daraus ergibt sich notwendigerweise, daß Impulse für einen Preiswettbewerb nicht von den gebundenen Tankstellen, sondern allein von den Entscheidungsträgern ausgehen können, die den Tankstellenabgabepreis kontrollieren.

Dadurch, daß Unternehmen der Großhandelsstufe mehr als 90 Prozent aller Tankstellenhalter den Wiederverkaufspreis der von ihnen gelieferten Treibstoffe vorschreiben, ist zwar eine notwendige, aber keine hinreichende Bedingung für eine lückenlose Preiskontrolle auf der Einzelhandelsstufe gegeben. Zweite Voraussetzung ist die ausschließliche Bezugsbindung des Tankstellenhalters, der anderenfalls immer dann, wenn der ihm vorgeschriebene Abgabepreis nicht in seinem Interesse liegen würde, die Möglichkeit hätte, auf einen anderen Lieferanten auszuweichen. Eine vollständige Kontrolle der Tankstellenabgabepreise durch ein Unternehmen der vorgelagerten Großhandelsstufe setzt daher voraus, daß der Tankstellenhalter sowohl die Preissetzungsfreiheit als auch die Wahl des Lieferanten aufgeben muß.

Die Einzelhandelsstufe des Treibstoffvertriebs ist aufgrund der Ausschließlichkeits- und Preisbindungen trotz der großen Zahl der Tankstellen ein verhältnismäßig transparenter Markt. Preisbewegungen der überwiegenden Mehrheit aller Tankstellen sind nicht ohne das Einverständnis einiger großer Lieferanten möglich. Zu fragen ist, welchen Einfluß eine solche Konstellation auf den Preiswettbewerb hat.

Für den einzelnen Tankstellenhalter dürfte — vorausgesetzt, er würde den Abgabepreis selbst bestimmen und er brauchte nicht mit einer sofortigen Reaktion seiner Kon-

[13] Vgl. S. 41.

kurrenten zu rechnen — der Anreiz relativ groß sein, zum Zwecke einer Umsatzausweitung eine Preissenkung vorzunehmen, da aus seiner Sicht die Preiselastizität der Nachfrage wegen der geringen Heterogenität des Treibstoffs außerordentlich hoch ist[14]. Im umgekehrten Falle von Abgabepreisen einer Tankstelle, die über dem Preisniveau der örtlichen Konkurrenten liegen, ist der Umsatzverlust entsprechend hoch. „Die Erfahrung hat gezeigt, daß eine Abweichung an der einzelnen Station um 1 Pf je Liter nach oben gegenüber dem örtlichen etablierten Preisniveau Absatzverluste innerhalb einer Woche bis zu 20 % nach sich ziehen kann; bei 2 Pf Unterschied sind es sogar 30 - 35 %[15]."

Aus der Sicht der Mineralölgesellschaften ergibt sich eine andere Konstellation. Zunächst ist anzunehmen, daß ihnen die geringe Preiselastizität der Gesamtnachfrage bekannt ist[16], und daß sie (im Gegensatz zu den einzelnen Tankstellenhaltern) diese in ihr preispolitisches Kalkül einbeziehen. Jede Preissenkung zum Zwecke einer Umsatzausweitung ist daher nicht nur ohne Anreiz, weil aufgrund der hohen Markttransparenz mit einer sofortigen Gegenpreissenkung der Konkurrenten zu rechnen ist, so daß selbst im günstigsten Falle nur ein sehr kurzfristiger Vorsprungsgewinn erwartet werden kann. Mittel- und langfristig würde das Preisniveau auch nach unten in Bewegung geraten, so daß der Branchenumsatz und der Umsatz der einzelnen Unternehmen wegen der unelastischen Gesamtnachfrage sinkt und tendenziell die Gewinne aller reduziert. Darüber hinaus ist zu vermuten,

---

14 Vgl. S. 58 f.

15 Ohne Verfasser, Das Tankstellengeschäft in der Bundesrepublik. Eine Zwischenbilanz am Beispiel der Deutschen Shell AG, in: Oel, Zeitschrift für die Mineralölwirtschaft, 14. Jahrgang (1976), S. 201. Markentankstellen, die im Sommer 1976 die Markschwelle für einen Liter Superbenzin überschritten, büßten „rund 35 Prozent ihrer Umsätze ein" (ohne Verfasser, Motoren-Sterben fand nicht statt, in: Mainzer Allgemeine Zeitung, Nr. 200 vom 4./5. 9. 1976).

16 Vgl. dazu folgende Aussage eines Vorstandsmitglieds der Esso AG: „Auch wenn der Benzinpreis über eine Mark steigen sollte, werden die Autofahrer nicht weniger fahren, sondern dann eben diesen Preis bezahlen, wie man es im Ausland oft schon heute muß." (Kohlmorgen, Thomas, Getankt und geheizt wird immer [Interview], in: Mainzer Allgemeine Zeitung, Nr. 18 vom 22./23. 1. 1977.)

daß aufgrund der vielfältigen horizontalen Verflechtungen der Mineralölgesellschaften untereinander die Bereitschaft zur Kooperation in Fragen der Preispolitik recht groß ist, so daß kaum der notwendige Wettbewerbswille vorhanden sein dürfte. Ein Preiswettbewerb im Sinne eines Bewegungsvorgangs, der durch sich wiederholende Vorstöße und Reaktionen der Konkurrenten gekennzeichnet ist, geht daher nicht von den Markentankstellen aus, die an die Mineralölgesellschaften gebunden sind.

Versuche, das Benzinpreisniveau anzuheben, erfolgen fast ausnahmslos gleichzeitig und laufen in der Regel nach dem gleichen Schema ab. In wechselnder Reihenfolge erhöht einer der fünf großen Mineralölkonzerne den Preis[17]. Innerhalb weniger Tage ziehen die übrigen vier Unternehmen um den gleichen Betrag nach. Wie aus einer Untersuchung von Schneider für den Zeitraum von 1951 bis 1960 hervorgeht, wurde ein solches Parallelverhalten schon zu dieser Zeit ausnahmslos praktiziert[18].

Für eine Mineralölgesellschaft dürfte es immer dann vorteilhaft sein, die Abgabepreise an ihren Tankstellen anzuheben, wenn sie einen höheren Gewinn von dieser Maßnahme erwarten kann. Voraussetzung dafür ist, daß die Konkurrenten ebenfalls ihre Preise erhöhen, weil wegen der weitgehenden Gleichartigkeit des Produkts Treibstoff sonst demjenigen, der nicht mitziehen würde, ein erheblicher Teil der Konkurrenznachfrage zufällt[19]. Dessen Gewinn würde wegen der Umsatzausweitung größer, während diejenigen, die den Preis erhöhen, aufgrund starker Umsatzverluste Gewinneinbußen hinnehmen müßten. Anfang 1974 und im Juni 1976 hatte es zwei Situationen gegeben, in denen Esso be-

---

[17] Beispielsweise erfolgte im April 1977 eine Benzinpreiserhöhung unter Führung von Aral, im August 1977 unter Führung von Shell (vgl. ohne Verfasser, Benzinpreise steigen wieder, in: Handelsblatt, Nr. 72 vom 14. 4. 1977, und ohne Verfasser, Die Benzinpreise steigen wieder, in: Frankfurter Allgemeine Zeitung, Nr. 193 vom 22. 8. 1977).

[18] Vgl. Schneider, Olaf, Tabelle 13, S. 187 ff.

[19] Bei vollständiger Homogenität würde dem Anbieter mit dem niedrigsten Preis die gesamte Nachfrage — unter der Annahme unendlich großer freier Kapazitäten — zufallen. In Wirklichkeit beschränkt die begrenzte Kapazität den Marktanteilsverlust der Konkurrenten.

ziehungsweise Aral eine Preiserhöhung vornahmen, ohne daß die Konkurrenten sofort folgten[20]. Daraufhin wurde zur Vermeidung größerer Marktanteilseinbrüche die Preiserhöhung zunächst zurückgenommen. Sie konnte erst durchgesetzt werden, als alle Konkurrenten mitzogen.

Eine parallele Preiserhöhung der Konkurrenten beruht somit nicht auf einem „Marktzwang zum parallelen Verhalten"[21] im engen Oligopol, sondern auf der Einsicht, daß ein solches Verhalten für alle Mineralölgesellschaften von Vorteil ist[22]. Die vertragliche Absicherung eines parallelen Vorgehens ist wegen der geringen Zahl der Anbieter, die den Preis bestimmen, und der damit verbundenen hohen Markttransparenz nicht notwendig, da jeder den anderen im Auge behalten kann. Die ökonomische Wirkung ist weitgehend die gleiche, wie sie aus einem Kartell oder einer Preismeldestelle resultiert. In letzterem Falle erfordert eine Reduzierung oder Ausschaltung des Preiswettbewerbs durch ein paralleles Vorgehen lediglich deshalb eine vertragliche und organisatorische Absicherung, weil die größere Zahl der Anbieter immer wieder die Gefahr heraufbeschwört, daß ein einzelner unbemerkt ausbricht.

Demgegenüber besteht, wenn eine Mineralölgesellschaft die Preise senkt, für die Konkurrenten die Notwendigkeit, der Preissenkung zu folgen, wenn sie keine Marktanteilsverluste und damit Gewinneinbußen hinnehmen wollen.

---

[20] Vgl. ohne Verfasser, Der Benzinpreis steigt nur langsam an, in: Frankfurter Allgemeine Zeitung, Nr. 138 vom 28. 6. 1976, und Frenkel, Rainer, Der programmierte Schock, in: Die Zeit, Nr. 21 vom 14. 5. 1976: („Eine Gesellschaft, die mit einem Preisvorstoß allein bleibt, muß zurück ins Glied.")

[21] So Axster, Oliver, Das Verbot des „aufeinander abgestimmten Verhaltens" in § 25 Absatz 1 der Zweiten Novelle des GWB, in: Wirtschaft und Wettbewerb, 23. Jahrgang (1973), S. 614. Vgl. dazu auch die Kritik von Heuss, Ernst, Aufeinander abgestimmtes Verhalten — Sackgasse und Ausweg, in: Wirtschaft und Wettbewerb, 24. Jahrgang (1974), S. 372 ff., insbesondere Fußnote 7.

[22] Vgl. auch die Diskussion im Anschluß an die Teerfarbenentscheidung des Bundesgerichtshofes. Heuss, Ernst, Ökonomische und logische Bemerkungen zur Teerfarbenentscheidung des BGH, in: Neue Jursitische Wochenschrift, 25. Jahrgang (1972), S. 11 f., und Sandrock, Otto, Gentlemen's agreement, aufeinander abgestimmte Verhaltensweisen und gleichförmiges Verhalten, in: Wirtschaft und Wettbewerb, 21. Jahrgang (1971), S. 858 ff.

Die bisherigen Überlegungen berücksichtigten nicht, daß ein — wenn auch geringer — Teil der Tankstellen in seiner Preisbildung nicht an einen Mineralölkonzern gebunden, sondern frei ist. Überall dort, wo freie Tankstellen vorhanden sind und eine unabhängige Preispolitik betreiben, kann das von den Mineralölgesellschaften angestrebte Preisniveau unter Druck geraten. Ein unabhängiger Tankstellenhalter nimmt vermutlich dann eine Preissenkung vor, wenn damit eine Gewinnerhöhung aufgrund einer Umsatzausweitung einhergeht. Da schon relativ geringfügige Preisreduzierungen von einem Pfennig pro Liter erhebliche Umsatzssteigerungen bewirken, ist die Nachfrage für den einzelnen Tankstellenhalter sehr elastisch, so daß der Anreiz zu einem Preisvorstoß nach unten recht groß sein dürfte. Eine daraus resultierende Umsatzausweitung geht auf Kosten der Markentankstellen. Aus der Sicht der Mineralölkonzerne sind relative Preissenkungen vermutlich so lange nicht notwendig, wie die Gewinneinbußen aufgrund einer Preisreduzierung größer sind als die Gewinneinbußen aufgrund eines Umsatzverlustes bei konstantem Preis. Mit anderen Worten: Eine Reaktion erfolgt nicht, solange der Marktanteilsverlust unerheblich ist. Wird er dagegen größer, so entsteht die Notwendigkeit, Gegenpreissenkungen vorzunehmen. Mehrmalige Preisbewegungen, bestehend aus dem Vorstoß unabhängiger Tankstellen und der Reaktion der Mineralölgesellschaften, könnten daher das Preisniveau auf lokalen Märkten erheblich senken. Die Preisniveauunterschiede von zehn Pfennigen und mehr pro Liter zu räumlichen Teilmärkten mit geringer Wettbewerbsintensität gewinnen noch erheblich an Gewicht, wenn man sich vergegenwärtigt, daß der durchschnittliche Benzinpreis in der Bundesrepublik Deutschland nach Abzug der Mineralöl- und der Mehrwertsteuer Anfang März 1976 bei 39,7 und Anfang Mai 1977 bei 38,6 Pfennig pro Liter lag[23].

---

[23] Vgl. ohne Verfasser, Benzin-Preisvergleich in Europa (Stand Anfang März 1976), in: Oel, Zeitschrift für die Mineralölwirtschaft, 14. Jahrgang (1976), S. 87, und ohne Verfasser, Benzin-Preisvergleich in Europa (Stand Anfang Mai 1977/in Pfennig je Liter), in: ebenda, 15. Jahrgang (1977), S. 146.

Die Wettbewerbsfähigkeit der unabhängigen Tankstellen ist allerdings von der Möglichkeit des Bezugs von Treibstoffen zu konkurrenzfähigen Preisen abhängig[24]. Weil rund 60 Prozent der gelieferten Menge von inländischen Verarbeitern — den Mineralölgesellschaften, die gleichzeitig auf der Endvertriebsstufe als Konkurrenten auftreten — und 40 Prozent von unabhängigen Importeuren und Großhändlern stammen, besteht eine latente und in Verknappungsssituationen sehr konkrete Gefahr der einseitigen Lieferabhängigkeit. Fällt, wie während der Ölkrise Ende 1973/Anfang 1974 geschehen, die zweite Bezugsquelle des unabhängigen Handels weitgehend aus, kann die Versorgungslage der freien Tankstellen so schwierig werden, daß sie entweder überhaupt nicht mehr oder nur zu Preisen, die nicht mehr konkurrenzfähig sind, beliefert werden[25]. Da nicht auszuschließen ist, daß sich die Ereignisse in ähnlicher Weise wiederholen, könnte sich die Lieferunsicherheit negativ auf den Wettbewerbswillen unabhängiger Tankstellen auswirken[26].

Ob nun ein Preiswettbewerb auf der Endvertriebsstufe vorhanden ist, läßt sich nach dem oben Gesagten nicht generell mit ja oder nein beantworten. Von mehr als 90 Prozent aller Tankstellenhalter können keine Wettbewerbsimpulse ausgehen, da ihnen aufgrund ihrer vertraglichen Bindungen die Möglichkeit einer selbständigen Preispolitik genommen ist, so daß ihr absatzpolitisches Instrumentarium erheblich eingeschränkt ist[27]. Demgegenüber stehen den Bindenden zusätz-

[24] Auf eine weitere notwendige Bedingung, daß der Verbraucher das annähernd homogene Produkt Treibstoff tatsächlich auch als solches akzeptiert und somit das preiswerteste Angebot wählt, wird später eingegangen (vgl. S. 126 ff.).

[25] Vgl. S. 36 f.

[26] Versuche, die aus der Sicht der Mineralölgesellschaften unliebsame Konkurrenz der unabhängigen Tankstellen auszuschalten, hat es mehrfach gegeben. Ende der fünfziger Jahre wurden Maßnahmen, wie vorübergehende Kampfpreise, Erhöhung der Raffinerieabgabepreise, Behinderung preisgünstiger Importe durch eigenen Zukauf und Boykott von unabhängigen Großhändlern, die freie Tankstellen beliefern, angewandt (vgl. Schneider, Olaf, S. 206 f., und Schüller, Alfred, Dienstleistungsmärkte, S. 226).

[27] Vgl. dazu allgemein Hax, Herbert, Vertikale Preisbindung in der Markenartikelindustrie, Köln, Opladen 1961, S. 27 f.

liche Möglichkeiten der Absatzplanung zur Verfügung[28]. Die vertikale Preisbindung führt zu einer höheren Markttransparenz auf der Einzelhandelsstufe, die in Verbindung mit anderen Strukturkomponenten (homogenes Produkt, enges Teiloligopol auf der Großhandelsstufe usw.) ein Parallelverhalten erleichtert und eine Erstarrung des Preiswettbewerbs bewirken kann[29].

„In den 50er Jahren bis anfangs 1966 war der Wettbewerb im Kraftstoffmarkt der BRD ein Musterbeispiel für den Nichtpreiswettbewerb. Der Vorsprung der Überregionalität des Vertriebsnetzes, die Marktstellung von einigen wenigen großen marktbeherrschenden Anbietern brachte die klassische Marktform des Oligopols hervor, in dem eine geradezu vorbildliche Preisdisziplin im Tankstellengeschäft, bedingt durch das konstante Spannungsverhältnis der wenigen Großanbieter untereinander, herrschte[30]."

Daß der Treibstoffmarkt in den 50er und Anfang der 60er Jahre ein „Musterbeispiel für den Nichtpreiswettbewerb" war, ist umso bemerkenswerter, wenn man bedenkt, daß sich dieser Markt zu dieser Zeit in einer sehr expansiven Phase befand[31]. In der Expansionsphase herrscht zumeist auch auf oligopolistischen Märkten ein intensiver Preiswettbewerb, weil der notwendige Spielraum wegen der „Weite" des Marktes vorhanden ist[32]. Dies zeigt, daß es dem engen Oligopol der Treibstofflieferanten möglich war, mit Hilfe der vertikalen Ausschließlichkeits- und Preisbindungen, des Zonenpreissystems[33] usw. alle Impulse, die zu einer Intensivierung des Preiswettbewerbs hätten führen können, von dem Treibstoffmarkt der Einzelhandelsstufe mit Erfolg fernzu-

---

[28] Vgl. Schüller, Alfred, Preisbindungsverbot und Preisflexibilität, in: Wirtschaft und Wettbewerb, 18. Jahrgang (1968), S. 798 ff.

[29] Vgl. Hax, Herbert, S. 95 ff., und Eckstein, Wolfram, Vertikale Preisbindung und Produzentenwettbewerb, in: Wettbewerb als Aufgabe. Nach zehn Jahren Gesetz gegen Wettbewerbsbeschränkungen, herausgegeben von Ernst-Joachim Mestmäcker, Bad Homburg v. d. H., Berlin, Zürich 1968, S. 244 ff.

[30] Riedl, Helmut, Der Mineralölmarkt in der Bundesrepublik Deutschland, in: Der Markt, Zeitschrift für Absatzwirtschaft und Absatzpolitik, Heft 23 (1967), S. 83.

[31] Vgl. S. 50 ff.

[32] Vgl. dazu ausführlich Heuss, Ernst, Allgemeine Markttheorie, S. 53 ff.

[33] Vgl. zum Zonenpreissystem S. 110.

halten, solange es keine ins Gewicht fallende Außenseiterkonkurrenz gab.

Vertikale Ausschließlichkeits- und Preisbindungen zwischen Tankstellen und Mineralölgesellschaften haben daher eine wettbewerbsbeschränkende Wirkung, die um so stärker ist, je häufiger diese Bindungen anzutreffen sind. Werden sie mit zusätzlichen vertraglichen Vereinbarungen gekoppelt, so erhöht sich diese Wirkung nochmals, wenn der Entscheidungsspielraum der Tankstellenhalter weiter eingeschränkt wird[34]. Das bedeutet, daß die für einen Preiswettbewerb ungünstigen Marktstrukturen der Großhandelsstufe und der weiteren vorgelagerten Stufen durch die vertikalen Bindungen faktisch auf die Einzelhandelsstufe übertragen werden.

Trotzdem besteht überall dort, wo unabhängige Tankstellen vorhanden sind und eine unabhängige Preispolitik betreiben, ein teilweise ausgesprochen intensiver Preiswettbewerb. Daher dürfte ziemlich sicher sein, daß eine relativ enge Beziehung zwischen dem Vorhandensein unabhängiger, preisaktiver Tankstellen, der Intensität des Preiswettbewerbs und der Höhe des Benzinpreisniveaus auf einem Lokalmarkt besteht. Die unabhängigen Tankstellen können somit als der entscheidende Wettbewerbsfaktor am bundesdeutschen Treibstoffmarkt angesehen werden[35]. Dabei waren bis gegen Ende der sechziger Jahre die BFT- und ein Teil der UNITI-Tankstellen als Wettbewerbsfaktor von besonderer Bedeutung. Deren komparative Kostenvorteile haben aber die Mineralölgesellschaften durch den Bau von Sb-Stationen zumindest teilweise abgebaut[36], so daß die umsatzstarken

[34] Vgl. dazu allgemein Schüller, Alfred, Preisbindungsverbot ..., S. 805 ff., und Büntig, Heinz, Kartellersatz durch vertikale Preisbindung, in: Wirtschaft und Wettbewerb, 7. Jahrgang (1957), S. 149 ff.

[35] Wenn nun im Zusammenhang mit der angespannten Versorgungslage der freien Tankstellen während der Energiekrise bei Anhörungen „von einigen Vertretern der Mineralölindustrie gegenüber der (Monopol-)Kommission geäußert worden (ist), daß gegen ein weiteres Ausscheiden freier Tankstellen nichts einzuwenden sei“ (Monopolkommission, Sondergutachten 2, S. 47), dann ist dies aus deren Sicht zwar verständlich, es wäre aber damit zu rechnen, daß die Wettbewerbsintensität entscheidend reduziert würde.

[36] Vgl. S. 47 f.

Tankstellen von Verbraucher- und Supermärkten, deren Zahl im letzten Jahrzehnt außerordentlich angestiegen ist, immer mehr die Rolle von preisaktiven Wettbewerbern übernommen haben.

Im Zusammenhang mit der Diskussion über den Treibstoffvertrieb in Großbritannien wurde von Townsend die Auffassung vertreten: „The near-uniformity of brands of the same grade ist a powerful reason why retailers should be reluctant to engage in price competition — here is one of the homogeneous products[37] dear to the theorist's heart[38]."

Die Bedeutung der unabhängigen Tankstellen für den Preiswettbewerb in der Bundesrepublik zeigt, daß die These, auf annähernd homogenen Märkten „retailers should be reluctant to engage in price competition", nicht haltbar ist. Zwar unterscheiden sich bei homogenen Gütern die Preise der Anbieter nur geringfügig voneinander[39], gleichgültig, ob Preiswettbewerb herrscht oder nicht. Entscheidend ist aber, daß auf wettbewerbsintensiven homogenen Märkten das Preisniveau erheblich niedriger liegen kann, insbesondere dann, wenn die Preiselastizität der Gesamtnachfrage relativ niedrig ist.

In diesem Zusammenhang dürfte vielleicht nicht uninteressant sein, daß das deutsche Benzinpreisniveau in den fünfziger Jahren, als die Marktstellung der unabhängigen Tankstellen noch unbedeutend war, zu den höchsten Europas gehörte[40], während nach einem Preisvergleich zwischen zehn europäischen Ländern die Bundesrepublik 1976 und 1977 das dritt- beziehungsweise zweitniedrigste Preisniveau nach Abzug der Steuern aufzuweisen hatte[41].

---

37 Benzin ist in den Augen des Verbrauchers annähernd, aber nicht vollständig homogen (vgl. S. 56 f.).

38 Townsend, Harry, S. 419.

39 Bei homogenen Gütern ist der Preis allerdings dann nicht annähernd identisch, wenn die dazugehörigen Handelsleistungen unterschiedlich sind (vgl. Hoppmann, Erich, Vertikale Preisbindung . . ., S. 29).

40 Vgl. Vollrath, Heinz, Die Mineralölwirtschaft in der Bundesrepublik. Ihr Aufbau und ihre Entwicklung seit 1945, Dissertation, Nürnberg 1959, S. 178 f., und Caspary, Manfred, S. 240.

3. Die Auswirkungen auf die Bezugspreise der Tankstellen

Ist eine Tankstelle in ihrem Bezug gebunden, fehlt ihr die Möglichkeit der Auswahl der preisgünstigsten Bezugsquelle. Dadurch, daß der Lieferant auch den Tankstellenbezugs- und -abgabepreis bestimmt, sind Preisverhandlungen zwischen Groß- und Einzelhandel ausgeschlossen. „Bei freier Preisbildung muß der Preis mit dem Händler (hier: dem Tankstellenhalter) ausgehandelt werden, der sich keineswegs so passiv verhält, sondern im Gegenteil mit allen Mitteln Preissenkungen zu erreichen trachtet und sich nicht scheut, die einzelnen Hersteller (und die Großhändler) gegeneinander auszuspielen[42]."

Wenn die Tankstellen die freie Wahl des Lieferanten hätten, den Bezugspreis aushandeln und den Abgabepreis selbst festsetzten könnten, wären die Preise, die sich zwischen bestimmten Groß- und Einzelhändlern bilden, für die anderen Marktteilnehmer nicht unmittelbar sichtbar. Die Markttransparenz würde erheblich geringer. Preissenkungen eines Lieferanten zum Zwecke einer Ausdehnung des Marktanteils könnten daher von den Konkurrenten nicht sofort bemerkt und beantworten werden, so daß ein Vorsprungsgewinn realisierbarer wäre. Dadurch könnten erhebliche Wettbewerbsimpulse in die Großhandelsstufe getragen werden, obwohl auf die fünf großen Mineralölgesellschaften allein drei Viertel dieses Marktes entfallen[43].

Bei Dieselkraftstoff, der zu fast 90 Prozent nicht über Tankstellen, sondern vom Großhändler direkt zum Großverbraucher[44] gelangt, gibt es beispielsweise eine solche Konstellation. Hier führt die geringe Preistransparenz, bei der kein Anbieter genau weiß, welche Preispolitik der Konkurrent betreibt, zu einem intensiven Wettbewerb, so daß das Preisniveau bis zu zehn Pfennig pro Liter unter dem Diesel-

---

[41] Vgl. ohne Verfasser, Benzin-Preisvergleich in Europa, März 1976 und Mai 1977.

[42] Hax, Herbert, S. 96.

[43] Vgl. S. 27 f.

[44] Großverbraucher sind hauptsächlich Unternehmen des Straßengüterverkehrs.

abgabepreis an Markentankstellen liegt[45]. Der Bezugspreis für Markentankstellen liegt daher bei Dieselkraftstoff erheblich über dem Endpreis für Großverbraucher. Ohne die Ausschließlichkeits- und Preisbindung wäre die Sicherung des hohen Preisniveaus von Dieselkraftstoff im Tankstellenvertrieb — im Gegensatz zum Großkundengeschäft — von den Mineralölgesellschaften vermutlich nicht durchsetzbar, weil die gebundenen Tankstellen ebenso wie die Großverbraucher die jeweils preisgünstigste Alternative wählen könnten.

Die Kontrolle der Bezugsquelle und des -preises der Tankstellen durch die Lieferanten hat Auswirkungen auf den Preiswettbewerb der Einzelhandelsstufe. Sie erleichtert dadurch, daß sie die Markttransparenz erhöht, ein paralleles Preisverhalten der Mineralölgesellschaften. Eine gebundene Tankstelle ist nicht in der Lage, einen im Vergleich zu den Konkurrenten billigeren Lieferanten ausfindig zu machen. Wettbewerbsimpulse, die davon ausgehen könnten, sind deshalb ausgeschlossen. Schließlich könnte auch ein verstärkter Wettbewerb, der auf der Großhandelsstufe durch die freie Bezugswahl der Tankstellen möglicherweise ausgelöst würde, sich seinerseits wiederum auf die Einzelhandelsstufe auswirken.

4. Mißbrauchsaufsicht als Mittel zur Erzwingung eines Preiswettbewerbs?

Im Gefolge der Ölkrise Ende 1973/Anfang 1974 stiegen nicht nur die Preise für Rohöl und Mineralölprodukte erheblich, sondern es kam auch zu größeren Verknappungen bei diesen Produkten. Da sich nur ein geringer Teil des Güterflusses auf allen Stufen der Mineralölwirtschaft wegen des hohen vertikalen Konzentrationsgrades dieser Branche über Märkte vollzieht, kam es zu einer Marktspaltung[46]. Die Preise für Mineralölprodukte des mengenmäßig relativ

[45] Vgl. Kartellbericht 1974, S. 46.

[46] Vgl. Sachverständigenrat, Zu den gesamtwirtschaftlichen Auswirkungen der Ölkrise, Sondergutachten vom 17. 12. 1973, in: Bundestagsdrucksache 7/2848, Ziffern 6 ff.

unbedeutenden freien Marktes vervielfachten sich aufgrund der Knappheitssituation und lagen erheblich über den Verrechnungspreisen, die vertikal integrierte Mineralölkonzerne ihren Tochtergesellschaften und Tankstellen in Rechnung stellten. Daher war die Versorgungslage der unabhängigen Importeure, Groß- und Einzelhändler, die auf den freien Markt angewiesen sind, sowohl von der Menge als auch vom Preis her außerordentlich bedrohlich.

Aus diesem Grunde fielen die unabhängigen Tankstellen während dieses Zeitraums als Wettbewerbsfaktor vollständig aus. Sie erhielten — wenn überhaupt — nur noch Treibstoffe zu Preisen, mit denen sie nicht mehr konkurrenzfähig waren[47].

Auf dem Treibstoffmarkt kam es während dieses Zeitraums zu erheblichen Preissteigerungen, die nach Ansicht des Kartellamtes die Kostensteigerungen bei weitem übertrafen. Die Behörde leitete deshalb gegen sechs große Mineralölgesellschaften in den ersten Monaten des Jahres 1974 ein Verfahren wegen des Verdachts mißbräuchlich überhöhter Preise für einige Mineralölprodukte — insbesondere Treibstoffe — ein[48]. Sie vermutete mißbräuchlich überhöhte Preise bei Treibstoffen, da

— die Unternehmen aufgrund ihrer marktbeherrschenden Stellung nicht im wesentlichen Wettbewerb zueinander stünden,
— die Unternehmen durchweg gleichförmig die Preise erhöht hätten,
— die Preiserhöhungen erheblich über den eingetretenen Kostensteigerungen gelegen hätten.

Als nach mündlichen Verhandlungen mit den Mineralölgesellschaften BP und Texaco Mitte April 1974 erneut Preiserhöhungen vornahmen, untersagte das Kartellamt im Wege einer einstweiligen Anordnung mit sofortiger Wirkung diese Maßnahme[49]. Daraufhin legte BP beim Kammer-

---

[47] Vgl. Kartellbericht 1973, S. 75.

[48] Vgl. dazu und zum folgenden Kartellbericht 1974, S. 42 ff.

[49] Vgl. Bundeskartellamt, Presseinformation . . ., S. 398.

gericht Beschwerde ein. Das Gericht stellte die aufschiebende Wirkung der Anordnung wieder her, da die Mißbrauchsverfügung nicht hinreichend begründet worden sei[50]. Es fehle eine eingehende Analyse der Marktstruktur mit genauer Gegenüberstellung der Preis- und Kostenentwicklung sowie der internationalen Verflechtung der Unternehmen. Nachdem sich gegen Mitte des Jahres die Marktverhältnisse entspannt hatten, insbesondere wegen preisgünstiger Importmöglichkeiten vom freien Rotterdamer Markt, erklärte das Kartellamt das Verfahren in der Hauptsache für erledigt[51].

Der Versuch der Kartellbehörde, ein mißbräuchliches Preisverhalten nachzuweisen, stößt aus den bekannten Gründen regelmäßig auf erhebliche Schwierigkeiten. Allein schon die Durchführung ausgedehnter Preis- und Kostenuntersuchungen überfordert vermutlich das Amt. Bei internationalen Unternehmen wie den Mineralölgesellschaften entsteht die zusätzliche Schwierigkeit, daß die konzerninternen Verrechnungspreise und -kosten über Länder und Grenzen hinweg gesteuert werden können, während die Ermittlungstätigkeit der Kartellbehörde an der Landesgrenze endet[52]. Ein schwerwiegender grundsätzlicher Einwand gegen eine Mißbrauchsaufsicht über Preise dürfte darin liegen, daß ein Vergleichsmaßstab nicht vorhanden ist, durch den die „richtigen" Wettbewerbspreise festgestellt werden könnten[53]. Somit ist zu befürchten, „daß die Mißbrauchskontrolle in vielen Fällen eher zur behördlichen Sanktionierung hoher Kosten führte als dazu, daß diese reduziert würden"[54].

---

50 Vgl. Kammergericht („BP"), S. 549 ff.

51 Vgl. ohne Verfasser, Mißbrauchsverfahren gegen Mineralölfirmen eingestellt, in: Wirtschaft und Wettbewerb, 24. Jahrgang (1974), S. 592.

52 Vgl. Monopolkommission, Anwendung und Möglichkeiten der Mißbrauchsaufsicht über marktbeherrschende Unternehmen seit Inkrafttreten der Kartellgesetznovelle, Sondergutachten 1, Baden-Baden 1975, S. 51 ff.

53 Das „Als-ob-Wettbewerbskonzept" und die vom Kartelamt entwickelte „Sockeltheorie" erscheinen da wenig brauchbar, vgl. Müller, Jürgen; White, Lawrence J., Zur Diskussion um das „Als-ob-Wettbewerbs"-Konzept nach § 22 GWB, in: Wirtschaft und Wettbewerb, 25. Jahrgang (1975), S. 137 ff., und Hoppmann, Erich, Preiskontrolle und Als-Ob-Konzept, Tübingen 1974.

54 Sachverständigenrat, Jahresgutachten 1974 zur Begutachtung der gesamtwirtschaftlichen Entwicklung, in: Bundestagsdrucksache 7/2848, Zif-

Noch von einem zweiten Ansatzpunkt ging das Kartellamt aus, um vermutetes mißbräuchliches Preisverhalten zu bekämpfen. Es ordnete die Weiterbelieferung eines unabhängigen Treibstoffhändlers durch eine Mineralölgesellschaft (AGIP) unter Berufung auf das Diskriminierungsverbot nach § 26 Absatz 2 an[55]. AGIP hatte die weitere Belieferung mit der Begründung verweigert, daß nicht einmal der Bedarf der eigenen Tankstellen gedeckt werden könne. Da der Treibstoffhändler wegen der angespannten Versorgungslage keine Bezugsalternative hatte, gestattete das Amt AGIP lediglich, die Lieferungen im gleichen Verhältnis wie bei eigenen Tankstellen zu kürzen und setzte auch den Preis fest. Dieser Beschluß wurde zwar vom Kammergericht aufgehoben, es folgte aber der Rechtsauffassung des Kartellamtes in mehreren Punkten und konkretisierte eine Lieferverpflichtung in der Weise, daß sie allein gegenüber traditionellen Abnehmern besteht[56]. Begründet wurde dies damit, daß „der Begriff der Abhängigkeit von einem Anbieter (voraus)setzt, daß zu diesem Anbieter konkrete Geschäftsbeziehungen bestehen und ein Ersatzlieferer zu vertretbaren Preisen nicht vorhanden ist"[57].

Der Versuch des Kartellamtes, den Mineralölgesellschaften während der Zeit des Versorgungsengpasses für unabhängige Großhändler und Tankstellen eine Lieferverpflichtung aufzuerlegen, war aus wettbewerbspolitischer Sicht konsequent, weil von dem unabhängigen Handel wegen der derzeitigen strukturellen Gegebenheiten die entscheidenden Wettbewerbsimpulse ausgehen. Bei Bezugsschwierigkeiten fallen diese weg, so daß den Mineralölgesellschaften dann

---

fer 352. Vgl. auch Kartte, Wolfgang, Wettbewerbpolitik auf neuen Wegen?, in: Der Markenartikel, 38. Jahrgang (1976), S. 396: „Demgegenüber stellt die Kontrolle mißbräuchlich überhöhter Preise, die darauf zielt, den einzelnen Verbraucher unmittelbar zu schützen, vielfach nur ein mühsames Kurieren an den Symptomen fehlender wettbewerblicher Strukturen dar."

[55] Vgl. Bundeskartellamt, Beschluß des Bundeskartellamtes vom 2. 5. 1974 („AGIP"), in: Wirtschaft und Wettbewerb, 24. Jahrgang (1974), S. 572 ff.

[56] Vgl. Kammergericht, Beschluß des Kammergerichts vom 7. 6. 1974 („AGIP I"), in: Wirtschaft und Wettbewerb, 24. Jahrgang (1974), S. 765 ff., und dasselbe („AGIP II"), S. 767 ff.

[57] Kammergericht („AGIP II"), S. 770.

ein paralleles Vorgehen bei Preiserhöhungen ohne Störungen von Außenseitern möglich ist[58]. Insofern ist ein solcher Weg erfolgversprechender als eine Kontrolle mißbräuchlich überhöhter Preise. Dieser wurde aber durch die Entscheidung des Kammergerichts deshalb eingeschränkt, weil sich die Lieferverpflichtung nur auf traditionelle Abnehmer bezieht. Die stärksten Wettbewerbsimpulse gehen aber von unabhängigen Tankstellen und Großhändlern aus, die keine solchen aufweisen können, da sie überwiegend importierte Treibstoffe aus Rotterdam beziehen. Diese Bezugsquelle fällt aber bei Verknappungen weitgehend aus[59].

B. Die Auswirkungen auf den Nichtpreis-Wettbewerb

1. Vorbemerkung

Neben dem Preis gibt es noch verschiedene sonstige Aktionsparameter, die von den Wettbewerbern an einem Markt mit unterschiedlicher Intensität eingesetzt werden. Im folgenden werden Produktdifferenzierung, Werbung und Tankstellennetzpolitik, die auf der Einzelhandelsstufe des Treibstoffmarktes eine zeitweise bedeutende Rolle gespielt haben, näher betrachtet. Auch diese drei Aktionsparameter werden aufgrund entsprechender Passagen in den Tankstellenverträgen von den Mineralölgesellschaften kontrolliert, so

[58] Zu beachten ist, daß es hier um das Preisverhalten geht. Demgegenüber lassen sich Knappheitsgewinne, wie sie wahrscheinlich durch die Verknappung des Angebots von Rohöl und Mineralölprodukten und der damit verbundenen relativ hohen Preissteigerungen aufgrund der unelastischen Nachfrage entstanden sind, durch eine Herbeiführung wettbewerblicher Marktstrukturen nicht unmittelbar beseitigen.

[59] Der Wirtschaftspolitische Ausschuß des Bundestages hatte bei der Neufassung des § 26 Absatz 2 GWB — wie aus der Begründung hervorgeht — ursprünglich ein schärferes Verbot der Lieferverweigerung für vertikal integrierte Unternehmen im Auge, das insbesondere auf den Schutz freier Tankstellen abzielte. (Vgl. Fischötter, Werner, Zum erweiterten Diskriminierungsverbot nach § 26 Abs. 2 GWB, in: Wirtschaft und Wettbewerb, 24. Jahrgang [1974], S. 380 ff. und 387 ff.). Nach Fischötter sind diese Vorstellungen durch den Wortlaut des Gesetzes nicht gedeckt. Er zieht die Grenzen einer Lieferverpflichtung noch sehr viel enger als das Kammergericht. Sie bestehe erst dann, wenn der Vorrat der Produkte eines vertikal integrierten Unternehmens über die Deckung des Eigenbedarfs hinausgehe (vgl. ebenda, S. 391).

daß deren Verhalten im Vordergrund der Betrachtung steht. Die Ausschließlichkeitsbindung hat in diesem Zusammenhang eine mittelbare Bedeutung, da der gebundene Tankstellenhalter ohne die ausschließliche Bezugsverpflichtung auch hier die Bezugsquelle wechseln könnte, wenn die Politik des jetzigen Lieferanten nicht mit seinen Interessen übereinstimmt.

Verhalten sich die Anbieter auf einem Markt in bezug auf den Preis oligopolistisch, heißt das noch nicht, daß alle übrigen Wettbewerbsmittel ebenfalls nicht eingesetzt werden. Im Gegenteil, es ist sogar wahrscheinlicher, daß auf solche Aktionsparameter ausgewichen wird, bei deren Einsatz keine sofortige Reaktion der Konkurrenten erfolgt oder erfolgen kann, weil zum Beispiel das Anlaufen einer Werbekampagne oder eine Produktdifferenzierung Zeit erfordern, so daß ein sofortiger Gegenschlag nicht möglich ist[60]. Deshalb kann es auf Märkten, auf denen kein Preiswettbewerb besteht, sehr wohl zu Marktanteilsverschiebungen kommen, solange sich die Konkurrenten in bezug auf die übrigen Aktionsparameter polypolistisch verhalten.

2. Produktdifferenzierung und Werbung

Produktdifferenzierung und Werbung sind zwei absatzpolitische Mittel, die von den Mineralölgesellschaften zeitweise außerordentlich stark eingesetzt worden sind. Da Motorenbenzin ein objektiv weitgehend homogenes Produkt ist, wurde der Versuch einer künstlichen Produktdifferenzierung mit Hilfe der Werbung unternommen mit dem Ziel, den Verbraucher an eine bestimmte Marke zu binden und so eine Heterogenisierung des Benzins in den Augen des Käufers zu erreichen[61].

Voraussetzung für eine erfolgreiche Produktdifferenzierung muß nicht unbedingt ein starker Einsatz der Werbung

---

[60] Vgl. zu den Auswirkungen eines verstärkten Werbe- und Qualitätswettbewerbs bei fehlender Preiskonkurrenz Meyer, Fritz W., Warum feste Preise für Markenartikel?, in: Ordo, Jahrbuch für die Ordnung von Wirtschaft und Gesellschaft, 6. Band (1954), S. 150 ff.

[61] Vgl. Schüller, Alfred, Dienstleistungsmärkte . . ., S. 212.

sein. Im Falle einer künstlichen Produktdifferenzierung, der keine tatsächlichen Qualitätsunterschiede entsprechen, läßt sich diese allerdings, wenn überhaupt, nur mit Hilfe einer starken Werbekampagne durchsetzen. „Weil objektive, d. h. technische Produktdifferenzierungen kaum möglich sind, wurde in der Vergangenheit von den Kraftstoffanbietern nicht der Weg der sachbezogenen oder informativen Werbung beschritten, sondern mit dem Markenimage schlechthin geworben[62]." „Eine gute Möglichkeit, ein entsprechendes Image aufzubauen, stellt die emotionale, imagefördernde Werbung dar[63]." Das wohl bekannteste Beispiel einer rein emotionalen Werbung bei Benzin ist der Esso-Slogan „Pack den Tiger in den Tank", der darauf abzielte, Esso-Kraftstoff mit den Wunschvorstellungen des Autofahrers in Verbindung zu bringen und ihm „ein Gefühl von Schnelligkeit, Energie, Temperament und Wendigkeit"[64] zu vermitteln. „Der Tiger hatte alle die Eigenschaften, die der Pkw-Fahrer dem Idealtyp eines Fahrers zuordnet[65]."

Die Vorteile einer solchen Strategie aus der Sicht der Mineralölgesellschaften sind offensichtlich. Jede Hervorhebung der angeblichen Verschiedenheit eines an sich homogenen Produkts bewirkt, wenn sie vom Verbraucher angenommen wird, daß Preissenkungen (-erhöhungen) einzelner Konkurrenten nicht mehr in dem Maße wie bisher zu Marktanteilsverlusten (-gewinnen) führen. Anders ausgedrückt: Die Produktnachfrage wird unelastischer[66]. Hat eine solche Strategie Erfolg, so lassen sich nicht nur aufgrund einer geschickt angelegten Werbekampagne Marktanteile auf Kosten der Wettbewerber gewinnen, ohne daß diese sofort

[62] Blume, Otto; Müller, Gislinde; Röper, Burkhardt, Werbung für Markenartikel — Auswirkungen auf Markttransparenz und Preise —, Kommission für wirtschaftlichen und sozialen Wandel, Band 133, Göttingen 1976, S. 576.

[63] Sauermann, Peter, S. 120.

[64] Blume, Otto, u. a., S. 578.

[65] Holm, Karl-Friedrich, Vergleich der Verhaltensweise von Pkw-Fahrern in verschiedenen Ländern, in: Motoring and Motorists, ohne Ort und Jahr (wahrscheinlich 1972), S. 185 (zitiert nach Blume, Otto, u. a., S. 578).

[66] Vgl. auch Meyer, Fritz W., S. 140 f.

eine erfolgversprechende Gegenaktion starten können, sondern es wird auch die Expansion der freien Tankstellen gebremst, wenn deren markenloses Benzin von dem Verbraucher als minderwertig angesehen wird. Deren Waffe, der Preiswettbewerb, wird dann stumpf, da nun nicht mehr das preisgünstigste Angebot zum Zuge kommt.

Der Erfolg dieser Strategie ist in erster Linie vom Käuferverhalten abhängig. Kommt der Verbraucher zu der Erkenntnis, daß keine wesentlichen Qualitätsunterschiede zwischen den einzelnen Benzinmarken und markenlosem Kraftstoff bestehen, können noch so kostspielige Werbeaktionen den Marktanteil preisgünstigerer freier Tankstellen nicht wesentlich herunterdrücken.

Ein Indiz für die wachsende Homogenisierung des Treibstoffes in den Augen des Verbrauchers ist der Preisabstand zwischen Marken- und markenlosem Benzin. In den fünfziger Jahren betrug diese Differenz regional unterschiedlich bis zu 13 Pfennig por Liter[67] bei einem zunächst sehr geringen Marktanteil der freien Tankstellen von 2 Prozent im Jahre 1953, der bis zum Jahre 1959 auf 8 bis 10 Prozent anstieg[68].

Demgegenüber liegt heute trotz eines Preisabstandes von nur 1 bis 3 Pfennig pro Liter der Marktanteil des markenlosen Benzins bei 20 bis 25 Prozent[69].

Diese Entwicklung läßt einen Lernprozeß des Verbrauchers erkennen, der zu einem rationaleren Käuferverhalten gefunden hat, worunter hier verstanden wird, daß er bereit und auch in der Lage ist, das leistungsfähigste Angebot auszuwählen[70]. Einen wesentlichen Beitrag dazu leisten Warentests unabhängiger Institutionen wie der Stiftung Warentest[71] bei Gütern, deren Qualität vom Konsumenten nur schwer beurteilt werden kann[72].

---

[67] Vgl. Heyde, Werner, S. 47.

[68] Vgl. Schneider, Olaf, S. 205.

[69] Vgl. S. 45.

[70] Zu den möglichen Ursachen eines in diesem Sinne nichtrationalen Käuferverhaltens vgl. Woll, Artur, S. 72 ff.

[71] Zur Benzinqualitätsuntersuchung der Stiftung Warentest vgl. S. 53 ff.

[72] Vgl. auch Blume, Otto, u. a., S. 115.

Wenn eine wachsende Zahl von Verbrauchern die ihnen von der Werbung suggerierten Qualitätsunterschiede bei Benzin nicht mehr anerkennt, eignen sich Werbung und Produktdifferenzierung nur noch bedingt als Mittel gegen einen Preiswettbewerb der freien Tankstellen, so daß Preisvorstöße der unabhängigen Tankstellen mit gewissen Gegenpreissenkungen der Mineralölgesellschaften beantwortet werden müssen, wenn Marktanteilseinbrüche verhindert werden sollen. Aber Werbung und Produktdifferenzierung konnten gleichzeitig auch eingesetzt werden, um den eigenen Marktanteil auf Kosten der oligopolistischen Konkurrenten zu erhöhen und so einen Vorsprungsgewinn zu realisieren. Wenn die Reaktion der Konkurrenten nicht ausbleibt, so kann es zu regelrechten Werbeschlachten kommen[73], wobei sich mittelfristig die Wirkung gegenseitig neuralisieren dürfte. So konnten auch mit Hilfe einer sehr geschickt angelegten und kostspieligen Benzinwerbung seit der zweiten Hälfte der sechziger Jahre keine nennenswerten Marktanteisgewinne erzielt werden, wie das Beispiel der Tiger-Kampagne der Esso AG zeigt. „Bereits nach fünf Monaten verfügte die Tiger-Kampagne über einen bis dahin noch nicht und bis heute nicht wieder erreichten Bekanntheitsgrad von 92 % aller Pkw-Fahrer in der BR. Umso erstaunlicher ist, daß sich aufgrund dessen der gesamte Marktanteil von ESSO nur unwesentlich verbesserte, allerdings war eine Verlagerung von Normal- zu Superbenzin zu verzeichnen gewesen[74]."

Setzt sich die Erkenntnis bei den Mineralölgesellschaften durch, daß diese beiden Aktionsparameter langfristig weder eine wirksame Waffe gegen die freien Tankstellen sind, noch den eigenen Marktanteil mittel- und langfristig erhöhen können, andererseits aber enorme Kosten verursachen, ist die Zeit reif, den Einsatz dieser Mittel zu reduzieren[75]. Dazu

---

[73] Vgl. Heyde, Werner, S. 174 ff., wo er die Häufigkeit und den Text der Anzeigenwerbung von Mineralölgesellschaften für die Monate Mai und Juni 1959 zusammengestellt hat. Der Werbung fehlt jeder sachliche Informationsgehalt. Zu den verschiedenen eingesetzten Werbemitteln vgl. Möhrmann, Dieter, S. 83 ff.

[74] Blume, Otto, u. a., S. 578.

[75] Seit 1971 haben die großen Markenanbieter ihre Werbeausgaben er-

bedarf es auf transparenten Märkten genau wie beim parallelen Preisverhalten keiner vertraglichen Absicherung, weil jeder Anbieter weiß, daß ein eigener Vorstoß sofort bemerkt und mit einem Gegenschlag beantwortet wird[76].

Daß die Werbung seit mehreren Jahren nur noch sehr zurückhaltend eingesetzt wird, hat wahrscheinlich noch einen zweiten, schwerwiegenderen Grund. Ohne einen funktionsfähigen Preiswettbewerb entsteht „ein denaturierter Wettbewerbsmechanismus, bei dem die umgekehrte Tendenz zur Heranführung der Kosten an die bestehenden Preise wirksam ist"[77]. Setzt aber auf verschiedenen lokalen Benzinmärkten, wie durch den verstärkten Markteintritt unabhängiger Tankstellen und einiger Mineralölgesellschaften seit Mitte der sechziger Jahre geschehen, ein Preiswettbewerb ein, so reduziert sich der Preissetzungsspielraum der etablierten Mineralölgesellschaften. Der Weitergabe von Kosten sind nun enge Grenzen gesetzt, so daß Werbekampagnen zu Lasten der eigenen Erträge gehen und daher zwangsläufig nur noch sehr behutsam und sparsam eingesetzt werden können.

Am Treibstoffmarkt wurden von den Mineralölgesellschaften in den vergangenen Jahren zeitweise weitere weniger bedeutende Nichtpreis-Aktionsparameter eingesetzt (kostenlose Zugabe von Münzen, Medaillen, Halbedelsteinen, Sammelbildern usw. beim Kauf einer bestimmten Menge Ben-

---

heblich reduziert (vgl. Blume, Otto, u. a., Tabelle 8.3.2, S. 577). In dieser Zeit vollzog sich auch der Übergang von der produktbezogenen Werbung zur unternehmensbezogenen Imagewerbung, die von Esso begonnen und von den oligopolistischen Konkurrenten rasch nachvollzogen wurde: „Nachdem also in den vergangenen Jahren durch eine Reihe von Kraftfahrerbefragungen festgestellt worden war, dass der Kraftfahrer immer mehr glaubte, die Kraftstoffe der Markengesellschaften gleichen sich im wesentlichen, mussten wir andere Wege und Möglichkeiten suchen, um ESSO von den anderen Markengesellschaften abzuheben, wir mussten bewusster zur Imagewerbung übergehen, der Schwerpunkt musste auf der Institution, dem Unternehmen liegen und nicht auf dem Produkt." (Holm, Karl-Friedrich, Zusammenarbeit . . ., S. 53; zitiert nach Sauermann, Peter, S. 91).

76 Bei weniger übersichtlichen Märkten sind demgegenüber meist vertragliche Vereinbarungen zur Reduzierung der Werbungskosten notwendig, wie das Beispiel der pharmazeutischen Industrie zeigt.

77 Meyer, Fritz W., S. 154.

zin)[78]. Eine eingehende Diskussion darüber erscheint nicht notwendig, denn die oben gemachten Ausführungen dürften auch hier anwendbar sein.

3. Tankstellennetzpolitik

Ein anderes wichtiges Instrument, das von den Mineralölgesellschaften zumindest zeitweise sehr stark eingesetzt worden ist, ist die Vermehrung vertraglich gebundener Tankstellen.

Abbildung 3: Motorenbenzinabsatz und Anzahl der Tankstellen

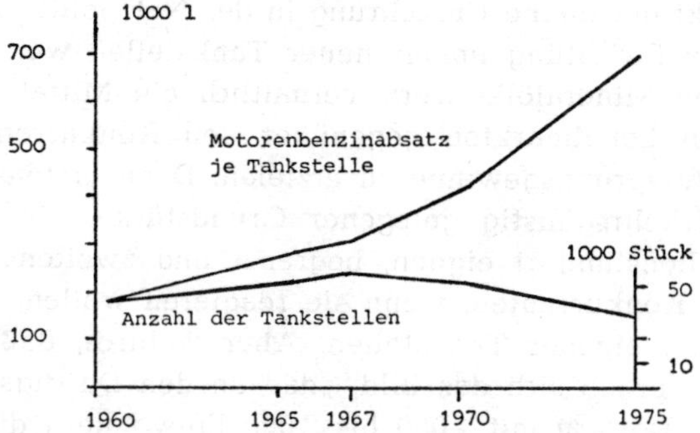

Quelle: MWV-Jahresbericht 1975, a.a.O., S. 23.

Aus Abbildung 3 geht hervor, daß die Politik der Mineralölgesellschaften bis zum Jahre 1967 darauf gerichtet war, das eigene Tankstellennetz stark auszudehnen, so daß bis zu diesem Zeitpunkt der mengenmäßige Benzinabsatz pro Tankstelle kaum anstieg. Begründet wurde dies damit, „jeder Kraftfahrer müsse in der Lage sein, jederzeit die von ihm bevorzugte Markenfirma zu finden"[79]. Die Folge war eine geringe Auslastung der einzelnen Tankstelle, so daß nach Kistowski „ein Drittel der gesamten Tankstellen in der Lage wäre, die Kraftfahrzeuge mit Treibstoffen zu versorgen"[80].

---

78 Vgl. Sauermann, Peter, S. 93 ff., und Blume, Otto, u. a., S. 580 f.

79 Kistowski, Askar von, S. 14.

80 Ebenda. Diese Aussage bezieht sich auf den Anfang der sechziger Jahre.

Seit dem Jahre 1967 ist eine völlige Umkehrung dieser Politik erkennbar. Das Tankstellenetz ist — ausnahmslos von allen großen Mineralölgesellschaften — von 1967 bis 1975 um mehr als ein Viertel verkleinert worden, während sich der durchschnittliche Mengenabsatz pro Tankstelle fast vervierfacht hat. Seit Anfang der siebziger Jahre wurde verstärkt mit der Errichtung von Selbstbedienungstankstellen begonnen, die heute von der Zahl her fast 25 Prozent der gesamten Tankstellen ausmachen und über die mehr als die Hälfte der abgesetzten Menge läuft[81].

Welche ökonomische Erklärung für diese zum gleichen Zeitpunkt getroffene Umkehrung in der Netzpolitik ist möglich? Die Errichtung immer neuer Tankstellen war für den einzelnen Mineralölkonzern vermutlich ein Mittel, auf bestimmten Lokalmärkten gegenüber den Konkurrenten gewisse Vorsprungsgewinne zu erzielen. Denn erstens ist die Zahl verkehrsgünstig gelegener Grundstücke, die sich als Tankstellenstandort eignen, begrenzt und zweitens benötigen die Konkurrenten, wenn sie reagieren wollen, Zeit zur Errichtung eigener Tankstellen. Aber dadurch, daß sie reagierten, ergab sich das Bild, „daß an den Durchgangsstraßen von Dörfern mit 1 000 bis 2 000 Einwohnern die Tankstellen von 6 bis 8 Gesellschaften zu finden sind und dabei z. T. auf Strecken von wenigen hundert Metern"[82].

Der Vorsprungsgewinn ging verloren, was blieb, waren relativ hohe Vertriebskosten aufgrund der Unterauslastung der einzelnen Tankstelle. Dieser Erfahrungsprozeß dürfte eine wesentliche Ursache dafür gewesen sein, daß die Mineralölgesellschaften ihr Tankstellennetz nicht mehr ausbauten. Die Zahl der Tankstellen wurde reduziert, und neue Vertriebsformen, insbesondere Selbstbedienungsanlagen, wurden eingeführt, so daß sich größere Kostensenkungen im Vertrieb erreichen ließen[83]. Eine Senkung der Vertriebsko-

---

[81] Vgl. S. 47 f.

[82] Heyde, Werner, S. 194.

[83] Vgl. ohne Verfasser, Das Tankstellengeschäft . . ., S. 198, wo unter anderem in bezug auf die Shell-Stationen festgestellt wird, daß gegenüber Selbstbedienungstankstellen „unter Kostengesichtspunkten der ‚Bedienungs-

sten ist nicht nur aus der Sicht der Mineralölunternehmen, sondern auch aus volkswirtschaftlicher Sicht positiv zu bewerten. Wichtig ist allerdings, daß man sich die Wirkungskette vor Augen hält, die zunächst einmal zu einer Inflationierung von Tankstellen geführt hat. Die Ausschließlichkeitsklauseln und weitere vertragliche Vereinbarungen bei 80 bis 90 Prozent der Tankstellen ermöglichten den Mineralölgesellschaften ein oligopolistisches Preisverhalten und führten damit zu einer weitgehenden Ausschaltung des Preiswettbewerbs auf dem Treibstoffmarkt in einer Zeit, als die Marktstellung der unabhängigen Tankstellen noch zu schwach war für wesentliche Wettbewerbsvorstöße. Eine Folge war der verstärkte Einsatz von Nichtpreis-Aktionsparametern, der unter anderem zu einer erheblichen Ausweitung des Tankstellennetzes[84] und zu hohen Vertriebskosten geführt haben dürfte.

Interessant ist in diesem Zusammenhang, daß von verschiedenen Autoren eine besonders positive Wirkung vertikaler Ausschließlichkeitsbindungen darin gesehen wird, daß die Vertriebs- und Werbungskosten reduziert werden. „Für den Betrieb des Bindenden bedeutet die Ausschließlichkeitsbindung, daß die durch sie bewirkte Stetigkeit des Geschäfts zu Kostenminderung führt, er kann seinen Betrieb auf den laufenden Absatz einrichten, spart Werbung, Vertrieb und dergl.[85]."

Die oben gemachten Ausführungen zeigen, daß eine solche Verallgemeinerung nicht zulässig ist, sondern daß auf Märkten, auf denen ein oligopolistisches Preisverhalten vor-

---

zuschlag' für die konventionelle Station mindestens 5 Pf betragen müßte und nicht 3 Pf, wie das derzeit die Regel ist". Nach neueren Berechnungen der Shell AG soll die Kostendifferenz sogar bei 6 bis 7 Pfennig pro Liter liegen (vgl. ohne Verfasser, Deutschland: Kostenunterschied 6 bis 7 Pfennig, in: Erdöl-Informationsdienst, 30. Jahrgang, Nr. 39 vom 25. 3. 1977).

[84] Nach Caspary, Manfred, S. 115, wurde schon in den fünfziger Jahren der Wettbewerb „wesentlich über die Zahl und die Aufmachung der Tankstellen geführt".

[85] Rittner, Fritz, Die Ausschließlichkeitsbindungen . . ., S. 25. Ähnlich Lockhardt, William B.; Sacks, Howard R., S. 926, und Ruhwinkel, Wolfgang, Ausschließlichkeitsbindungen im Wettbewerb. Eine Studie am Beispiel des Art. 85 EWG-V, Dissertation, München 1970, S. 26.

herrscht, bei Ausschließlichkeitsbindungen gerade entgegengesetzte Wirkungen zu erwarten sind. Außerdem wendet Lenel zu recht ein, daß zur Sicherung einer Stetigkeit des Absatzes keine Ausschließlichkeitsbindung, sondern lediglich ein langfristiger Liefervertrag notwendig sei, der dem Nachfrager die Freiheit läßt, über die vereinbarte Menge hinaus noch bei Konkurrenten zu beziehen[86].

4. Zu den volkswirtschaftlichen Wirkungen des Nichtpreis-Wettbewerbs

Werbung, Produktdifferenzierung und die Errichtung von Verkaufsstellen — um nur einige wichtige Aktionsparameter zu nennen — werden von vielen Anbietern auf den verschiedensten Märkten eingesetzt und erfüllen wesentliche Funktionen. Die Werbung hat zum Beispiel bei der Einführung eines neuen Produkts die Aufgabe, dieses dem Konsumenten überhaupt erst bekannt zu machen, und die Produktdifferenzierung führt in vielen Fällen zu einer besseren Versorgung, weil sie die Auswahlmöglichkeiten des Verbrauchers erhöht. Andererseits ist zu beobachten, daß auf Märkten ohne wesentlichen Preiswettbewerb oft ein außerordentlich scharfer Nichtpreis-Wettbewerb stattfindet. Eine mögliche Erklärung für das Ausweichen auf diese Mittel wurde darin gesehen, daß sich hier zumindest noch kurzfristig Marktanteile ausdehnen und Vorsprungsgewinne realisieren lassen, da eine Reaktion der Konkurrenten eine gewisse Zeit erfordert. Wenn die übrigen Anbieter ihrerseits mit einem Gegenschlag geantwortet haben, ist es wahrscheinlich, daß die Wirkung solcher Maßnahmen auch bei exzessivem Einsatz weitgehend neutralisiert wird. Das Ziel einer Ausweitung des eigenen Marktanteils wird nicht erreicht. Eine aus einzel- und volkswirtschaftlicher Sicht negative Wirkung bleibt: Die nicht unbeträchtlichen Kosten solcher Maßnahmen verteuern Produktion und Vertrieb[87]. Entscheidend ist

---

[86] Vgl. Lenel, Hans Otto, Ausschließlichkeitsbindungen, Wettbewerb und Konzentration, in: Beiträge zur Wirtschafts- und Sozialpolitik, Festgabe für Fritz W. Meyer, Wirtschaftspolitische Chronik, 16. Jahrgang (1967), Heft 2/3, S. 95.

[87] Vgl. Krelle, Wilhelm, Preistheorie, Tübingen, Zürich 1961, S. 533:

in diesem Zusammenhang, daß erst die fehlende Preiskonkurrenz einen überzogenen Nichtpreis-Wettbewerb ermöglicht, der zu den unerwünschten volkswirtschaftlichen Wirkungen führt.

Überträgt man diese Überlegungen auf den Tankstellenmarkt, so dürfte es ziemlich wahrscheinlich sein, daß die vertikalen Ausschließlichkeits- und Preisbindungen zahlreicher Tankstellen durch die Mineralölgesellschaften eine Beschränkung des Preiswettbewerbs auf der Endstufe ermöglicht haben. Es ist anzunehmen, daß dies wiederum die Hauptursache für den zeitweise sehr starken Einsatz bestimmter Nichtpreis-Aktionsparameter war. Daß inzwischen Werbeaktionen weitgehend von der Bildfläche verschwunden sind und die Beteiligten durch eine anhaltende Verkleinerung des Tankstellennetzes die Vertriebskosten gesenkt haben, dürfte in diesem Falle nicht nur auf eigener Einsicht, sondern insbesondere auf dem Druck, der vom Preiswettbewerb der freien Tankstellen ausgegangen ist, beruhen[88]. Denn dadurch wurde der Preiserhöhungsspielraum der Mineralölgesellschaften, der an sich aufgrund der relativ niedrigen Preiselastizität der Gesamtnachfrage bei Treibstoffen vorhanden ist, stark eingeschränkt.

Den verschiedenen Aktionsparametern kommt deshalb nicht der gleiche Stellenwert zu. „Es wäre gesamtwirtschaftlich von großem Nachteil, wollte man auch nur von einer grundsätzlichen Wertgleichheit der absatzpolitischen Mittel ausgehen, wie sehr das auch vom betriebspolitischen Standpunkt her richtig sein mag[89]." Die Preiskonkurrenz ist daher von entscheidender Bedeutung für einen wirksamen Wettbewerb. Ist sie nicht vorhanden, besteht nicht nur eine Tendenz zu einer geringeren Marktversorgung zu höheren Prei-

„... die sich gegenseitig kompensierende Reklame konkurrierender Markenartikel (führt) zu einer volkswirtschaftlich unsinnigen Aufblähung der Reklame und Verschwendung von Produktionskräften, die dann als ‚Kosten' der Produktionsfirmen erscheinen und damit den Preis noch weiter erhöhen." Vgl. auch Meyer, Fritz W., S. 154 ff.

88 Was wiederum in starkem Maße von dem Verbraucherverhalten abhängig ist.

89 Woll, Artur, S. 71.

sen, sondern auch zu einer Fehlallokation der Produktivkräfte aufgrund eines übermäßigen Einsatzes von Nichtpreis-Aktionsparametern.

C. Weitere Auswirkungen vertikaler Ausschließlichkeitsbindungen auf die Einzelhandelsstufe des Treibstoffmarktes

1. Zum Wettbewerb zwischen den gebundenen Tankstellen

Die oben gemachten Ausführungen haben gezeigt, daß die gebundenen Tankstellen nicht die Möglichkeit haben, die wesentlichen Aktionsparameter einzusetzen[90], so daß in dieser Hinsicht kein nennenswerter Wettbewerb zwischen ihnen herrschen kann, wenn dies nicht im Interesse der Mineralölgesellschaften liegt. „Unter wirtschaftlichen und insbesondere wettbewerblichem Aspekt verlieren die Händler mit ihrer Selbständigkeit praktisch ihre Unternehmenseigenschaft und sind nur noch als bloße ‚Filialen' der Hersteller (mit ‚rechtlicher Selbständigkeit,) anzusehen[91]."

Trotzdem bleiben den Tankstellenhaltern noch einige wenige Möglichkeiten, etwa die Festsetzung der Öffnungszeiten und Gestaltung der Kundendienstleistungen[92], über die sie innerhalb gewisser Grenzen frei verfügen können und die sich daher als Mittel zum Wettbewerb zwischen den einzelnen Tankstellen eignen. Es stellt sich besonders die Frage, ob ein oben mehrfach beschriebenes Phänomen auch hier festzustellen ist, daß, wenn wesentliche Aktionsparameter blockiert sind, oft eine Verlagerung auf den verstärkten Einsatz der noch verbleibenden Instrumentalvariablen erfolgt, so daß in diesem Bereich ein verschärfter Wettbewerb stattfindet.

Zu den Kundendienstleistungen, die der Tankstellenhalter einsetzen kann, gehören unter anderem Prüfung des Ölstan-

---

[90] Vgl. S. 61 ff.

[91] Berzau, Heinz, Die Selbständigkeit von Unternehmen im Wettbewerb und ihre Beschränkung durch vertikale Abhängigkeiten, Dissertation, Berlin 1969, S. 207.

[92] Vgl. S. 72 ff.

des, Reinigung der Scheiben, Nachfüllen des Kühlwassers, Reifendruckkontrolle usw.[93]. Dieser Service wird nur an Bedienungstankstellen geboten und nimmt einen bedeutenden Teil der Zeit des Tankwarts in Anspruch[94]. Es besteht die Möglichkeit, über einen verstärkten Einsatz dieses Mittels persönliche Präferenzen der Kunden für eine bestimmte Tankstelle zu wecken, so daß „der Konkurrenzkampf auf der Tankstellenebene weitgehend auf der Grundlage von Aufmachung und Kundendienst ausgetragen"[95] wird. Der Erfolg solcher Bemühungen nimmt allerdings in dem Maße ab, in dem alle Tankstellen den gleichen Service anbieten. Außerdem lassen sich, seit der Verbraucher sehr preisbewußt geworden ist, Umsatzverluste aufgrund höherer Benzinpreise im Vergleich zu den Konkurrenztankstellen vermutlich nicht mehr allein durch einen verstärkten Service verhindern.

Bevor Anfang der siebziger Jahre die Errichtung von Selbstbedienungstankstellen begann, hatte der gebundene Tankstellenhalter nicht die Möglichkeit, sich die Serviceleistungen gesondert vergüten zu lassen, obwohl sie einen erheblichen Teil seiner Arbeitszeit beanspruchen und deshalb einen wesentlichen Kostenfaktor darstellen. Auch heute kann der Tankstellenhalter einer Bedienungstankstelle nicht demjenigen Kunden, der auf Leistungen, die über das Betanken des Fahrzeugs hinausgehen, verzichtet, einen Preisnachlaß gewähren.

Die Mineralölgesellschaften nehmen vermutlich indirekt Einfluß auf die Kundendienstleistungen, da sie den Service als ein „wesentliches Instrument der Absatzpolitik"[96] betrachten. Aus ihrer Sicht dürfte dieses Instrument unter anderem deshalb wesentlich sein, weil dessen verstärkter Einsatz für sie selbst keinerlei zusätzliche Kostenbelastung mit sich bringt, andererseits aber den eigenen Markenbenzinabsatz fördern kann. Daher wurde und wird in der Werbung insbesondere auch auf den Service hingewiesen[97]. Genaue

---

93 Vgl. Möhrmann, Dieter, S. 107.

94 Vgl. Kistowski, Askar von, S. 108 ff.

95 Heyde, Werner, S. 64.

96 Ebenda, S. 184, vgl. auch Sauermann, Peter, S. 105 ff.

vertragliche Abmachungen über Kundendienstleistungen, welche die Mineralölgesellschaften von Tankstellenpartnern erwarten, gibt es seit Ende der fünfziger Jahre in den Tankstellenverträgen nicht mehr, weil die Gerichte in solchen Verpflichtungen ein Indiz für eine arbeitnehmerähnliche Tätigkeit sahen[98].

Ähnliches gilt für die Öffnungszeiten der Tankstellen, die ebenfalls fast durchweg nicht vertraglich festgelegt sind, wo aber auch ein Interesse der Bindenden besteht, diese auszudehnen[99].

Eine ökonomische Erklärung für den verstärkten Einsatz dieser Aktionsparameter dürfte in der bekannten Tatsache zu suchen sein, daß der Tankstellenhalter nicht die Möglichkeit hat, andere Wettbewerbsmittel einzusetzen. Die zusätzlichen Kosten, die aus verlängerten Öffnungszeiten und verstärkten Serviceleistungen resultieren, trägt der Tankstellenhalter. Sobald die Konkurrenten diese Mittel ebenfalls einsetzen, lassen sich keine höheren Umsätze realisieren. Der Verbraucher hatte bis zur Errichtung von Selbstbedienungstankstellen nicht die Wahl zwischen niedrigen Benzinpreisen ohne Service und höheren mit Kundendienst.

Entscheidend dürfte aber sein, daß die Wegnahme der meisten Aktionsparameter durch Ausschließlichkeitsbindungen die Tankstellenhalter zur Abgabe bestimmter Leistungen ohne Gegenleistung veranlaßt und somit zu einer Nicht- oder Unterbewertung bestimmter Arbeiten geführt hat[100], die

97 z. B. auch wieder seit Mitte 1976 in der Shell-Fernsehwerbung.

98 Vgl. Kistowski, Askar von, S. 109 ff.

99 Vgl. S. 72 ff.

100 Vgl. auch Lenel, Hans Otto, Ursachen der Konzentration unter besonderer Berücksichtigung der deutschen Verhältnisse, 2. Auflage, Tübingen 1968, S. 176 ff., der bei Geschäftsbeziehungen zwischen „Großen" und „Kleinen" eine häufige Gefahr darin sieht, daß der sehr viel schwächere Vertragspartner dazu „veranlaßt werden (kann), seine eigenen Leistungen, nämlich seine Arbeit und das von ihm zur Verfügung gestellte Sachkapital niedriger zu bewerten ..." (ebenda, S. 182). Lenel nennt ein solches Verfahren in Anlehnung an Helmut Arndt Ausbeutung. Vgl. dazu ähnliche Überlegungen, die sich auf das Handelsvertreterverhältnis beziehen, von Adolf Lampe, S. 125 ff., der eine solche Gefahr insbesondere bei Handelsvertretern sieht, die in der Auswahl ihrer Lieferanten beschränkt und an einen übermächtigen Anbieter gebunden sind.

ein erheblicher Zeit- und Kostenfaktor sind. Für den gebundenen Tankstellenhalter und dessen Kunden besteht erst dann die Möglichkeit der Wahl zwischen bestimmten Alternativen, wenn die Mineralölgesellschaften an alternativen Vertriebsformen interessiert sind. Dem Tankstellenhalter selbst sind dagegen die Hände gebunden. Er war, bevor es Selbstbedienungsstationen gab, praktisch gezwungen, Serviceleistungen losgelöst von den damit verbundenen Kosten abzugeben und konnte den Kunden kein Serviceprogramm anbieten, das nach den anfallenden Kosten preislich gestaffelt war. Dies hätte für ihn den Vorteil gehabt, daß er diesen Teil seiner Leistungen nicht unentgeltlich zur Verfügung hätte stellen müssen, und es hätte den Kunden die Wahl zwischen mehreren Alternativen gelassen.

2. Ausschließlichkeitsbindungen als Mittel zur Erleichterung des Marktzutritts und zum Schutz kleiner Unternehmen?

Eine positive Wirkung vertikaler Ausschließlichkeitsbindungen auf den Wettbewerb wird von verschiedenen Autoren darin gesehen, daß durch sie oft erst einem potentiellen Wettbewerber der Marktzutritt ermöglicht wird, da der Bindende dem Gebundenen meist zinsgünstige Darlehen und sonstige Unterstützung gewährt. „Die durch sie (die Ausschließlichkeitsbindung) vermittelte Anlehnung an ein größeres Unternehmen ermöglicht es oft erst einem newcomer, eine eigene Existenz zu gründen[101]." Als Beispiele werden insbesondere Tankstellen und Gaststätten genannt[102]. An Gewicht scheint dieses Argument dadurch zu gewinnen, daß die Errichtung einer Tankstelle in der Tat eine erhebliche Investition darstellt. Daher würde — so die Schlußfolgerung — eine Aufhebung der Bindungen nicht nur den Marktzutritt

---

[101] Rittner, Fritz, Die Ausschließlichkeitsbindungen . . ., S. 84. Ähnlich Schwartz, Gustav, § 18 GWB, Anmerkung 69; Lockhart, William B.; Sacks, Howard R., S. 921 f.; Baur, Jürgen F., S. 196 f.; Pass, C. L.; Hawkins, K. H., S. 569, und Ballerstedt, Kurt, Vertragsfreiheit und Konzentration. Rechtsprobleme einer Begründung und Bindung von Marktmacht, in: Die Konzentration in der Wirtschaft, herausgegeben von Helmut Arndt, 2. Auflage, Berlin 1971, S. 566.

[102] Vgl. Schwartz, Gustav, § 18 GWB, Anmerkung 69.

potentieller Kandidaten erschweren, sondern auch die Gefahr eines Zusammenbruchs vieler kapitalschwacher Händler wäre recht groß, so daß „die Tankstellen künftig von den großen Treibstoffirmen auf Filialbasis betrieben"[103] würden.

Dieses Kernargument für vertikale Ausschließlichkeitsbindungen läßt sich so zusammenfassen: Der Marktzutritt wird erleichtert. Außerdem wird eine Filialisierung und damit eine vertikale Konzentration verhindert, so daß die Existenz einer großen Zahl kleiner Unternehmen erhalten bleibt. Daraus werden folgerichtig positive Wirkungen auf den Wettbewerb abgeleitet. Es wird darüber hinaus eine Übereinstimmung mit dem Ziel der Erhaltung mittelständischer Strukturen gesehen.

Zunächst zum Marktzutritt. Der Marktzutritt eines newcomers setzt zweierlei voraus, seine Investitionsfähigkeit und seine Investitionsbereitschaft. Ersteres erfordert das Vorhandensein bereitstehender eigener und meist auch fremder Mittel. Letzteres setzt die Erwartung voraus, daß die Rentabilität des einzusetzenden Kapitals gewährleistet ist.

Die oben vorgebrachten Gründe beziehen sich in erster Linie auf die Investitionsfähigkeit eines potentiellen Unternehmers, die durch Darlehen usw. im Rahmen der Ausschließlichkeitsbindungen erhöht würde. Allerdings dürfte die Investitionsbereitschaft ebenfalls dadurch zunehmen, daß zinsgünstige Mittel gewährt werden; die Rentabilitätsschwelle wäre dann leichter zu erreichen.

Hier taucht die Frage auf, warum die Investitionsbereitschaft und -fähigkeit zur Errichtung von Markentankstellen ohne die Bereitstellung zinsgünstiger Darlehen durch die Mineralölgesellschaften gering sein sollte. Der Grund wird meist darin gesehen, daß der Kapitalbedarf die finanziellen Kräfte eines newcomers übersteigt und daher „mittelständische Existenzen ... auf Grund von Agenturverträgen geschaffen werden (können), bei denen das Großunternehmen dem Vertreter seine Hilfe bei der Existenzgründung leiht"[104].

---

[103] Rittner, Fritz, Die Ausschließlichkeitsbindungen ..., S. 125.

[104] Ebenda, S. 153.

Dieses Argument ist aber deshalb nicht überzeugend, weil sich mühelos eine große Zahl von Handelszweigen aufzählen ließe, wo der Kapitalbedarf um ein Vielfaches größer ist und sich trotzdem genügend Investoren finden, ohne daß bestimmte Hersteller zinsgünstige Darlehen geben.

Die eigentlichen Gründe sind daher vermutlich woanders zu suchen. In den Tankstellenverträgen ist vertraglich bestimmt, daß die Festlegung der Tankstellenabgabepreise und weiterer Aktionsparameter bei den Mineralölgesellschaften liegen, die dadurch in die Lage versetzt werden, die Höhe der Einkünfte ihrer Tankstellenpartner aus dem Treibstoffgeschäft weitgehend zu bestimmen. Denn jeder Benzinpreis, der über dem lokalen Preisniveau in der Umgebung einer Tankstelle liegt, reduziert aufgrund des geringen Mengenabsatzes die Einkünfte des Tankstellenhalters erheblich, ohne daß eine Änderung des Provisionssatzes notwendig ist. Damit entscheidet ein Mineralölunternehmen allein schon durch die Preissetzungsfreiheit im Rahmen der Tankstellenverträge über Sein oder Nichtsein seiner Tankstellenhalter und über die Rentabilität seines eingesetzten Kapitals. Der Bindende kann daher die Gewinne des Gebundenen und somit dessen Investitionsfähigkeit und -neigung bestimmen[105].

Es kann deshalb nicht verwundern, daß die Bereitschaft zur Errichtung einer Markentankstelle bei potentiellen Investoren gering ist. Daher dürften die oben angeführten Gründe für Ausschließlichkeitsbindungen auf eine Verkennung von Ursache und Wirkung zurückzuführen sein. Nicht weil die Investitionsbereitschaft und -fähigkeit potentieller Tankstellenhalter gering ist, verbessern Ausschließlichkeitsbindungen in Verbindung mit Darlehen den Marktzutritt; sondern weil diese Bindungen die Rentabilität eigener Investitionen vom Willen der Mineralölgesellschaften abhängig machen, ist die Investitionsbereitschaft gering. Somit sind gerade die Ausschließlichkeits- und Preisbindungen eine Ursache für die Investitionsunfähigkeit der gebundenen Tankstellen.

---

105 Vgl. Berzau, Heinz, S. 148 und 163.

Im Zusammenhang mit der Darlehensgewährung des Bindenden an den Gebundenen wird auch das Argument vertreten, die Ausschließlichkeitsbindung diene der Absicherung des zur Verfügung gestellten Kredits[106]. „Ausgehend von der Annahme, daß ... Treibstoffgesellschaften kein unmittelbares Interesse an Bankgeschäften haben, ist festzustellen: Nicht die Ausschließlichkeitsbindung sichert das Darlehen, sondern das Darlehen wird gewährt, um einen gesicherten, durch die Ausschließlichkeitsverpflichtung garantierten Absatz zu erzielen[107]."

Die zweite Frage lautet, ob Ausschließlichkeitsbindungen zur Erhaltung einer großen Zahl selbständiger Existenzen beitragen und damit nicht nur als ein Mittel zu ihrem Schutz, sondern auch als wettbewerbsfördernd anzusehen sind. Allein die Zahl von über 30 000 Tankstellen kann noch nicht zugunsten des „Mittelstandsarguments" angeführt werden, denn entscheidend ist die Frage, wie selbständig nicht nur im formalrechtlichen, sondern im wirtschaftlichen Sinne der Tankstellenhalter ist[108]. Denn sind die Bindungen so eng, daß „von der Selbständigkeit nur der rechtliche Schein"[109] bleibt, so besteht „kein Anlaß, die Ausschließlichkeitsbindung als mittelstandsfreundliche Form der vertikalen Integration zu begrüßen"[110].

Dadurch, daß das bindende Unternehmen über die Existenz oder Nichtexistenz der Gebundenen entscheidet, wird die Auslesefunktion des Wettbewerbs außer Kraft gesetzt, denn nicht die Leistungsfähigkeit der Gebundenen ent-

---

106 Vgl. Jacobsohn, Hans, Die Ausschließlichkeitsklausel im Tankstellenvertrag (Erwiderung), in: Der Betriebs-Berater, 8. Jahrgang (1953), S. 611. Nach Schmidt-Rimpler, Walter, Rechtsgutachten über die Zulässigkeit der Ausschließlichkeitsklausel in den Tankstellen- und Selbstverbraucherverträgen der Treibstoffgesellschaften, Bonn 1952, S. 12 f. sind „für die Zulässigkeit der Ausschließlichkeitsklausel" etwaige Investitionen und sonstige Aufwendungen des Bindenden keine notwendige Voraussetzung, „ihre wirtschaftliche Rechtfertigung (wird aber) dadurch noch augenfälliger".

107 Mestmäcker, Ernst-Joachim, Ausschließlichkeitsverträge, Kopplungsverträge und offene Märkte, in: Juristenzeitung, 9. Jahrgang (1954), S. 623,

108 Vgl. dazu allgemein Lenel, Hans Otto, Ursachen ..., S. 176 ff.

109 Ebenda, S. 394.

110 Ebenda, S. 393.

scheidet über ihr Verbleiben am Markt, sondern der Wille des Bindenden[111]. Es dürfte nicht unwahrscheinlich sein, daß bei einer Politik der Ausdehnung des Tankstellennetzes bis zum Jahre 1967 nicht immer der richtige Mann am richtigen Platz stand, während nach dem plötzlichen Umschwung der Politik der Mineralölgesellschaften auch leistungsfähigen Tankstellenhaltern gekündigt wurde. Daher mußte ein Teil der Betroffenen im Verlauf der Netzbereinigung vermutlich für Fehlleistungen büßen, für die sie in keiner Weise verantwortlich waren. Deshalb setzen zwar Ausschließlichkeitsbindungen die Auslesefunktion des Wettbewerbs bei den Gebundenen außer Kraft, ihr Verbleiben am Markt ist dann aber nicht mehr im wesentlichen von der eigenen Leistungsfähigkeit, sondern vom Willen und den Zielsetzungen des Bindenden abhängig.

Eine aus wettbewerbspolitischer Sicht unerwünschte Nebenwirkung von Ausschließlichkeitsbindungen kommt vermutlich hinzu. Aufgrund der geringen Dispositionsfreiheit interessiert sich wohl in der Regel nicht gerade ein dynamischer Unternehmertypus für eine Tätigkeit als Halter einer Markentankstelle[112]. Die Einschränkung des absatzpolitischen Instrumentariums „muß sicherlich nicht unbedingt als Nachteil empfunden werden"[113]. Mancher Händler nimmt „diese Einschränkung gern in Kauf, wenn der absatzpolitische Spielraum seiner Konkurrenten in gleicher Weise eingeschränkt wird, wenn also die Preisunterbietung als Wettbewerbsmaßnahme ganz entfällt"[114]. „Auf Ablehnung wird die vertikale Preisbindung (und die Ausschließlichkeitsbindung) immer nur bei den Händlern stoßen, die den Vorteil der Entschärfung des Wettbewerbs geringer einschätzen als den Nachteil, der sich aus dem Wegfall des Instruments ‚Preispolitik' ergibt, bei denen also, die sich von der Auf-

[111] Vgl. Berzau, Heinz, S. 193 ff.

[112] Vgl. Schüller, Alfred, Dienstleistungsmärkte . . ., S. 122, und Hax, Herbert, S. 130, der ähnliche Überlegungen im Zusammenhang mit der vertikalen Preisbindung anstellt.

[113] Hax, Herbert, S. 28.

[114] Ebenda.

rechterhaltung des Preiswettbewerbs mehr Vorteile versprechen als von seiner Ausschaltung[115]."

Von daher ist es auch möglicherweise zu verstehen, daß ein Verband, der eine erhebliche Zahl markengebundener Tankstellenhalter vertritt, entschieden gegen den Vorschlag der Monopolkommission angetreten ist, Ausschließlichkeitsbindungen aufzuheben. Die Begründung lautete: „Würden die Ausschließlichkeitsbindungen zwischen Tankstellen und Mineralölgesellschaften aufgehoben, müßte das Risiko im Preiswettbewerb von den Tankstellen übernommen werden[116]." Und: „Aus dem Verdrängungswettbewerb würde ein Vernichtungswettbewerb mittelständischer Unternehmen[117]." Die Haltung des Tankstellenverbandes dürfte deshalb nicht überraschen, weil seine Mitglieder nie die Möglichkeiten einer weitgehenden Handlungs- und Entscheidungsfreiheit kennengelernt haben, so daß sie deren Chancen nicht sehen und deren Risiken fürchten. Daß ein unternehmerisches Verhalten am Tankstellenmarkt möglich ist und Erfolg haben kann, zeigt die — trotz teilweise erheblicher Schwierigkeiten — starke Zunahme unabhängiger Tankstellen in den letzten 25 Jahren.

Siebentes Kapitel

Die Wirkungen vertikaler Ausschließlichkeits- und Preisbindungen auf den Wettbewerb der Großhandelsstufe

A. Der aktuelle Wettbewerb

Das bindende Unternehmen gewinnt mit Hilfe von Ausschließlichkeitsklauseln Einfluß auf seine gebundenen Abnehmer und kann deren Politik je nach Stärke der Bin-

115 Hax, Herbert, S. 28.

116 BTG, Aufhebung der Ausschließlichkeitsbindung bei Benzin bedeutet Abschied vom Agenturgeschäft im Tankstellengewerbe, in: Tankstelle, Heft 9 (1975), S. 389 f.

117 BTG, Aufhebung der Ausschließlichkeitsbindung . . ., S. 390.

dungen beeinflussen. Es ist ihm daher möglich, eigene Ziele auf einem nachgelagerten Markt über die Gebundenen zu verfolgen, ohne dort selbst in Erscheinung zu treten[1]. Es stellt sich nun die Frage, welche Rückwirkungen sich auf die Marktstellung des Bindenden und seiner Konkurrenten in deren eigenem Tätigkeitsfeld ergeben.

Ein „Wettbewerb der Anbieter kommt nicht zustande, wenn und solange Nachfrager hieran nicht mitwirken[2]." Aufgrund der Ausschließlichkeits- und Preisbindung der überwiegenden Zahl aller Tankstellen fehlt diesen die Möglichkeit, den Wettbewerb zwischen den Großhändlern zu aktivieren[3]. Demgegenüber vollziehen sich ohne die Bindung des Handels „die Preisbildungsvorgänge (in der Regel) auf den Märkten Hersteller — Großhändler, Großhändler — Einzelhändler und Einzelhändler — Verbraucher"[4]. Von jedem dieser Märkte können Wettbewerbsimpulse auf die vor- oder nachgelagerten Stufen ausgehen. Gelingt es Unternehmen, durch (kapitalmäßige oder vertragliche) Vor- oder Rückwärtsintegration die Preisbildung auf mehreren Vertikalstufen zu kontrollieren, so reduziert sich die Zahl der Unternehmen, die eine selbständige Preispolitik treiben[5]. Sind auf einem Markt die Voraussetzungen für den Wettbewerb aufgrund verschiedener Strukturmerkmale wenig günstig, so ist die Kontrolle der vor- oder nachgelagerten Stufen ein geeignetes Mittel, um von dort ausgehende konkurrenzanregende Impulse zu beseitigen.

Zu den Besonderheiten des Mineralölmarktes gehört es, daß die hier tätigen Unternehmen überwiegend vollständig oder teilweise vertikal integriert sind, so daß sich der Leistungsaustausch zum großen Teil konzernintern und nicht über Märkte abspielt. Dadurch reduziert sich die Zahl der

---

1 Vgl. auch Biedenkopf, Kurt H., Vertragliche Wettbewerbsbeschränkung . . ., S. 24.

2 Scheufele, Helmut, „Vertikale Wettbewerbsbeschränkungen", in: Der Betriebs-Berater, 31. Jahrgang (1976), S. 1642.

3 Vgl. auch Büntig, Heinz, S. 145, und Eckstein, Wolfram, S. 248, im Zusammenhang mit der vertikalen Preisbindung.

4 Büntig, Heinz, Fußnote 9, S. 145.

5 Vgl. Schüller, Alfred, Preisbindungsverbot . . ., S. 799.

Preisbildungsprozesse. Wettbewerbsimpulse können somit nur noch in geringerem Maße von vor- oder nachgelagerten Stufen ausgehen. Die Ausschließlichkeits- und Preisbindung überträgt die strukturellen Gegegebenheiten der vorgelagerten Stufen des Mineralöl- und des Treibstoffmarktes dadurch, daß die Bindenden die wettbewerbsrelevanten Aktionsparameter vieler Tankstellen kontrollieren, bis zu einem bestimmten Grad auf die Endvertriebsstufe[6].

Dadurch, daß die vertikal integrierten Unternehmen den größten Teil der Einzelhandelsstufe vertraglich an sich gebunden haben, können sich für nichtintegrierte Treibstoffgroßhändler Probleme in verschiedener Hinsicht ergeben, wenn sie mit ihren Nachfragern keine Ausschließlichkeitsbindung vereinbart haben oder vereinbaren können[7]. Es besteht für sie keine Möglichkeit, in den gebundenen Kundenstamm ihrer Konkurrenten einzudringen. Daher fallen rund 90 Prozent aller Tankstellen als potentielle Nachfrager aus, weil sie an einen Lieferanten ausschließlich gebunden sind. Demgegenüber ist der Bindende um so eher fähig, in den Abnehmerkreis seiner Wettbewerber vorzustoßen. Er kann eine Strategie der gezielten Preisdifferenzierung anwenden, indem er nichtgebundenen Kunden günstigere Konditionen einräumt als seinen gebundenen Abnehmern, da letztere zum ausschließlichen Bezug, unabhängig von der Höhe des Produktpreises, verpflichtet sind. Diese Möglichkeit besteht für Anbieter ohne gebundene Nachfrager nicht; sie müssen, um keine Marktanteile zu verlieren, ihr gesamtes Angebot an dem niedrigsten Preis desjenigen Konkurrenten ausrichten, der eine Preisdifferenzierung vornimmt. Ausschließlichkeitsbindungen können daher ein geeignetes Mittel zur Marktspaltung sein.

Eine solche Marktspaltung ist auf der Großhandelsstufe des Treibstoffmarktes vor allem dann zu beobachten, wenn ein

---

[6] Vgl. zum Preisverhalten auf der Einzelhandelsstufe S. 111 ff.

[7] Probleme der einstufig operierenden Unternehmen, die sich daraus ergeben können, daß ihnen im Gegensatz zu ihren vertikal und auch konklomerat verflochtenen Konkurrenten die Möglichkeit der Mischkalkulation und des Risikoausgleichs weitgehend fehlt, sollen hier nicht näher behandelt werden.

Angebotsdruck vorhanden ist. „Von etwa 1954 bis zum Herbst 1956 waren die Benzinpreise im Selbstverbrauchersektor im Schnitt rd. 10 - 13 Dpf./Ltr. und in der Spitze ca. 18 -20 Dpf./Ltr. niedriger als die Tankstellenpreise"[8] bei einem durchschnittlichen Tankstellenabgabepreis (ohne Steuern) von 32 Pfenning pro Liter[9]. Ähnliches berichtet Möhrmann für die Zeit gegen Ende der fünfziger Jahre, als das Zonenpreissystem[10] noch bestand. Die Mineralölgesellschaften gewährten den nichtgebundenen Großabnehmern im Direktgeschäft bei Dieselkraftsoff 50 Prozent und bei Benzin bis zu 67 Prozent Rabatt, bezogen auf den durchschnittlichen Zonenpreis ohne fiskalische Belastung[11], so daß die gebundenen Tankstellenabnehmer ganz erheblich höhere Preise für die gleichen Produkte zu zahlen hatten. Die Situation unterscheidet sich heute zumindest im Dieselkraftstoffgeschäft nicht sehr viel von der damaligen[12]. Ohne die Ausschließlichkeitsbindung wäre es den Mineralölgesellschaften kaum möglich, eine solche Preisdifferenzierung durchzusetzen, weil die Tankstellen dann die Möglichkeit hätten, zu einem preisgünstigeren Lieferanten hinüberzuwechseln.

Ob es sich bei den gewährten Preisnachlässen an Großabnehmer in jedem Falle um eine gezielte Strategie der Mineralölunternehmen zur Verdrängung des unabhängigen Handels oder um eine Notwendigkeit aufgrund des verschärften Preiswettbewerbs an diesem Teilmarkt handelt, kann hier nicht abschließend beurteilt werden. Beides dürfte wohl je nach Angebotssituation zumindest teilweise zutreffend sein[13]. Festzuhalten bleibt, daß vertikale Aussschließlichkeitsbindungen Wettbewerber von einem Teil der Nachfrage aussperren und eine Politik der Preisdifferenzierung und Markt-

---

[8] Caspary, Manfred, S. 207.

[9] Vgl. ebenda, S. 230.

[10] Vgl. S. 110.

[11] Vgl. Möhrmann, Dieter, S. 119.

[12] Vgl. S. 117 f.

[13] Caspary spricht von einer gezielten, gegen den unabhängigen Handel gerichteten Preisdifferenzierung in einigen Fällen, die in den fünfziger Jahren zur Gründung von Einkaufsvereinigungen, aber auch zu Anlehnungen an die Konzerne geführt habe (vgl. Caspary, Manfred, S. 100).

spaltung ermöglichen, die den Bindenden zu Differentialgewinnen zu Lasten der Gebundenen verhelfen. Die so entstandene Verstärkung der Marktstellung des bindenden Unternehmens kann diesem ein vermehrtes Eindringen in den nichtgebundenen Abnehmerkreis von Konkurrenten ermöglichen.

Einer Strategie der Marktspaltung mit Hilfe vertikaler Ausschließlichkeitsbindungen, die darin besteht, höhere Preise für gebundene als nichtgebundene Nachfrager zu setzen, sind allerdings bei einem rationalen Verbraucherverhalten Grenzen gesetzt. Am Treibstoffmarkt können zwar die gebundenen Tankstellen auf keine preisgünstigeren Alternativen ausweichen, aber für den Konsumenten ist ein solcher Wechsel möglich, indem er bei billigeren unabhängigen Tankstellen vorfährt. Ein solches Käuferverhalten führt zu Marktanteilsverlusten und damit zu Gewinneinbußen für die Mineralölgesellschaften auf dem Teilmarkt mit höherem Preisniveau, die bedeutender sein können als die Differentialgewinne, die sich durch eine Marktspaltung realisieren lassen. Dies erfordert dann eine gewisse Anpassung an das Preisniveau für markenlosen Treibstoff auf der Groß- und der Einzelhandelsstufe. Eine andere Möglichkeit wäre der verstärkte Einsatz der Werbung, um beim Konsumenten Markentreue und -bewußtsein zu erzeugen, damit er trotz eines höheren Preises Markenbenzin tankt. Dem steht heute allerdings ein aufgeklärteres Verbraucherverhalten entgegen, das sich insbesondere in der Preisempfindlichkeit der Nachfrage niederschlägt[14].

Die nichtintegrierten Treibstoffgroßhändler stehen in Konkurrenz zu den Mineralölkonzernen, von denen sie gleichzeitig einen Teil ihrer Produkte beziehen, denn die deutschen Raffinerien gehören fast ohne Ausnahme vertikal integrierten Unternehmen. Die unabhängigen Treibstofflieferanten können daher in die Preisschere genommen werden[15], wenn

---

[14] Vgl. S. 56 f. und 126 ff.

[15] Vgl. dazu allgemein Comanor, William S., Vertical Mergers, Market Powers, and the Antitrust Laws, in: American Economic Review, Papiers and Proceedings, Band 57 (1967), S. 254 f.

der Raffinerieabgabepreis von den Mineralölkonzernen erhöht und der Bezugspreis für die freien Tankstellen und Großkunden gesenkt wird. Wenn allein diese Nachfrager für den unabhängigen Treibstoffgroßhändler in Betracht kommen, kann die Differenz zwischen den oben genannten Preisen so klein werden, daß die verbleibende Handelsspanne nicht mehr die anfallenden Kosten (Transport, Lagerhaltung usw.) deckt.

Diese Strategie dürfte allerdings nur dann erfolgversprechend sein, wenn alle Mineralölgesellschaften sich entsprechend verhalten und keine Inportprodukte zu konkurrenzfähigen Preisen alternativ bezogen werden können. Die Annahme eines Parallelverhaltens in dieser Hinsicht kann nicht ausgeschlossen werden. Im Falle weltweiter Verknappungen bei Mineralöl und -produkten fallen Importmöglichkeiten vom Rotterdamer Markt aus[16], so daß dann für den unabhängigen Großhandel eine einseitige Abhängigkeit von den vertikal integrierten inländischen Lieferanten besteht, die gleichzeitig Konkurrenten sind. Zu Lieferungen sind die Mineralölgesellschaften nicht verpflichtet, soweit sie über „traditionelle Lieferungen" hinausgehen[17]. Eine solche Situation ist daher für den nichtintegrierten Großhandel bedrohlich. Liegt aber das Rotterdamer Preisniveau unter den inländischen Raffinerieabgabepreisen, so wird die Position der freien Händler stärker, und es können erhebliche Wettbewerbsimpulse entsehen, die bis zu dem Tankstellenmarkt durchschlagen. Importmöglichkeiten sind daher für den unabhängigen Treibstoffgroßhandel von existentieller Bedeutung und verringern seine Abhängigkeit von den vertikal integrierten Mineralölgesellschaften erheblich.

Zusammenfassend kann festgestellt werden, daß vertikale Ausschließlichkeits- und Preisbindungen die Marktstellung der Unternehmen, die diese Mittel anwenden, verstärken. In Verbindung mit bestimmten Strukturkomponenten — wie sie am Treibstoffmarkt vorzufinden sind — kann sich die Wirkung dieser Bindungen noch vergrößern. Stö-

---

16 Vgl. S. 36 f.

17 Vgl. S. 124 f.

rende Einflüsse kleiner Konkurrenten, Anbieter oder Nachfrager, die wettbewerbsanregend wirken könnten, lassen sich durch Ausschließlichkeitsbindungen teilweise abblocken. Sie sind wettbewerbspolitisch in diesem Zusammenhang deshalb bedenklich, weil sie denjenigen Unternehmen, die sie anwenden, erhebliche Wettbewerbsvorteile verschaffen, die nicht auf Leistungsüberlegenheit, sondern auf vergrößerter Marktmacht beruhen, die aus solchen Bindungen resultiert.

B. Der potentielle Wettbewerb

1. Vorbemerkung: Zur Bedeutung des potentiellen Wettbewerbs für den aktuellen Wettbewerb

Auf oligopolistisch stukturierten Märkten ist der potentielle Wettbewerb ein Faktor, der das Verhalten der etablierten Wettbewerber nicht unwesentlich beeinflußt[18]. Der Eintritt potentieller Konkurrenten ist unter anderem abhängig von der Höhe der Marktzugangsschranken. Ein Indikator für die Höhe ist „the largest percentage by which established sellers can persistently elevate their price above the minimized or competitive average costs of production and distribution (plus average costs of sales promotion) without inducing new sellers to enter the industry"[19], der sich allerdings wohl kaum exakt feststellen lassen dürfte. Sind die Marktzugangschranken niedrig, können hohe Gewinne der etablierten Anbieter ein Anreiz für potentielle newcomer sein. Ob eine solche Überlegung in die Politik eines Unternehmens eingeht, dürfte in erster Linie von der Marktform abhängig sein. Im Polypol wird ein Anbieter, wenn er schon nicht die Aktionen und Reaktionen seiner Konkurrenten antizipiert, erst recht nicht das Verhalten möglicher newcomer berücksichtigen[20]. Demgegenüber ist es wahrscheinlich, daß ein Unternehmen im engen Oligopol

[18] Vgl. Bain, Joe S., Barriers to New Competition, Cambridge (Mass.) 1956, S. 3 ff.

[19] Vgl. Bain, Joe S., Industrial Organisation, 2. Auflage, New York, London, Sidney 1968, S. 237.

[20] Vgl. Machlup, Fritz, Wettbewerb im Verkauf, Göttingen 1966, S. 106 f.

neben den Reaktionen der Konkurrenten auch mögliche Vorstöße potentieller Wettbewerber berücksichtigt[21], so daß es bei niedrigen Marktzutrittsbarrieren auf kurzfristig realisierbare Gewinne verzichtet, um seinen Marktanteil und damit die zukünftigen Gewinne nicht durch newcomer zu gefährden[22]. Niedrige Marktzutrittsbarrieren wirken deshalb im engen Oligopol tendenziell preisniveausenkend[23]. Aufgrund verschiedener Strukturmerkmale auf dem Treibstoffmarkt dürfte der potentielle Wettbewerb von nicht unerheblicher Bedeutung für den aktuellen Wettbewerb sein.

In der Diskussion über Marktzugangsbeschränkungen im Zusammenhang mit Ausschließlichkeitsbindungen, wie sie im Paragraphen 18 GWB erfaßt werden, wird überwiegend die Meinung vertreten: „Eine Zugangsbeschränkung ist somit dann zu verneinen, wenn z. B. ein ‚newcomer' oder ein bereits auf dem Markt tätiges Unternehmen schon aufgrund der Qualität oder der Preise einer Ware keine Möglichkeit hätte, auf dem Markt Fuß zu fassen bzw. sich auf dem Markt weiter auszudehnen[24]." Oder: „Endlich kann eine Beschränkung des Zugangs zu einem Markt nur unbillig sein, wenn dem Dritten der Markt erreichbar ist[25]." Mit anderen Worten: Wenn dem Dritten der Markt nicht erreichbar ist, kann eine Zugangsbeschränkung nicht unbillig sein. Ähnlich auch Bartholomeyczik: „Der potentielle Wettbewerber muß bewußt eine Maßnahme treffen, aus der ein objektiver Beob-

---

[21] Vgl. Clark, John Maurice, Competition as a Dynamic Process, S. 113 f.

[22] Vgl. Machlup, Fritz, S. 107.

[23] Auf die verschiedenen Bedingungen, die den Marktzutritt beeinflussen, kann hier nicht näher eingegangen werden. Vgl. dazu Bain, Joe S., Barriers to . . ., S. 11 ff., der als Voraussetzung für niedrige Zutrittsbarrieren das Fehlen von absolute cost advantages, product differention advantages und economies of scale nennt. Machlup, S. 103 ff. und 206 f., sieht weitere Vorbedingungen darin, daß hohe Gewinne einer Branche, wenn sie ein Anreiz für einen Marktzutritt sein sollen, bekannt sein müssen, daß Pionierunternehmen, die den Eintritt wagen, vorhanden sein müssen, daß es keine Staatsinterventionen gegen newcomer geben darf und daß die Etablierten die neuen Konkurrenten nicht durch erfolgversprechende Kampfstrategien abschrecken dürfen.

[24] Deringer, Arved; Tessin, Claus, Zur Auslegung der Neufassung des § 18, in: Wirtschaft und Wettbewerb, 16. Jahrgang (1966), S. 137.

[25] Schwartz, Gustav, § 18 GWB, Anmerkung 63.

achter schließen kann, er habe die Absicht, auf denselben relevanten Markt einzutreten[26]."

Hier wird ein Mißverständnis sichtbar, das auf einer falschen Vorstellung von Marktzutritt und Zutrittsbeschränkungen beruht. Der freie Zutritt ist ein „Wahrscheinlichkeitsbegriff"[27], der als Wettbewerb durch das ungehinderte Auftreten neuer Anbieter, die zum jetzigen Zeitpunkt unter Umständen vollkommen unbekannt sind, umschrieben werden kann[28]. Entscheidend ist, daß ex ante niemand voraussehen kann, welcher neue Wettbewerber in den Markt eintreten wird, so daß Überlegungen, ob „dem" Dritten der Markt erreichbar ist, am Kern der Sache vorbeigehen. Es lassen sich lediglich Aussagen über die Wahrscheinlichkeit des Marktzutritts machen. Deshalb beruhen die oben zitierten Ansichten auf einer Verkennung des Problems. Je höher die Marktzugangsschranken sind, desto geringer wird die Wahrscheinlichkeit des Marktzutritts Dritter. Wenn die etablierten Unternehmen diese Wahrscheinlichkeit — im Extremfall bis zur Unmöglichkeit — weiter reduzieren, indem sie durch bestimmte Maßnahmen die schon sehr hohen Eintrittbarrieren weiter erhöhen, so handelt es sich um eine besonders schwerwiegende Wettbewerbsbeschränkung. Daher ist die Schlußfolgerung, daß auf einem fast geschlossenen Markt weitere Zugangsbeschränkungen weniger gravierend seien, da vorher der Markt für Dritte schon kaum erreichbar gewesen sei, nicht haltbar, sondern gerade das Gegenteil ist der Fall.

2. Ausschließlichkeitsbindungen als Mittel zur Erleichterung des Marktzutritts

Wenn die etablierten Anbieter auf einem Markt vertikal konzentrierte Unternehmen sind, sich also auf vor- und/oder nachgelagerten Märkten ebenfalls betätigen, erhöhen sich

[26] Bartholomeyczik, Horst, Wann aktualisiert sich der potentielle Wettbewerb für die Rechtsanwendung?, in: Wirtschaft und Wettbewerb, 21. Jahrgang (1971), S. 769.

[27] Machlup, Fritz, S. 99.

[28] Machlup hat dafür den Ausdruck Pleiopol geprägt (S. 101), der sich aber nicht durchgesetzt hat.

in der Regel die Schwierigkeiten des Marktzutritts für einen Außenseiter. Operiert ein newcomer im Gegensatz zu seinen Konkurrenten einstufig, und gibt es auf vor- und nachgelagerten Märkten ebenfalls nur integrierte Unternehmen, dann steht er zu den vertikal konzentrierten Gesellschaften auf einem Markt im Wettbewerb und muß gleichzeitig die benötigten Vorprodukte von ihnen beziehen oder seine Fertigprodukte an sie verkaufen[29]. Es besteht deshalb die Gefahr, daß er in die Preisschere genommen wird, wenn die Konkurrenten die Preise für Roh- und Hilfsstoffe erhöhen oder die Fertigproduktpreise senken. Ist ein Markt weitgehend vertikal konzentriert, so erhöhen sich daher tendenziell die Marktzutrittsbarrieren.

Einer solchen Konstellation steht ein potentieller nichtintegrierter Treibstoffgroßhändler gegenüber. Eine Möglichkeit, den oben angeführten Gefahren zu entgehen, besteht nun für den Außenseiter darin, gleichzeitig in mehrere einander nachgelagerte Märkte einzutreten. In einem solchen Falle verstärken sich allerdings die Finanzierungsprobleme, denn der Kaptitalbedarf dürfte erheblich ansteigen, so daß sich dem newcomer ein neues Hindernis entgegenstellt. Hier können Ausschließlichkeitsklauseln ein Mittel sein, leichter in einen vor- oder nachgelagerten Markt einzudringen[30]. Die Ausschließlichkeitsbindung erleichtert daher den Zutritt, weil sie „weniger Kapital erfordert und weniger Risiko mit sich bringt als der Aufbau eigener Kapazitäten"[31] oder Vertriebsorganisationen. Daher kann es dem newcomer unter Einsatz dieses Mittels eher gelingen, eine vertikal integrierte Organisation aufzubauen, wodurch die Wahrscheinlichkeit, daß er gegenüber den vertikal konzentrierten Konkurrenten bestehen kann, steigt. Im Falle „gestörter Märkte"[32], wo

[29] Vgl. Lenel, Hans Otto, Ursachen . . ., S. 160 ff., und zur Zangenpolitik S. 166 ff.

[30] So auch Biedenkopf, Kurt H., Vertragliche Wettbewerbsbeschränkung . . ., S. 29 f.; Hale, G. E.; Hale, Rosemary D.; Market Power, Size and Shape Under the Sherman Act, Boston, Toronto 1958, S. 50 f.; Lockhart, William B.; Sacks, Howard R., S. 924; Townsend, Harry, Fußnote 2, S. 416, und Mestmäcker, Hans-Joachim, Ausschließlichkeitsverträge . . ., S. 623.

[31] Lenel, Hans Otto, Ursachen . . ., S. 399.

[32] Biedenkopf, Kurt H., Vertragliche Wettbewerbsbeschränkung . . ., S. 30.

aufgrund struktureller Gegebenheiten wie der vertikalen Konzentration relativ hohe Zutrittsbarrieren existieren, können daher Ausschließlichkeitsbindungen in der Hand von Außenseitern wettbewerbsverstärkende Wirkungen haben.

Diese Aussage gilt allerdings nur mit gewissen Einschränkungen. Die erste Voraussetzung ist, daß am Markt noch bindungsfähige und bindungswillige Nachfrager vorhanden sind[33]. Wenn der überwiegende Teil der Händler der Endhandelsstufe schon von den etablierten, vertikal integrierten Unternehmen gebunden ist, wie das bei Tankstellen der Fall ist, stehen die Chancen für Außenseiter schlecht, geeignete Händler zu finden und zu binden. Auch wenn diese Bedingung erfüllt wäre, ergibt sich aus wettbewerbspolitischer Sicht ein besonderes Problem. Mit jedem Außenseiter, dem der Zutritt auf der Großhandelsstufe des Treibstoffmarktes durch ausschließliche Bindung von Tankstellen gelingt, reduziert sich die Zahl der noch nicht Gebundenen, so daß die Zutrittschranken zukünftiger newcomer höher werden. Diese negative Wirkung auf den Wettbewerb könnte wohl allein dadurch beseitigt werden, daß die Bindungen zeitlich befristet sein müßten und nicht mehr erneuert werden dürften.

3. Ausschließlichkeitsbindungen als Mittel zur Erschwerung des Marktzutritts

Wie Ausschließlichkeitsbindungen, wenn sie von Außenseitern verwendet werden, die Marktzutrittsschranken möglicherweise senken, können sie in der Hand der etablierten Unternehmen eine Erhöhung der Eintrittsbarrieren bewirken. Denn die gebundenen Abnehmer sind für potentielle Wettbewerber nicht erreichbar, so daß sie als mögliche Nachfrager ausfallen. Bei einer kleinen Zahl solcher Bindungen ist der Ausschlußeffekt noch gering, mit zunehmender Häufigkeit und Dauer der Bindungen wird er größer und kann die Absatz- oder Beschaffungsmöglichkeiten von newcomern immer mehr einschränken. „The direct impact of an exclusive

---

[33] Vgl. Lenel, Hans Otto, Ausschließlichkeitsbindungen . . ., S. 104.

dealing contract is to restrain the freedom of distributors to purchase their requirements elsewhere for the term of the contract and thus to prevent other companies from selling to them. If enough outlets are pre-empted in this manner, or are subject to ownership control, competing sellers may encounter great difficulty in gaining access to the market[34]." Wenn die Alternative der Errichtung eigener Vertriebsorganisationen an den damit verbundenen zu hohen Kosten und Risiken scheitert, ist ein Markt für Außenseiter weitgehend geschlossen. Werden Ausschließlichkeitsbindungen von vertikal integrierten Unternehmen verwendet, kann sich dieser Effekt noch verstärken.

Ein Blick auf den deutschen Mineralölmarkt der letzten 25 Jahre zeigt, daß es auf der Verarbeitungsstufe nur vertikal integrierten Unternehmen gelungen ist, am deutschen Markt mit Erfolg Fuß zu fassen[35]. Diese newcomer hatten in der Regel schon in anderen Ländern eine starke Marktposition und arbeiteten international zumeist mit den Mineralölunternehmen zusammen, die am deutschen Markt alteingesessen waren[36]. Daher war es ihnen einerseits möglich, die Anfangsschwierigkeiten, die mit dem Marktzutritt verbunden waren, zu überstehen; andererseits dürfte für sie die Gefahr von Kampfmaßnahmen der etablierten Anbieter aufgrund der vielfältigen internationalen Zusammenarbeit geringer gewesen sein.

Es hat allerdings einen — gescheiterten — Versuch eines nichtintegrierten Unternehmens gegeben, auf der Verarbeitungsstufe des bundesdeutschen Mineralölmarktes Fuß zu fassen. Der Schweizer Duttweiler, der Begründer der Migros-Genossenschaft, gründete 1957 die Frisia AG und errichtete eine Raffinerie in Emden[37]. Als vertikal nichtintegriertes Unternehmen hatte die Frisia erhebliche Bezugs- und Absatzschwierigkeiten, da sie etablierten Konkurrenten gegenüberstand, die zumeist vollständig vertikal konzentriert waren[38].

---

34 Pass, C. L.; Hawkins, K. H., S. 171.

35 Vgl. Mönig, Walter, u. a., S. 279 ff.

36 Vgl. S. 20 f.

37 Vgl. Heyde, Werner, S. 213 f., und Beyer, Ulrich, S. 97 ff.

Verschiedene Mineralölunternehmen bemühten sich nun auch verstärkt um den unabhängigen Mineralölhandel, den wichtigsten möglichen Abnehmerkreis der Frisia, wobei erhebliche Preisnachlässe gewährt wurden[39]. Auch wenn in diesem konkreten Fall Mängel und Fehler in der Unternehmensführung nicht auszuschließen sind[40], zeigt das Beispiel, daß es beim Fehlen der eigenen Rohölbasis und nicht vorhandener Absatzmöglichkeiten wegen des hohen vertikalen Konzentrationsgrades und der Häufigkeit der Ausschließlichkeitsbindungen für einen nichtintegrierten newcomer außerordentlich schwierig sein dürfte, die Eintrittsbarrieren auf der Verarbeitungsstufe des deutschen Mineralölmarktes zu überwinden. Caspary ist in diesem Zusammenhang der Ansicht, „daß die (Treibstoff-)Gesellschaften den (Tankstellen-)Verträgen ganz bewußt eine ‚Sperrfunktion' gegenüber den nachdrängenden Konkurrenten geben"[41].

In jüngster Zeit ist die Bomin, ein unabhängiges, nichtintegriertes Unternehmen, dessen Tätigkeit sich bisher auf die Vertriebsstufe beschränkte, in die Verarbeitungsstufe eingetreten, indem sie die Frisia-Raffinerie in Emden von der VEBA übernommen hat[42]. Es bleibt abzuwarten, ob dieser Schritt erfolgreich sein wird.

---

38 Zu weiteren Schwierigkeiten der Frisia vgl. auch ohne Verfasser, „Frisia — das weitaus gewagteste Unternehmen Duttweilers", in: Blick durch die Wirtschaft, Nr. 99 vom 29. 4. 1963.

39 Vgl. Beyer, Ulrich, S. 99 ff.

40 Zur Sicherung der Rohölversorgung nahm Duttweiler zwei Mineralölunternehmen als Mitgesellschafter auf. Dem einen der neuen Anteilseigner gelang der Abschluß eines langfristigen Liefervertrages mit der Frisia AG ohne die übliche Preisgleitklausel für schweres Rohöl, das nur eine relativ niedrige Benzinausbringung ermöglicht (Duttweiler kam es gerade auf Benzin, das noch am leichtesten absetzbare Produkt, an). Der andere Anteilseigner vercharterte an die Frisia AG langfristig einen Tanker, ebenfalls ohne Preisgleitklausel, der wegen seiner Größe den Standort Emden überhaupt nicht anlaufen konnte (vgl. ohne Verfasser, „Frisia ..."; Berzau, Heinz, S. 168 f., und Schach, Gunther, Erdölwerke Frisia, Scheidung auf ostfriesisch, in: Deutsche Zeitung, Nr. 19 vom 29. 4. 1977).

41 Caspary, Manfred, S. 132.

42 Vgl. ohne Verfasser, Veba verkauft Erdölwerk Frisia an Bomin-Gruppe, in: Handelsblatt, Nr. 75 vom 19. 4. 1977; ohne Verfasser, der fünfte Besitzer bei Frisia, in: Frankfurter Allgemeine Zeitung, Nr. 90 vom 19. 4. 1977, und Schach, Gunther.

Die hohen Eintrittsbarrieren sind daneben aber auch technisch bedingt. Bei Raffinerien werden bis zu einer gewissen Größe erhebliche economies of scale wirksam, die einerseits bedeutende Mittel zur Finanzierung einer Investition dieser Größenordnung notwendig machen, andererseits wegen der verhältnismäßig hohen Ausbringungsmenge der produzierten Erzeugnisse den Absatz erschweren. Der technisch optimale Raffineriegrößenbereich wird allerdings durch ökonomische Faktoren erheblich relativiert[43]. Bei einer Minderauslastung um ein Drittel steigen die durchschnittlichen Verarbeitungskosten um schätzungsweise 30 Prozent. Darüber hinaus kommen bei größeren Anlagen höhere Ausfallrisiken und steigende Transportkosten hinzu, so daß allgemeine Aussagen über wirtschaftliche Optimalgrößen ausgesprochen fragwürdig sein dürften.

Demgegenüber sind vermutlich auf der Großhandelsstufe des Treibstoffmarktes die Marktzugangsschranken niedriger, da der Import von Mineralölerzeugnissen, abgesehen von Versorgungskrisen, als alternative Bezugsquelle offen steht und damit eine einseitige Abhängigkeit von den als Konkurrenten und Lieferanten auftretenden Mineralölgesellschaften nicht in dem Maße besteht. Auch dürften Größenvorteile im Großhandel eine erheblich geringere Rolle als in der Verarbeitung spielen. Daher hat es immer wieder eine größere Zahl von Markteintritten gegeben. Beyer stellte zum Beispiel für den Zeitraum von 1951 bis 1957 219 Markteintritte und 146 -austritte unabhängiger Mineralölhändler anhand der Eintragungen im Handelsregister fest[44]. Zwar fällt für den unabhängigen Großhandel der weitaus größte Teil aller Tankstellen als Nachfrager aus; da sich aber der Marktanteil der unabhängigen Tankstellen in den fünfziger Jahren erheblich vergrößert hat (von 2 Prozent im Jahre 1953 auf 8 bis 10 Prozent im Jahre 1959)[45], wurden die Ab-

---

[43] Vgl. dazu und zum folgenden Mönig, Walter, u. a., S. 288 f.

[44] Vgl. Beyer, Ulrich, S. 24. Neuere Untersuchungen, insbesondere über die Auswirkungen der jüngsten Energiekrise, sind dem Verfasser nicht bekannt.

[45] Vgl. Schneider, Olaf, S. 205.

satzmöglichkeiten des freien Großhandels vermutlich besser, so daß auch dies ein Grund dafür sein dürfte, daß die Zahl der Marktzutritte die der -austritte nicht unerheblich übertraf.

C. Zu den Auswirkungen auf die Kosten

1. Produktionskosten

Bei einer Untersuchung der Auswirkungen vertikaler Ausschließlichkeitsbindungen auf die Produktions- und Vertriebskosten ergeben sich nicht unerhebliche Schwierigkeiten. Naturgemäß werden Unternehmen, die Ausschließlichkeitsklauseln verwenden, den Gesichtspunkt der Kosteneinsparung besonders betonen. Für einen Außenstehenden ergibt sich aber die typische Schwierigkeit zu unterscheiden, inwieweit es sich hier um ein stichhaltiges Argument handelt. Denn ein Unternehmen wird beispielsweise nur dann eine wettbewerbsbeschränkende Maßnahme ergreifen, wenn es sich davon Vorteile verspricht, die es aber nicht erreichen könnte, wenn es seine wahren Motive auf den Tisch legte.

Als ein wesentlicher Grund für die Verwendung von Ausschließlichkeitsbindungen wird von verschiedenen Autoren das Streben nach Absatzsicherung durch die Bindung eines festen Kundenstammes genannt. „Für den Betrieb des Bindenden bedeutet die Ausschließlichkeitsbindung, daß die durch sie bewirkte Stetigkeit des Geschäfts zur Kostenminderung führt[46].“ Speziell in der Mineralölindustrie werden solche Bindungen als technische Notwendigkeit angesehen, die sich aus den Branchenbesonderheiten ergibt[47]. In der

[46] Rittner, Fritz, Die Ausschließlichkeitsbindungen . . ., S. 25. Ähnlich Lockhart, William B., Sacks, Howard R., S. 926, und Ruhwinkel, Wolfgang, S. 26.

[47] Vgl. Rittner, Fritz, Die Ausschließlichkeitsbindungen . . ., S. 147 f. Vgl. auch Dirlam, Joel B.; Kahn, Alfred E., Leadership and Conflict in the Pricing of Gasoline, in: The Yale Law Journal, Band 61 (1952), S. 851 ff., die nicht nur Ausschließlichkeitsbindungen, sondern die vollständige vertikale Konzentration in der Mineralölbranche für die zweckmäßigste Organisationsform halten, die die größten Konstenvorteile mit sich bringen würde. Allerdings wollen sie die Zahl der integrierten Unternehmen in den USA durch Teilung vergrößert sehen. Vgl. dazu auch die Kritik von Ro-

Tat gibt es Besonderheiten, die unter anderem aus der Kuppelproduktion bei der Mineralölverarbeitung resultieren. Allerdings ist der Schluß von der Besonderheit zu einer besonderen Behandlung einer Branche noch nicht zwingend, da „es keine Branche ohne Besonderheiten gibt"[48]. Daher ist zu untersuchen, ob die am Mineralölmarkt vorgefundenen Verhältnisse — in unserem Falle die Ausschließlichkeitsbindungen — im Zwang begründet sind, „ausgeglichene Beschäftigung im technisch-optimalen Maß für Raffinerien zu gewährleisten, wobei Produktion und Preisstellung den Gesetzen einer typischen Kuppelproduktion unterworfen sind, die an unterschiedlichen Nachfragestrukturen für die Produkte Heizöl und Kraftstoff"[49] kranken.

Bei der Verarbeitung des Rohöls zu Mineralölprodukten ist eine Variation der Ausbringungsmenge der einzelnen Erzeugnisse nur begrenzt möglich und abhängig von der chemischen Zusammensetzung des Rohöls und den angewandten Raffinationsverfahren[50]. Hinzu kommt, daß der Fixkostenanteil einer mittelgroßen Raffinerie auf insgesamt 73 Prozent der Gesamtkosten bei Produktion im Betriebsoptimum geschätzt wird[51]. Von besonderem Gewicht bei den Fixkosten sind die Abschreibungen. Die optimale Kapazitätsausnutzung liegt bei etwa 85 Prozent[52].

---

stow, Eugene V.; Sachs, Arthur S., Entry into the Oil Refining Business; Vertical Integration Re-examined, in: The Yale Law Journal, Band 61 (1952), S. 913 f., die zu dem entgegengesetzten Ergebnis kommen und eine vertikale Entflechtung fordern.

48 Scheib, Hans H., Branchenbesonderheiten, Falsche und richtige wirtschaftspolitische Argumente, Veröffentlichungen des Forschungsinstituts für Wirtschaftspolitik an der Universität Mainz, Band 22, Heidelberg 1967, S. 24.

49 Heyde, Werner, S. 123.

50 Eine Darstellung der physikalisch-chemischen Abläufe und der verschiedenen Raffinationsverfahren findet sich bei Schneider, Olaf, S. 90 ff., Schöttler, Bodo, S. 58 ff., Vollrath, Heinz, S. 35 ff., und zur neuesten Entwicklung Kamin, Paul; Steffen, Brigitte, Zum Stande der Konversionstechnik, in: Oel, Zeitschrift für die Mineralölwirtschaft, 14. Jahrgang (1976), S. 334 ff.

51 Vgl. Stavenhagen, Lutz, S. 96. Schöttler, Bodo, S. 123, gibt den Fixkostenanteil im Betriebsoptimum mit zwei Dritteln an.

52 Vgl. Schneider, Olaf, Fußnote 5, S. 118. Nach Mönig, Walter, u. a., S. 150, liegt die betriebsoptimale Auslastung bei 84 bis knapp über 90 Prozent.

Daraus können sich zwei Probleme ergeben. Einmal kann bei einer strukturellen Nachfrageverschiebung, die zu einer verstärkten oder abgeschwächten Nachfrage eines bestimmten Mineralölprodukts führt, die Ausbringungsmenge der Kuppelprodukte nur in mehr oder weniger engen Grenzen variiert werden[53], so daß eine sofortige Anpassung nur bedingt möglich ist. Zweitens kann ein allgemeiner Nachfragerückgang zu einer erheblichen Unterauslastung der Kapazitäten führen, so daß die durchschnittlichen Verarbeitungskosten pro Mengeneinheit stark ansteigen.

Es ist nun zu fragen, ob Ausschließlichkeitsbindungen ein geeignetes Mittel sind, die aus der Kuppelproduktion und dem hohen Fixkostenanteil resultierenden Probleme zu lösen. In der Bundesrepublik hat es seit 1971 nicht nur einen zeitweise starken allgemeinen Nachfragerückgang, sondern auch erhebliche Nachfragestrukturverschiebungen gegeben, die zum Teil noch im Gange sind. Es kam einerseits zu einer verstärkten Nachfrage nach Benzin und andererseits zu Nachfrageeinbrüchen bei schwerem Heizöl[54], so daß „das klassische Produktenangebot der Raffinerien ... nicht mehr marktgerecht“[55] war. Der Rückgang der Nachfrage nach schwerem Heizöl war unter anderem die Folge einer stärkeren Subventionierung der Kohle zum Zwecke der Stromerzeugung, die auf eine Reduzierung der Abhängigkeit von ausländischen Energiequellen abzielte, die aber dazu beigetragen haben dürfte, den Inlandsverbrauch von schwerem Heizöl relativ und absolut zu senken[56]. Gleichzeitig ist der

[53] Der Grad der Variation ist abhängig vom angewandten Raffinationsverfahren.

[54] Vgl. ohne Verfasser, Der Ölkonzern und der Metzger, in: Blick durch die Wirtschaft, Nr. 108 vom 22. 5. 1976.

[55] Brandi, Fritz, Lösung der Strukturprobleme ist Frage der Rentabilität, in: Handelsblatt, Nr. 122 vom 29. 6. 1977.

[56] 1973 betrug der Inlandsverbrauch von schwerem Heizöl 29,7 Millionen Tonnen (= 22,1 Prozent des gesamten Mineralölverbrauchs) und ging bis zum Jahre 1975 auf 22,4 Millionen Tonnen zurück, wodurch sich der Anteil am Gesamtverbrauch auf 19,3 Prozent reduzierte. Demgegenüber stieg der Motorenbenzinverbrauch von 18,5 Millionen Tonnen im Jahre 1973 (= 13,7 Prozent des gesamten Mineralölverbrauchs) auf 19,7 Millionen Tonnen im Jahre 1975, so daß sich der Anteil am Gesamtverbrauch auf 17,0 Prozent erhöhte (vgl. MWV-Jahresbericht, T 29).

Preis für eine Tonne schweres Heizöl wegen des Angebotsüberhangs zeitweise ganz erheblich unter den Rohöleinstandspreis gesunken. Er lag 1975 bei rund 150 DM pro Tonne, stieg aber bis Novenmber 1976 auf 200 DM und bis Anfang 1977 auf 215 DM[57]. Da schweres Heizöl durch Rohöl substituiert werden kann, ist ein weiterer Preisanstieg in diesem Maße nicht zu erwarten, denn das Preisniveau wird immer etwas unter dem Rohöleinstandspreis liegen, der sich 1976 zwischen 240 DM und 250 DM pro Tonne bewegte[58].

Ob der Nachfragerückgang und die beschränkten Absatzmöglichkeiten bei schwerem Heizöl in der Bundesrepublik „die Erzeugung aller anderen Mineralölprodukte limitiert"[59] und deshalb die wesentliche Ursache für die geringe Kapazitätsauslastung ist, die zu einer erheblichen Steigerung der durchschnittlichen Verarbeitungskosten geführt hat[60], erscheint nicht nur wegen des wieder erheblich angestiegenen Preisniveaus für schweres Heizöl zweifelhaft. Die durchschnittliche Auslastung ist in den übrigen Ländern der Europäischen Gemeinschaft nicht höher und unterscheidet sich daher nicht wesentlich von der bundesdeutschen[61], obwohl in diesen Staaten die Kohle nicht zu Lasten des schweren Heizöls verstärkt subventioniert wurde. Daher dürfte der geringe Auslastungsgrad auch ein Problem struktureller Überkapazitäten sein, die vermutlich auf den zu sehr forcierten Bau von Raffinerien vor der Energiekrise zurückzuführen sind. Erste Konsequenzen sind daraus gezogen worden. In allen westeuropäischen Ländern haben die Mine-

[57] Vgl. ohne Verfasser, Für schweres Heizöl stiegen Preise um 30 %, in: Handelsblatt, Nr. 165 vom 7. 9. 1976, und ohne Verfasser, Preise für schweres Heizöl steigen, in: Handelsblatt, Nr. 24 vom 24. 2. 1977 (Preise jeweils ohne 15 DM Heizölsteuer pro Tonne).

[58] Mitte Juli lag zum Beispiel der Rohöleinstandspreis bei 247 DM pro Tonne und fiel wegen des schwachen Dollarkurses auf 243 DM im Oktober (vgl. ohne Verfasser, Hat der Benzinpreis schon den Tiefpunkt erreicht?, in: Handelsblatt, Nr. 186 vom 6. 10. 1976).

[59] Ohne Verfasser, Mineralölindustrie braucht energiepolitischen Rahmen, in: Handelsblatt, Nr. 107 vom 16. 6. 1976.

[60] Vgl. ohne Verfasser, Erste Halbzeit, in: Oel, Zeitschrift für die Mineralölwirtschaft, 14. Jahrgang (1976), S. 213.

[61] Vgl. ohne Verfasser, Zuviel Raffineriekapazität, in: Oel, Zeitschrift für die Mineralölwirtschaft, 14. Jahrgang (1976), S. 247 ff.

ralölgesellschaften die bis 1980 geplanten Kapazitätserweiterungen ganz entschieden nach unten revidiert, so daß sich die Raffineriekapazität in den nächsten Jahren nicht mehr nenneswert erhöhen wird[62].

Eine bedeutende Reduzierung des Anteils von schwerem Heizöl bei gleichzeitiger Erhöhung des Benzinanteils ist wegen der zur Zeit in Westeuropa überwiegend verwendeten Raffinationstechnik nicht möglich. Technisch ist dieses Problem lösbar, indem vermehrt sogenannte Konversionsanlagen gebaut oder bestehende Anlagen umgerüstet werden, die schweres Heizöl in leichte Produkte wie Benzin umwandeln können. Damit ließe sich der Anteil von schwerem Heizöl an der Raffinerieausbringung, der 1973 in der Bundesrepublik bei 26 Prozent und in Westeuropa bei knapp 37 Prozent lag (mit leicht sinkender Tendenz in den darauffolgenden Jahren), reduzieren und der veränderten Nachfragestruktur anpassen[63]. Im Gegensatz zu Westeuropa ist in den USA — wegen der dortigen hohen Konversionskapazitäten — der Anteil von schwerem Heizöl an der Raffinerieerzeugung traditionell niedrig und liegt bei weniger als 8 Prozent[64].

Nach Aussagen führender Vertreter der Mineralölindustrie ist allerdings in der Bundesrepublik nur mit einem sehr zögernden Bau solcher Anlagen zu rechnen, „denn die technisch so bestechende Lösung der Konversion bringt große ökonomische Risiken mit sich"[65]. Begründet wird diese Aussage mit hohen Investitionskosten und der langen Bauzeit solcher Anlagen[66]. Außerdem ist die Rentabilität der Konversionsanlagen von der Preisdifferenz zwischen schwerem und

---

[62] Vgl. Fischer, Klaus-Dieter, Westeuropas Raffineriekapazität stagniert, in: Oel, Zeitschrift für die Mineralölwirtschaft, 14. Jahrgang (1976), S. 170 ff.

[63] Vgl. Schieweck, Erich, Weltenergie-Evolution, in: Reintges, Heinz, u. a. (Hrsg.), Jahrbuch für Bergbau, Energie, Mineralöl und Chemie 1976/77, Essen 1976, S. 13 und 43.

[64] Vgl. ebenda.

[65] Ohne Verfasser, Mineralölindustrie braucht . . .

[66] Die Bauzeit der neuesten bundesdeutschen Raffinerie betrug zweieinhalb Jahre (vgl. ohne Verfasser, Mobil Oil mit neuer Raffinerie in Wilhelmshafen, in: Handelsblatt, Nr. 171 vom 15. 9. 1976).

leichtem Heizöl abhängig, die mindestens bei 120 DM je Tonne liegen müsse[67].

Die derzeitigen und wahrscheinlich auch in nächster Zukunft noch nicht gelösten Probleme im Zusammenhang mit der geringen Auslastung der deutschen und europäischen Raffineriekapazitäten dürften deutlich machen, daß die in dieser Branche weitverbreiteten Ausschließlichkeitsbindungen kein geeignetes Mittel sein können, eine bessere Auslastung der Verarbeitungsanlagen zu erreichen. Denn sie können weder allgemeine Nachfragerückgänge noch strukturelle Nachfrageverschiebungen, die aus verschiedenen, oft nicht vorhersehbaren Gründen immer wieder eintreten können, verhindern und auch nicht abschwächen. Zu einer gewissen Verstetigung und Sicherung des Absatzes eines einzelnen Produzenten sind sie ebenfalls nicht notwendig, dazu genügt ein längerfristiger Liefervertrag, der dem Abnehmer die Freiheit lassen würde, weitere Bezugsquellen wählen zu können[68]. Daher dürften die produktionsbedingten Besonderheiten der Mineralölbranche wohl nicht geeignet sein, eine hinreichende Begründung für die Notwendigkeit vertikaler Ausschließlichkeitsbindungen zu liefern.

2. Vertriebskosten

„Innerhalb der Gesamtkostenbelastung der Treibstoffe machen die Vertriebskosten einen größeren Anteil als die Verarbeitungskosten aus[69]." Nach Untersuchungen von Schöttler verteilen sich die Beschäftigten eines Mineralölkonzerns zu 29 Prozent auf die Verarbeitung, zu 21 Prozent auf die Hauptverwaltung und zu 50 Prozent auf den Vertrieb (Lagerhaltung, Transport, Innen- und Außendienst)[70]. In diesen Prozentzahlen sind die Tankstellenhalter als rechtlich selbständige Unternehmer nicht enthalten.

---

67 Vgl. Mönig, Walter, u. a., Fußnote 4, S. 299.

68 Vgl. Lenel, Hans Otto, Ausschließlichkeitsbindungen . . ., S. 95.

69 Schneider, Olaf, S. 120.

70 Vgl. Schöttler, Bodo, Tabelle 27, S. 139.

Auch wenn sich die Relationen in der Zwischenzeit vielleicht etwas verschoben haben dürften, wird deutlich, daß die Vertriebskosten bei Treibstoffen einen erheblichen Teil der Gesamtkosten ausmachen. Daher kann die Art des Vertriebs einen großen Einfluß auf diesen wichtigen Kostenfaktor ausüben. Bei der Beurteilung des Treibstoffvertriebs im Agenturverhältnis, das eine vertikale Ausschließlichkeits- und Preisbindung der gebundenen Tankstellen enhält, kommt Rittner zu folgendem Ergebnis:

„Die zwangsläufig erhebliche Produktion eines solchen (Groß-) Unternehmens bedarf eines kontinuierlichen Absatzes, da sonst durch Lagerung, Produktionsschwankung usw. leicht beträchtliche Verluste drohen. Unter diesen Umständen bietet vielfach nur ein zuverlässiges Absatzsystem die erforderliche Sicherheit. Hinzu kommt, daß sich bei standardisierten, unverpackten Markenwaren, wie z. B. Treibstoff, die auf die Marke gesetzten Qualitätserwartungen der Verbraucher kaum anders als durch eine Kontrolle der Absatzwege seitens des Herstellers erfüllen lassen. Endlich ist bei der Beurteilung des Tankstellenproblems noch zu berücksichtigen, daß die moderne Großtankstelle mit ihrem ausgezeichneten Kundendienst, die der Verbraucher überall auf seinen Fahrten — und zwar unter ‚seiner' Marke — antrifft, offenbar den Bedürfnissen des heutigen Publikums weit eher entspricht als die (früher übliche) ‚Bürgersteigpumpe', deren Inhaber meist nur nebenberuflich und ohne besondere Ausbildung tätig ist und die anonymen Treibstoff ohne Qualitätsgarantie anbietet[71]."

Die Eingliederung der Tankstellen in die Organisation der Mineralölgesellschaften ist für Rittner das zweckmäßigste und kostengünstigste Vertriebssystem: „Soviel aber dürfte sicher sein: wo ein ‚natürliches', d. h. strukturbedingtes Großunternehmen mit Vertikalkonzentration vorliegt, wäre eine Zerschlagung des Absatzsystems nicht sinnvoll[72]." Seine Befürchtungen im Hinblick auf die „Bürgersteigpumpe" ohne ausreichende Benzinqualität als einzige Alternative zur Markentankstelle sind nicht eingetroffen, wie die Entwicklung der letzten zwanzig Jahre gezeigt hat.

Aus volkswirtschaftlicher Sicht von Interesse ist aber, ob der Treibstoffvertrieb über selbständige oder durch Aus-

---

[71] Rittner, Fritz, Die Ausschließlichkeitsbindungen . . ., S. 152 f.

[72] Ebenda, S. 153.

schließlichkeitsbindungen in die Organisation der Mineralölgesellschaften eingegliederte Tankstellen kostengünstiger ist. Oder anders ausgedrückt: „Ob das Mittel der Anordnung ... für die Koordination mehr taugt als der Markt[73]." Ein entscheidender Unterschied zwischen beiden Möglichkeiten des Vertriebs besteht darin, daß der Leistungsaustausch, soweit er sich zwischen selbständigen Unternehmen vollzieht, immer eine Kontroll- und Rechenphase durch die Marktpreisbildung erzwingt, während der Leistungsaustausch zwischen den einzelnen Konzernstufen von betriebswirtschaftlichen Rentabilitätsberechnungen bestimmt wird. Nur im ersten Falle besteht unter bestimmten Voraussetzungen[74] die Gewähr, daß die einzelwirtschaftlich beste Lösung auch gesamtwirtschaftlich annähernd optimal ist.

Beim Treibstoffvertrieb über Ausschließlichkeitsbindungen fehlt diese Kontrollphase, da der Marktmechanismus ausgeschaltet ist. Entscheidend sind dann konzerninterne Rentabilitätsüberlegungen. Es wurde die Hypothese vertreten, daß gerade die Ausschließlichkeits- und Preisbindungen zu einer Inflationierung des Tankstellennetzes beigetragen haben könnten[75]. Wenn nun die Mineralölgesellschaften — sicherlich zutreffend — die Netzreduzierung mit bedeutenden Kosteneinsparungen begründen, wird unausgesprochen zugegeben, daß die zuvor praktizierte Vertriebspolitik zu relativ hohen Vertriebskosten geführt hatte.

Erhebliche Kosteneinsparungen wurden auch durch die Errichtung von Selbstbedienungsstationen seit Anfang der 70er Jahre erzielt. Nach Berechnungen der Shell AG müßte „unter Kostengesichtspunkten der ‚Bedienungszuschlag' für die konventionelle Station mindestens 5 Pf"[76] gegenüber den Selbstbedienungsanlagen betragen, was pro Tonne rund 65 Mark ausmachen würde. Seit März 1977 geht die Shell AG sogar von einer Kostendifferenz aus, die bei 6 bis 7 Pfennig pro

---

[73] Lenel, Hans Otto, Ursachen . . ., S. 174.

[74] Unter Wettbewerbsbedingungen.

[75] Vgl. S. 131 ff.

[76] Vgl. ohne Verfasser, Das Tankstellengeschäft . . ., S. 198.

Liter (umgerechnet 78 bis 91 DM pro Tonne) liegt[77]. Der durchschnittliche Mengenabsatz pro Station ist bei den unabhängigen Tankstellen auch heute noch höher als bei den gebundenen Markentankstellen[78], so daß dieser Abstand vor Beginn der Netzbereinigung und der Errichtung umsatzstarker Selbstbedienungsstationen durch die Mineralölgesellschaften erheblich größer gewesen sein dürfte. Die damit verbundene bessere Kapazitätsauslastung der freien Tankstellen und die daraus resultierenden tendenziell niedrigeren Verkaufskosten dürften ein entscheidender Wettbewerbsvorteil gegenüber den Markentankstellen gewesen sein.

Andererseits kann natürlich nicht ausgeschlossen werden, daß die Mineralölgesellschaften beim Vertrieb ihrer Treibstoffe über ihre gebundenen Tankstellenpartner auch Kostenvorteile haben, da vermutlich — etwa bei der Lagerung und dem Transport — economies of scale und eine daraus resultierende Kostendegression pro Mengeneinheit von Bedeutung sein dürfte. Ob und — wenn ja — ab welcher Unternehmensgröße damit eine geringere Flexibilität und Anpassungsfähigkeit einhergeht und zu diseconomies of scale führen könnte, läßt sich für einen Außenstehenden nicht beantworten, dürfte aber auch von Unternehmen zu Unternehmen unterschiedlich sein.

Ausschließlichkeitsbindungen, die zu einer weitgehenden Ausschaltung des Marktmechanismus zwischen Groß- und Einzelhandel im Treibstoffvertrieb führen und den Mineralölgesellschaften die Kontrolle der gebundenen Tankstellen ermöglichen, können daher zwei gegenläufige Wirkungen auf die Vertriebskosten haben. Zum einen besteht durch die Ausschaltung des Marktmechanismus und der damit zusammenhängenden Beschränkung des Preiswettbewerbs immer die Gefahr von Fehlentwicklungen. Dies kann sich in einem übermächtigen Einsatz von Nichtpreis-Aktionsparametern — etwa einer überzogenen Werbe- und Tankstellennetzpolitik — niederschlagen und zu einer erheblichen Steigerung der Vertriebskosten führen. Andererseits können

[77] Vgl. ohne Verfasser, Deutschland: Kostenunterschied 6 bis 7 Pfennig.

[78] Vgl. S. 43 ff.

aber auch Größenvorteile im Vertrieb und die Möglichkeit einer langfristigen Absatzplanung einschließlich Lager- und Transportplanung zu Kostensenkungen führen. Dazu bedarf es in der Regel aber lediglich langfristiger Lieferverträge. Eine Senkung der Vertriebskosten ist somit nicht nur mit Ausschließlichkeitsbindungen zu erzielen.

Als Mittel zur Verbesserung der Marktversorgung erscheinen Ausschließlichkeitsbindungen deshalb aus zwei Gründen wenig geeignet. Einmal läßt sich keine eindeutig kostensenkende Wirkung bei der Treibstoffproduktion und dem -vertrieb erkennen, sondern es sind sowohl kostenerhöhende als auch kostensenkende Effekte möglich. Zum zweiten ist die Wahrscheinlichkeit gering, daß mögliche Kostensenkungen weitergegeben werden, da Ausschließlichkeitsbindungen in verschiedener Hinsicht wettbewerbsbeschränkend wirken können, was wiederum die Überwälzung möglicher kostensteigender Effekte auf den Verbraucher erleichtert.

D. Weitere Auswirkungen vertikaler Ausschließlichkeitsbindungen auf die Großhandelsstufe des Treibstoffmarktes

1. Ausschließlichkeitsbindungen und horizontale Konzentration

Vertikale Ausschließlichkeitsbindungen können die Marktstellung des Bindenden gegenüber Konkurrenten, die sich dieses Mittels nicht bedienen, verstärken[79]. Tritt eine solche Wirkung ein, dann führt dies vermutlich zu einem verstärkten internen Wachstum des Bindenden oder zu einer Schrumpfung nichtbindender Konkurrenten, wenn letztere nicht in der Lage sind, die Aussperrung eines Teiles ihrer potentiellen Nachfrager durch den Aufbau neuer Vertriebsformen auszugleichen[80]. Ausschließlichkeitsbindungen können unter diesen Umständen „horizontale Konzentrationsvorgänge herbeiführen"[81]. Dieser Effekt verstärkt sich tendenziell mit der Höhe der Marktzugangsschranken, die ebenfalls

---

79 Vgl. S. 144 ff.

80 Vgl. Lenel, Hans Otto, Ausschließlichkeitsbindungen . . ., S. 100 ff.

81 ebenda, S. 101.

durch die Bindungen beeinflußt werden können. Ist der überwiegende Teil der Nachfrage gebunden und der Aufbau eines eigenen Vertriebssystems wegen zu hoher Kosten oder sonstiger Gründe (zum Beispiel weil keine geeigneten Tankstellengrundstücke mehr verfügbar sind) unmöglich, dann ist die Ausdehnung des Marktanteils eines etablierten Unternehmens oder der Marktzutritt eines newcomers nur erreichbar, wenn er einen Konkurrenten aufkauft, der über eine Anzahl gebundener Abnehmer verfügt[82]. Unter solchen Bedingungen sind Ausschließlichkeitsbedingungen ebenfalls ein Anreiz zur horizontalen Konzentration.

Ein Blick auf die Entwicklung des deutschen Mineralölmarktes in den letzten 25 Jahren zeigt, daß dieser Sektor schon immer zu den Branchen mit dem höchsten horizontalen Konzentrationsgrad gehört hat[83]. Während der letzten beiden Jahrzehnte hat es einige weitere horizontale Konzentrationsvorgänge gegeben[84]. Der Marktzutritt neuer oder die Ausdehnung bestehender Unternehmen hat sich überwiegend durch den Ankauf oder die Beteiligung an bereits existierenden Firmen vollzogen. Beispiele dafür sind die Übernahme der Rheinpreussen AG durch die DEA, die 1966 wiederum von der Texaco mehrheitlich übernommen wurde[85], oder auch die Kontrolle der Gasolin durch die Aral[86], an der später Mobil Oil eine Schachtelbeteiligung erwarb. Zum Jahreswechsel 1975/76 verdoppelte Elf ihr Tankstellennetz in der Bundesrepublik Deutschland durch die Übernahme der Adler/Amoco-Stationen[87].

---

82 Vgl. Lenel, Hans Otto, Ausschließlichkeitsbindungen . . ., S. 104 f.

83 Vgl. Bundesamt für gewerbliche Wirtschaft, Bericht über das Ergebnis einer Untersuchung der Konzentration in der Wirtschaft, in: Bundestagsdrucksache IV/2320, S. 13.

84 Vgl. zur Entwicklung in den fünfziger Jahren mit einer Zusammenstellung der Besitz- und Kapitalverhältnisse Vollrath, Heinz, S. 150 ff.

85 Vgl. Lenel, Hans Otto, Ursachen . . ., S. 26 f., und ohne Verfasser, Wollen Amerikaner DEA aufkaufen?, in: Frankfurter Allgemeine Zeitung, Nr. 82 vom 7. 4. 1966.

86 Vgl. Vollrath, Heinz, S. 147.

87 Vgl. ohne Verfasser, Empfindlicher Verlust auch für Elf Mineralöl, in: Handelsblatt, Nr. 96 vom 31. 5. 1976, und ohne Verfasser, Unternehmen im Blickfeld. Elf Mineralöl GmbH, in: Oel, Zeitschrift für die Mineralölwirtschaft, 14. Jahrgang (1976), S. 330 ff.

Daß die weite Verbreitung von Ausschließlichkeitsbindungen eine der Ursachen — neben möglichen anderen, die hier nicht diskutiert werden können — für die an einigen Beispielen aufgezeigten Konzentrationvorgänge ist, kann als wahrscheinlich angenommen werden. Wegen der Häufigkeit der Bindungen, die 90 Prozent der potentiellen Nachfrager der Endhandelsstufe blockieren, sind die Möglichkeiten eines erfolgreichen Marktzutritts oder der Erweiterung des Marktanteils beschränkt. Da außerdem der Aufbau eines eigenen Tankstellennetzes wegen des hohen Kapitalbedarfs und der beschränkten Anzahl geeigneter Grundstücke ausgesprochen schwierig sein dürfte, ist die Übernahme bestehender Tankstellen für ein marktzutrittswilliges oder expansionsbereites Unternehmen vermutlich die vernünftigste Alternative.

Aus wettbewerbspolitischer Sicht ist ein solcher Effekt deshalb fragwürdig, weil die Zahl der Anbieter durch den Marktzutritt neuer Unternehmen nicht zunehmen kann, wenn diese etablierte Unternehmen aufkaufen. Wenn darüber hinaus Mineralölgesellschaften ihren Marktanteil dadurch vergrößern, daß sie Konkurrenten übernehmen, reduziert sich die Zahl der Alternativen auf dem ohnehin schon stark konzentrierten Markt noch mehr.

2. Zur Möglichkeit der Ausdehnung vertikaler Bindungen auf benachbarte Märkte

Sind vertikale Ausschließlichkeits- und Preisbindungen aus der Sicht des Bindenden ein geeignetes Mittel, seine marktpolitischen Ziele zu verfolgen, so kann nicht ausgeschlossen werden, daß er diese Bindungen auf den Vertrieb weiterer Produkte ausdehnen möchte. „Finally, competition may be restricted on a wider basis when exclusive dealing becomes a device for extending an manufacturer's strong competitive position in the sale of one product to sale through the same outlets of other products as to which he would otherwise possess no advantage over competitors in negotiating with distributors[88]." Insbesondere dann, wenn

[88] Pass, C. L.; Hawkins, K. H., S. 573.

die Stärke der Vertragspartner unterschiedlich ist, eröffnen sich für den Mächtigeren neue Möglichkeiten, das Abhängigkeitsverhältnis auszudehnen, wenn er daran interssiert ist[89].

Dazu gehört auch die Umwandlung von Eigenhändler- in Handelsvertreterverträge. Der Schmierstoffvertrieb erfolgte bis zum Inkrafttreten des Dekartellierungsrechts, das „die vertikalen Bindungen einem grundsätzlichen Verbot"[90] unterwarf, fast überall mit Tankstellen, die rechtlich Eigenhändler waren und mit denen die Mineralölgesellschaften eine Ausschließlichkeitsbindung vereinbart hatten[91]. Da nach neuem Recht vertikale Bindungen verboten waren, unter dieses Verbot aber nicht die Ausschließlichkeitsklausel im Agentur- oder Handelsvertretervertrag fiel, waren „die Gesellschaften, vielfach unter dem Eindruck der Dekartellierungsgesetze, dazu übergegangen ...., ihre Schmierstoffeigenhändlerverträge mit Ausschließlichkeitsklauseln auf Schmierstoffagenturverträge umzustellen"[92]. Schmidt-Rimpler sah darin allerdings im Gegensatz zu Ewald keine Gesetzesumgehung[93].

Ein anderes Beispiel ist das Folgemarktgeschäft. Im Tankstellengeschäft ist der Anteil der Nichtmineralölprodukte am Gesamtumsatz in den letzten Jahren ständig gestiegen und macht zur Zeit bei einer Tankstelle rund 50 Prozent der Bruttoerträge aus[94]. Der Umsatz dürfte allerdings heute noch erheblich unter dem Treib- und Schmierstoffumsatz liegen. Als die Mineralölgesellschaften Mitte der sechziger Jahre verstärkt diese Produkte in ihr Verkaufsprogramm aufnahmen, um sie über Tankstellen zu vertreiben, verpflichteten sie ihre Tankstellenpartner in der gleichen Weise, wie es

---

89 Vgl. Rittner, Fritz, Die Ausschließlichkeitsbindungen ..., S. 125 und Berzau, Heinz, S. 142 f.

90 Schwartz, Gustav, § 18 GWB, Anmerkung 3.

91 Vgl. Ewald, Heinz, Die Ausschließlichkeitsklausel im Tankstellenvertrag — Kartellrechtliche Bedenken? (Gutachten), in: Der Betriebs-Berater, 8. Jahrgang (1953), S. 309.

92 Schmidt-Rimpler, Walter, S. 50, vgl. dazu auch Caspary, Manfred, S. 128 ff.

93 Vgl. Schmidt-Rimpler, Walter, S. 50 f., und Ewald, Heinz, S. 309.

94 Vgl. S. 49 f. und ohne Verfasser, Das Tanstellengeschäft ..., S. 200 f.

zunächst bei Treib- und dann auch Schmierstoffen gehandhabt wurde, zum ausschließlichen Bezug bestimmter Artikel des Nebengeschäftes[95]. „Eine Auswertung der Marktuntersuchungen, die ein bedeutendes Unternehmen der Mineralölindustrie durchführen ließ, ergab, daß durch die vertraglichen Beschränkungen der von dem Verfahren erfaßten 12 Unternehmen fast die Hälfte des Gesamtmarktes für Kraftfahrzeugpflegemittel dem Wettbewerb versperrt wird[96]." Rechtlich unterschied sich die Stellung der Tankstellenhalter im Nebengeschäft dadurch, daß sie nicht als Handelsvertreter, sondern als Eigenhändler auftraten, das heißt, im eigenen Namen und auf eigene Rechnung verkauften.

Das Kartellamt untersagte den Mineralölgesellschaften die Ausweitung von Ausschließlichkeitsbindungen bei Kraftfahrzeugpflegemitteln und die Anwendung neuer, gleichartiger Bindungen[97]. Zu einer endgültigen gerichtlichen Klärung dieser Frage kam es nicht, da vier betroffene Mineralölkonzerne zwar beim Kammergericht gegen diese Entscheidung Beschwerde einlegten, andererseits aber ihren Tankstellenpartnern erklärten, daß sie beim Bezug von Pflegemitteln frei seien. Daraufhin wurde das Verfahren von der Kartellbehörde für erledigt erklärt[98].

Inzwischen sind die Mineralölgesellschaften nach Aussagen zweier Tankstellenverbände dazu übergegangen, die in den letzten Jahren nach dem Kartellamtsbeschluß gewährte freie Wahl der Bezugsquellen im Nebengeschäft durch die Erzwingung eines Ausschließlichkeitsverhaltens einzuschränken. Dabei werde „zwar nur in seltenen Fällen rechtlich, aber mit ebenso wirksamen wirtschaftlichen Mitteln und teilweise unter Anwendung nachhaltiger Überzeugungsmethoden"[99] vorgegangen. Aufgrund des Machtungleichgewichts beider Vertragspartner in der Möglichkeit des Einsatzes einer Reihe wirtschaftlicher Druckmittel[100] dürfte es den Mi-

---

95 Vgl. Bundeskartellamt, („Kraftfahrzeugpflegemittel"), S. 697 ff.

96 Kartellbericht 1968, S. 36.

97 Vgl. Bundeskartellamt, („Kraftfahrzeugpflegemittel"), S. 697 ff.

98 Vgl. Kartellbericht 1970, S. 49.

99 Spitzenverbände des Tankstellengewerbes, Teil VI, S. 1.

neralölgesellschaften in der Tat nicht allzu schwer fallen, ein Ausschließlichkeitsverhalten zu erzwingen, wenn sie an dem sich ständig ausweitenden Tankstellengeschäft verstärkt interessiert sein sollten.

In einem solchen Fall würden die Wirkungen auf den Wettbewerb kaum anders sein als bei Ausschließlichkeitsbindungen, sofern ein wesentlicher Teil bestimmter Produkte — wie das bei verschiedenen Autozubehör- und -ersatzteilen der Fall sein dürfte — über die Tankstellen zum Kunden gelangt. Die Hersteller und Großhändler solcher Produkte wären dann von einem erheblichen Teil ihrer Nachfrager, den gebundenen Tankstellen, ausgesperrt, so daß eine wettbewerbsbeschränkende Wirkung zu vermuten wäre. Da das Tankstellengeschäft in Zukunft weiter an Bedeutung gewinnen wird[101], dürfte sich eine solche Tendenz eher verstärken als abschwächen.

3. Ausschließlichkeitsbindungen und Ertragslage der Mineralölindustrie

Vertriebsstrukturen können die Ertragslage eines Unternehmens und einer Branche beeinflussen. Wenn etwa Ausschließlichkeitsbindungen tendenziell wettbewerbsbeschränkend wirken, kann das eine Ursache höherer Gewinne sein. Umgekehrt kann dann das Fehlen oder die Aufhebung solcher Bindungen möglicherweise die Ertragslage der bindenden Unternehmen verschlechtern.

Die am deutschen Markt tätigen Mineralölunternehmen klagen seit der Rohölpreisexplosion Ende 1973/Anfang 1974 über die katastrophale Ertragslage. Allein in den beiden Jahren 1974 und 1975 seien im Ölgeschäft Verluste von vier Milliarden DM entstanden[102]. Die Verluste seien zwar 1976

---

100 Vgl. S. 67 ff.

101 Shell schätzt, daß 1980 die Hälfte der Tankstellenumsätze aus dem Folgemarktgeschäft stammen (vgl. ohne Verfasser, „Wir kennen kein Tankstellenproletariat mehr").

102 Vgl. Bennigsen-Foerder, Rudolf von, Mineralölindustrie zwischen den Feuern, in: Oel, Zeitschrift für die Mineralölwirtschaft, 14. Jahrgang (1976), S. 154.

geringer geworden — beispielsweise bei der VEBA auf 8 DM pro Tonne Rohöleinsatz gegenüber 20 DM im Vorjahr gesunken — im Jahre 1977 habe sich die Situation aber wieder verschärft[103]. Daher fehlt in keinem Geschäftsbericht und in keiner Pressemitteilung der Hinweis, daß eine Verbesserung der Ertragslage vordringlich sei. Benzinpreiserhöhungen werden, soweit sie sich am Markt durchsetzen lassen, mit der völlig unzureichenden Gewinnsituation begründet, wobei die in der Öffentlichkeit teilweise heftige Kritik an solchen Maßnahmen bei den führenden Vertretern der Mineralölindustrie auf Unverständnis stößt[104]. Zur Verbesserung der Situation seien weitere Benzinpreiserhöhungen notwendig[105].

Wenn die Mineralölgesellschaften die Kontrolle über ihre Tankstellen durch eine Aufhebung der Ausschließlichkeitsbindungen verlieren würden, wäre das angestrebte höhere Benzinpreisniveau wahrscheinlich noch schwerer durchsetzbar, so daß sich aus der Sicht der Mineralölindustrie die Ertragssituation verschlechtern könnte. In diesem Zusammenhang stellen sich zwei Fragen. Erstens soll versucht werden zu überprüfen, ob die dargestellte Ertragslage mit der tatsächlichen übereinstimmt. Zweitens ist zu fragen, ob bei der Diskussion über die Zweckmäßigkeit vertikaler Ausschließlichkeitsbindungen der Gewinnsituation einzelner Unternehmen oder einer Branche eine bedeutende Rolle zukommt.

Es wurde schon darauf hingewiesen, daß bei Tochtergesellschaften vertikal integrierter internationaler Mineralölunternehmen die ausgewiesenen Bilanzgewinne/-verluste nur beschränkt aussagefähig sind, wenn es um die Einschätzung der Ertragslage geht, da Gewinntransfers über interne Verrechnungspreise nicht auszuschließen sind[106]. Auch die von fast allen Unternehmen laufend veröffentlichten Verluste pro

---

[103] Vgl. ohne Verfasser, Die Veba-Chemie hat das Ergebnis „im Griff", in: Frankfurter Allgemeine Zeitung, Nr. 116 vom 20. 5. 1977.

[104] Vgl. ohne Verfasser, Welbergen: „Keine Benzinpreise von 1,20 DM in die Welt setzen", in: Handelsblatt, Nr. 96 vom 31. 5. 1976.

[105] Vgl. ohne Verfasser, Aral: Benzin muß teurer werden, in: Frankfurter Allgemeine Zeitung, Nr. 148 vom 9. 7. 1976.

[106] Vgl. S. 29 ff.

Tabelle 9: **Die Gewinnentwicklung[a]) der sieben großen internationalen Mineralölgesellschaften von 1972 bis 1976**

Unternehmen	1972		1973		1974		1975		1976	
	in Mill. US-$	Veränderung in v. H.[b])	in Mill. US-$	Veränderung in v. H.[b])	in Mill. US-$	Veränderung in v. H.[b])	in Mill. US-$	Veränderung in v. H.[b])	in Mill. US-$	Veränderung in v. H.[b])
Exxon[c])	1 532	5	2 443	59	3 142	29	2 464	— 22	2 600	5,5
Texaco	889	— 2	1 292	45	1 586	23	831	— 48	870	4,7
Chevron	547	7	844	54	970	15	772	— 20	880	14
Mobil	574	6	849	48	1 047	23	810	— 23	943	16
Gulf	197	— 65	800	306	1 065	33	700	— 34	816	17
Shell	735	— 18	2 114	188	3 361	59	1 620	— 52	2 210	36
BP	185	— 54	953	415	1 410	48	336[d])	— 76	306[d])	— 9
insgesamt	4 659	— 12	9 295	100	12 581	35	7 533	— 40	8 625	13

a) Verfügbarer Reingewinn nach Abzug außerordentlicher Gewinne und Verluste. — b) gegenüber dem Vorjahr. — c) Ab 1975 wegen geänderter Ausweispaxis mit Vorjahren nur bedingt vergleichbar. — d) Wechselkurs 1975: 1 £ = 2 $; Wechselkurs 1976: 1 £ = 1,7 $.

Quelle: 1972 bis 1974: Kommissionsbericht, S. 16; 1975 bis 1976: Presseberichte (ohne Verfasser): BP-Umsatz inflationsbedingt höher, in: Handelsblatt, Nr. 56 vom 21. 3. 1977; Chevron erwartet für 1977 wieder größere Verluste, in: Handelsblatt, Nr. 143 vom 28. 7. 1977; Die Exxon ist durch die Energieverteuerung nicht ärmer geworden, in: Frankfurter Allgemeine Zeitung, Nr. 79 vom 4. 4. 1977; Gulf hat gut verdient, in: Frankfurter Allgemeine Zeitung, Nr. 25 vom 31. 1. 1977; Mobil-Gewinne gingen im Ausland zurück, in: Handelsblatt, Nr. 107 vom 6. 6. 1977; Die Shell-Gruppe diversifiziert weiter, in: Frankfurter Allgemeine Zeitung, Nr. 88 vom 16. 4. 1977; Verbesserte Texaco-Erlöse, in: Handelsblatt, Nr. 39 vom 24. 2. 1977; eigene Berechnungen.

Tonne Rohöleinsatz spiegeln eine Exaktheit wider, die schwerlich vorhanden sein dürfte. Lediglich „die Texaco nennt den Verlust je Tonne nicht mehr; sie wolle sich an diesem ‚Bietesport' nicht beteiligen, erklärte Ritter (ihr Vorstandsvorsitzender)"[107].

Ein Blick auf Tabelle 9 gibt die Gewinnentwicklung der sieben großen Mineralölgesellschaften von 1972 bis 1976 wieder, die mit Ausnahme von Gulf alle über Tochtergegesellschaften am deutschen Markt vertreten sind und auf die zusammen mit der deutschen VEBA etwa drei Viertel des Mineralölmarktes entfallen. Die Gewinne dieser sieben Unternehmen wiesen 1973 gegenüber dem Vorjahr Zuwachsraten zwischen 45 und 415 Prozent aus. Die Steigerungsraten im Jahre 1974 lagen zwischen 15 und 59 Prozent, wobei das sehr viel höhere Ausgangsniveau zu berücksichtigen ist. Von 1972 bis 1974 verdreifachten sich die Gewinne dieser sieben Unternehmen im Durchschnitt, was zum Teil auf die wegen der Rohölpreisexplosion enormen Bestandsgewinne zurückzuführen sein dürfte. 1975 ging der durchschnittliche Gewinn um mehr als ein Drittel zurück und pendelte sich im darauffolgenden Jahr ungefähr auf einem Niveau ein, das knapp doppelt so hoch war wie das letzte „Normaljahr" (1972) vor der Ölkrise. Die Entwicklung der Ertragslage der Muttergesellschaften ist also während dieses Zeitraums ziemlich entgegengesetzt verlaufen zu der Gewinnsituation der deutschen Tochtergesellschaften, wie sie an den Jahresbilanzen abzulesen ist.

Ob der Gesamtgewinn eines internationalen Konzerns den einzelnen Tochtergesellschaften überhaupt „richtig" zugeordnet werden kann, wenn teilweise noch nicht einmal Marktpreise zur Bewertung des konzerninternen Leistungsaustausches verfügbar sind, scheint durchaus zweifelhaft. Selbst wenn diese Voraussetzung erfüllt wäre, wirft aus steuerlicher Sicht „die Interpretation dessen, was ‚Marktpreis' ist, weitere Probleme"[108] auf. „Ebenso ist bekannt, daß

[107] Vgl. ohne Verfasser, Texaco setzt stärker auf leichte Produkte, in: Frankfurter Allgemeine Zeitung, Nr. 121 vom 26. 5. 1977.

[108] Drumm, Hans Jürgen, Probleme . . ., S. 492.

,Preiskalkulationen' auf Vollkostenbasis, d. h. ein Preis, der größer oder gleich den gesamten Durchschnittskosten ist, nicht bei jeder Marktkonstellation erzielbar ist, so daß also auch bei Leistungstransfers ins Ausland ebenso wie im Inland Teilkostenkalkulationen zweckmäßig sind. Es ist nicht auszuschließen, daß in Verhandlungen zwischen Unternehmung und Steuerbehörden auch Teilkosten als Verrechnungspreisgrundlage anerkannt werden, wenn ihre Verwendung sinnvoll begründet werden kann. In welcher Höhe steuertaktische Verrechnungspreise bei grenzüberschreitendem Leistungsaustausch festgesetzt werden, dürfte also in erheblichem Umfang von Verhandlungstaktik und -geschick der preisbildenden Unternehmungen einerseits, der Vertreter der Steuerbehörden andererseits, abhängen[109]."

Somit liegt eine wesentliche Schwierigkeit, die Ertragslage der deutschen Töchter internationaler Ölkonzerne einigermaßen richtig einzuschätzen, in der Zurechnung von Kosten und Preisen und dem daraus resultierenden Bewertungsspielraum begründet, den die Unternehmen ihren Zielen entsprechend im Rahmen der gesetzlich oder faktisch zulässigen Grenzen ausnutzen können[110]. Einige zum Teil widersprüchliche Indizien können den Bewertungsspielraum nur unzureichend charakterisieren. Nach Angaben des Leiters der Federal Energy Administration der USA stammen 85 Prozent der 1973 erzielten Gewinne US-amerikanischer multinationaler Mineralölgesellschaften aus dem Auslandsgeschäft[111]. Diese Zahl wurde von Vertretern der amerikanischen Mineralölindustrie bestätigt und als Argument gegen die Befürworter einer Entflechtung in den USA angeführt, die die Gewinne und Gewinnsteigerungen als einen Beweis für die Vermachtung des amerikanischen Mineralölmarktes ansahen[112]. Andererseits argumentieren die bedeu-

[109] Drumm, Hans Jürgen, Probleme . . ., S. 492.

[110] Vgl. auch Kartte, Wolfgang, Macht und Ohnmacht der multinationalen Unternehmen, in: Oel, Zeitschrift für die Mineralölwirtschaft, 14. Jahrgang (1976), S. 159.

[111] Vgl. Adam, Robert, Energieprobleme . . ., S. 429.

[112] Vgl. ebenda.

tenden deutschen Töchter[113], daß sie keinen Anteil an den Auslandsgewinnen ihrer Mütter haben. Im Gegensatz dazu geht das Kartellamt davon aus, diese Erträge „dürften ... zu einem großen Teil in der Bundesrepublik Deutschland erzielt worden sein"[114].

Direkte Beweise für die Vermutung eines Gewinntransfers über Verrechnungspreise lassen sich selten ausmachen. Ein Beispiel findet sich in dem Untersuchungsbericht der Kommission der Europäischen Gemeinschaften, wo festgestellt wurde, daß eine Mineralölgesellschaft ihrer deutschen Tochter für Treibstoffe höhere Preise in Rechnung stellte, als diese am deutschen Markt überhaupt erzielen konnte[115].

Seit der Ölpreisexplosion 1973/74 ist für die Ertragslage der Mineralölunternehmen am deutschen Markt von besonderer Bedeutung, inwieweit sie an der inländischen Förderung beteiligt sind[116]. Den Konzessionsinhabern fließen, da sich die inländischen Förderkosten um rund 10 Prozent[117] erhöht, die Rohölpreise aber mehr als vervierfacht haben, beträchtliche nichtleistungsbedingte Zufallsgewinne (windfall-profits) zu, die Schmitt und Schürmann[118] auf gegenwärtig 1,75 Milliarden DM pro Jahr bei Erdöl und -gas schätzen. Die inländische Öl- und Gasförderung konzentriert sich auf wenige Unternehmen. „Auf die vier großen internationalen Gesellschaften Esso, Shell, Mobil Oil und Texaco entfielen 1975 62,3 % der westdeutschen Rohölproduktion. Die deutschen Produzenten sind i. w. Wintershall (14,5 %), Preussag (10,3 %), die zur Salzgitter AG gehörende Deutsche Schachtbau- und Tiefbohrgesellschaft (10,3 %) und die Deilmann AG (3,4 %). Weder die BP noch die Veba (einschließlich Gelsenberg) besitzen inländische Ölquellen[119]."

Da die konzessionsrechtlichen Bestimmungen (lange Laufzeit der jetzigen, geringe Zahl neu zu vergebender Konzessionen) den Marktzutritt faktisch versperren, sind diese Zufallsgewinne wahr-

---

[113] Beispielsweise ist die deutsche Esso AG die größte ausländische Exxon-Tochter (vgl. Sweets-Sporck, Peter, „... glaubwürdig sein", in: Wirtschaftswoche, Nr. 47 vom 19. 11. 1976, S. 42).

[114] Kartellbericht 1974, S. 43.

[115] Vgl. Kommissionsbericht, S. 116.

[116] Mengenmäßig ist die bundesdeutsche Ölförderung von untergeordneter Bedeutung, da sie weniger als 5 Prozent des Verbrauchs deckt.

[117] Vgl. Jürgensen, Harald, Mineralölmärkte ohne Gleichgewicht, in: Wirtschaftsdienst, 57. Jahrgang (1977), S. 410.

[118] Vgl. Schmitt, Dieter; Schürmann, Jürgen, S. 60.

[119] Monopolkommission, Hauptgutachten, S. 312.

scheinlich dauerhafter Natur und führen zu einer nichtleistungsbedingten stärkeren Marktstellung der obengenannten Unternehmen. Schmitt/Schürmann und Jürgensen schlagen deshalb eine Abschöpfung der „windfall-profits" und eine Neuorientierung der staatlichen Konzessionspolitik vor[120].

Die Ertragslage ist somit in der deutschen Mineralölwirtschaft nicht einheitlich. In einer vergleichsweise günstigen Lage befinden sich die Unternehmen, die als Tochtergesellschaften internationaler Konzerne verschiedene stukturelle Vorteile (besserer Zugang zum Rohöl, bessere Möglichkeiten der Mischkalkulation und des Risikoausgleichs etc.) haben, sowie die Gesellschaften, die an der inländischen Erdöl- und Gasproduktion beteiligt sind. Esso, Shell, Mobil und Texaco kommen sogar beide Vorteile zugleich zugute.

Anders sieht die Situation einiger deutscher Mineralölgesellschaften — insbesondere auch der VEBA — aus. Ein entscheidendes Problem dieser Unternehmen liegt — neben der Nichtbeteiligung an der inländischen Förderung — darin, daß ihnen auch nach der Verstaatlichung der Ölquellen in den OPEC-Ländern der direkte Zugang zum Rohöl weitgehend verwehrt ist, da die internationalen Mineralölgesellschaften nach wie vor auch die Verteilung des OPEC-Öls zum überwiegenden Teil kontrollieren[121]. Daran hat auch die Fusion VEBA/Gelsenberg wenig geändert, obwohl ein Hauptzweck dieser Maßnahme die Sicherung der Rohölbasis sein sollte[122]. Ob auch Managementfehler, Reibungsverluste beim Zusammenschluß beider Unternehmen oder eine wachsende, aus der neuen Größe des Unternehmens resultierende Unbeweglichkeit zu den hohen Betriebsverlusten von etwa einer Milliarde DM in den beiden Jahren 1974 und 1975[123] im Mineralölbereich der VEBA beigetragen haben, läßt sich für einen Außenstehenden schwer beurteilen. Nach Ansicht des VEBA-

[120] Vgl. Schmitt, Dieter; Schürmann, Jürgen, S. 59 ff., und Jürgensen, Harald, S. 413 f.

[121] Vgl. S. 17 ff.

[122] Vgl. Engelmann, Ulrich, Der neue deutsche Energiekonzern VEBA/Gelsenberg, in: ÖWG, Öffentliche Wirtschaft und Gemeinwirtschaft, 24. Jahrgang (1975), S. 69 f.

[123] Vgl. ohne Verfasser, Bei der VEBA geht es wieder gut bergauf, in: Handelsblatt, Nr. 117 vom 1. 7. 1976.

Vorstandsvorsitzenden seien die „Ursachen für diese Verluste ... nicht etwa in VEBA-spezifischen Problemen zu suchen"[124]. Dagegen könnte aber unter anderem der in der Presse[125] als ungewöhnlich empfundene Austausch von gleich drei Vorstandsmitgliedern der VEBA-Chemie AG — die im VEBA-Konzern für den Ölbereich zuständig ist — zum Jahreswechsel 1977/78 sprechen.

Ansätze zu einer Beseitigung der stukturellen Wettbewerbsnachteile wegen der fehlenden Rohölbasis werden sichtbar. So bemüht sich die VEBA inzwischen mit einem gewissen Erfolg um Direktabschlüsse mit Rohölförderländern[126], und auch die Rohölfördergesellschaft Deminex[127], eine gemeinsame Tochter deutscher Mineralölunternehmen, ist in der Nordsee mehrfach fündig geworden[128].

Daneben gibt es auch Bestrebungen, insbesondere von seiten der Unternehmensführung der VEBA in Verbindung mit einigen europäischen Ölkonzernen, durch einschneidende Wettbewerbsbeschränkungen unter Einschaltung der Kommission der Europäischen Gemeinschaften die Ertragslage zu stabilisieren[129]. Zu den vorgeschlagenen Maßnahmen gehören unter anderem:

---

[124] Bennigsen-Foerder, Rudolf von, Auszüge aus der Rede von Herrn Rudolf v. Bennigsen-Foerder, Vorsitzender des Vorstandes der VEBA AG, auf der Hauptversammlung der VEBA AG, am 26. August 1976, in: Zeitschrift für das gesamte Kreditwesen, 29. Jahrgang (1976), S. 1017 (PR-Anzeige).

[125] Vgl. Radzio, Heiner, Gründe für den Wechsel der Veba-Chemie-Spitze, in: Handelsblatt, Nr. 171 vom 6. 9. 1977.

[126] Vgl. ohne Verfasser, Auch Mineralölindustrie mit Verfassungsbeschwerde, in: Handelsblatt, Nr. 117 vom 1. 7. 1976, und ohne Verfasser, Nigeria muß den Ölfirmen höhere Gewinne zugestehen, in: Handelsblatt, Nr. 223 vom 30. 11. 1976.

[127] Gesellschafter der Deminex sind die VEBA (54 %), Wintershall und UK-Wesseling (je 18,5 %) und Saarbergwerke (9 %) (vgl. ohne Verfasser, Thistle-Plattform ausgeschwommen, in: Frankfurter Allgemeine Zeitung, Nr. 174 vom 9. 8. 1976).

[128] Vgl. ebenda, und ohne Verfasser, Ein „Krake" für 220 Mill. DM, in: Handelsblatt, Nr. 115 vom 29. 6. 1976, sowie ohne Verfasser, Deminex: Der Zwerg soll riesig werden, in: Wirtschaftswoche, Nr. 16 vom 7. 4. 1977, S. 48. Geplant ist, daß die Deminex in den nächsten Jahren 10 Mill. Tonnen Rohöl fördert und damit den Bedarf ihrer Gesellschafter zu einem Viertel decken soll.

— die Einrichtung einer umfassenden Preismeldestelle auf europäischer Ebene,
— das Verbot von Spot-Einfuhren und die Einschränkung von Produktimporten aus Drittländern,
— ein teilweises Verbot der Errichtung neuer Tankstellen[130, 131].

Eine Verwirklichung dieser Vorschläge würde die Existenz des unabhängigen Groß- und Einzelhandels bedrohen, so daß dieser entscheidende Wettbewerbsfaktor mit hoher Wahrscheinlichkeit ausfallen würde. Preismeldestellen, Investitionsabsprachen, die Einschränkung von Importen und die daraus resultierende Existenzgefährdung des unabhängigen Handels „führen in Verbindung mit den bereits realisierten und noch weiter zusätzlich geplanten Kooperationen im Bereich des Absatzes eindeutig zu aufeinander abgestimmten Verhaltensweisen im Einsatz wesentlicher wettbewerblicher Aktionsparameter und damit auch zu einer weitgehenden Beseitigung wettbewerblicher Marktprozesse"[132, 133]. Eine erhebliche Steigerung des Preisniveaus für Mineralölprodukte wäre wahrscheinlich, ohne daß zu erkennen wäre, wie die zukünftige Energieversorgung sicherer werden könn-

129 Vgl. ohne Verfasser, Anschlag auf den freien Mineralölmarkt, in: Frankfurter Allgemeine Zeitung, Nr. 209 vom 18. 9. 1976, und Jungblut, Michael, Schlimmer als ein Juso, in: Die Zeit, Nr. 40 vom 24. 9. 1976.

130 Vgl. Jungblut, Michael, und ohne Verfasser, Europäische Ölkonzerne für Investitionsregelung, in: Handelsblatt, Nr. 172 vom 16. 9. 1976, wo weitere Vorschläge, die in diese Richtung gehen, nachzulesen sind.

131 Zur Reaktion des Bundeswirtschaftsministeriums auf diese Vorschläge vgl. ohne Verfasser, Bonn ist sauer über Alleingang der Veba, in: Handelsblatt, Nr. 173 vom 17./18. 9. 1976, und ohne Verfasser, Bonn kritisiert Veba, in: Frankfurter Allgemeine Zeitung, Nr. 208 vom 17. 9. 1976.

132 Mönig, Walter, u. a., S. 156 f.

133 Von gewerkschaftlicher Seite finden die Vorschläge, wie sie insbesondere von Bennigsen-Foerder, dem Vorstandsvorsitzenden der VEBA, vertreten werden, Unterstützung. Dazu Krüper, Manfred, Sektorale Strukturpolitik in der Mineralölwirtschaft, in: WSI-Mitteilungen, 30. Jahrgang (1977), S. 105: „Alles in allem dürfte dieses Gesamtprogramm einen wesentlichen Beitrag zur Lösung der Strukturprobleme der Mineralölindustrie darstellen." Seiner Ansicht nach läßt sich die Zweckmäßigkeit und Notwendigkeit der „hier auf einen der wichtigsten Wirtschaftszweige angewandten gewerkschaftlichen Vorstellungen zur Investitionslenkung" zeigen. Zur Diskussion über die Investitionslenkung vgl. Hamm, Walter, Kollektive Investitionslenkung, in: Ordo, Jahrbuch für die Ordnung von Wirtschaft und Gesellschaft, Band 27 (1976), S. 134 ff.

te. Die Verbesserung der Ertragslage durch eine Beschränkung des Wettbewerbs würde vermutlich den Zwang zu einer schnellen Anpassung an die veränderte Situation abschwächen. Daher dürfte die aus volkswirtschaftlicher Sicht einzig akzeptable Lösung des Problems darin bestehen, eine schnellere Anpassungsfähigkeit der Unternehmen an veränderte Marktdaten zu erreichen, insbesondere die zu geringe Rohölbasis zu verbessern und das Problem der Raffinerieüberkapazitäten bei gleichzeitig fehlenden Konversionsanlagen zu lösen.

Eine Aufhebung der vertikalen Ausschließlichkeitsbindungen könnte, da eine tendenziell wettbewerbsbeschränkende Wirkung am Treibstoffmarkt wahrscheinlich sein würde, möglicherweise kurzfristig die Ertragslage der betroffenen Mineralölgesellschaften verschlechtern. Denkbar wäre allerdings auch, daß diese Wirkung durch einen verstärkten Zwang zur Kostensenkung aufgehoben werden könnte[134].

Ob aber die Ertragslage der Mineralölwirtschaft bei der Frage nach der Zweckmäßigkeit von Ausschließlichkeitsbindungen überhaupt eine Rolle spielen sollte, erscheint zweifelhaft, da es nicht Aufgabe der Wettbewerbspolitik sein kann, Unternehmen gleich welcher Branche deren ureigenste unternehmerische Aufgabe, für Gewinne selbst zu sorgen, abzunehmen. Die Errichtung oder Beibehaltung von Freiräumen, die dem Wettbewerb nicht ausgesetzt sind, dürfte auf längere Sicht wohl kaum in der Lage sein, die Probleme der Mineralölindustrie zu lösen, da der Zwang zur Anpassung

134 Zur Möglichkeit von Kostensenkungen in der Mineralölwirtschaft gibt es sehr widersprüchliche Aussagen. So wird einerseits argumentiert: „Für die Unternehmen ist das Ringen um den Verlustausgleich so außerordentlich mühsam und schwierig, weil sie trotz der enormen Wertumsätze nur ganz geringen Bewegungsspielraum auf der Kostenseite vorfinden" (ohne Verfasser, Das Öljahr 1976 — am Beispiel der BP, in: Oel, Zeitschrift für die Mineralölwirtschaft, 15. Jahrgang [1977], S. 11). Andererseits werden von den Mineralölgesellschaften erhebliche realisierte oder geplante Kosteneinsparungen im Vertrieb (vgl. S. 131 ff. und 165 f.) und in der Verarbeitung bekanntgegebenen (vgl. ohne Verfasser, Auch Raffinerien können Energie sparen, in: Blick durch die Wirtschaft, Nr. 282 vom 16. 12. 1976, und Dally, Hans, Rationelle Energienutzung in der Mineralölwirtschaft, in: Oel, Zeitschrift für die Mineralölwirtschaft, 15. Jahrgang [1977], S. 182 f.).

geringer würde, so daß langfristig weder mit einer sichereren noch mit einer preiswerteren Versorgung zu rechnen ist[135].

E. Ausschließlichkeitsbindungen und Marktform

Bindet ein Anbieter alle oder einen bestimmten Teil seiner Abnehmer durch Ausschließlichkeitsverträge, so verschlechtert sich die Position seiner Konkurrenten, weil für sie ein bestimmter Teil der Nachfrage blockiert ist. Man könnte daher mit Biedenkopf „die Ausschließlichkeitsbindungen auch als vertraglich vereinbarten Boykott bezeichnen"[136], der sich gegen die Konkurrenten des Bindenden richtet. Nun ist zu fragen, wann eine solche Vertriebsform möglicherweise anzutreffen ist, wann die Wettbewerbsverhältnisse an einem Markt wesentlich beeinflußt werden und ob gewisse Selbstverstärkungstendenzen zu einer Ausdehnung solcher Bindungen führen können.

Allgemein wird die Ansicht vertreten, daß auf einem polypolistisch strukturierten Markt die Wirkungen auf den Wettbewerb bedeutungslos sind, da ein Anbieter nur einen unerheblichen Teil der Nachfrager an sich binden kann[137]. Dagegen ist wohl in der Form nichts einzuwenden. Aber es kann bezweifelt werden, ob es auf einem so strukturierten Markt überhaupt zu Ausschließlichkeitsbindungen kommt, denn der Bindende muß denjenigen, die er binden will, Anreize etwa in Form von zinsgünstigen Darlehen geben, damit diese einen solchen Vertrag abschließen. Für den

---

[135] Vgl. auch die Forderung nach ausreichenden Gewinnen in anderen Branchen und deren Begründungen mit den Branchenbesonderheitenargumenten, die sich auf wenige Grundmuster zurückführen lassen, bei Scheib, Hans H., S. 9 ff., und auch Berger, Matthias J., Die Arzneimittelversorgung durch Apotheken — Volkswirtschaftliche Überlegungen zur staatlichen Gesundheitspolitik, Veröffentlichungen des Forschungsinstituts für Wirtschaftspolitik an der Universität Mainz, Band 33, Berlin 1974, S. 20 f.

[136] Biedenkopf, Kurt H., Vertragliche Wettbewerbsbeschränkung . . ., S. 194.

[137] Vgl. Rittner, Fritz, Die Ausschließlichkeitsbindungen . . ., S. 116 ff.; Biedenkopf, Kurt H., Vertragliche Wettbewerbsbeschränkung . . ., S. 32 ff., und Sandrock, Otto, Grundbegriffe des Gesetzes gegen Wettbewerbsbeschränkungen, München 1968, S. 417 ff.

Bindenden ist eine solche Leistung wahrscheinlich nur dann sinnvoll, wenn die erwarteten Erlösverbesserungen größer als die mit einer solchen Maßnahme verbundenen Kosten sind. Will er diese durch Abgabepreise, die erheblich über dem Marktpreisniveau liegen, erzielen, ist eine solche Regelung für den Gebundenen uninteressant, denn er könnte in einem solchen Falle ohne Ausschließlichkeitsvertrag auf eine große Zahl von Alternativen ausweichen. Auch zur Verstetigung und Sicherung des Absatzes ist keine Ausschließlichkeitsbindung, sondern lediglich ein langfristiger Liefervertrag notwendig[138]. Deshalb kann davon ausgegangen werden, daß auf einem polypolistischen Markt Ausschließlichkeitsbindungen für Anbieter und Nachfrager uninteressant sind[139].

Im entgegengesetzten Falle — auf einem monopolistischen Markt — ist eine solche Bindung der Nachfrage durch den Monopolisten unnötig, weil er mangels Konkurrenten diese nicht durch Ausschließlichkeitsverträge von seinen Nachfragern aussperren kann[140]. Sinnvoll könnten diese Bindungen allerdings zum Ausschluß potentieller Konkurrenten eines Monopolisten eingesetzt werden.

Anders sind die Verhältnisse auf oligopolistischen Märkten. Zunächst dürfte die Wahrscheinlichkeit, daß einem Oligopolisten die finanziellen Mittel zur Verfügung stehen, die er als Anreiz für die ausschließliche Bindung seiner Abnehmer braucht, in der Regel größer sein als im Polypol. Er kann deshalb denjenigen Abnehmern, die er binden möchte, für einen bestimmten Zeitraum günstige Konditionen einräumen.

Zumindest in den fünfziger Jahren, als die Zahl der Tankstellen rasch anstieg, dürften solche Anreize am deutschen Treibstoffmarkt eine erhebliche Rolle gespielt haben. Verschiedene Mineralölgesellschaften zahlten an Tankstelleninteressenten verlorene Zuschüsse bis zu 50 000 DM, wenn sie bereit waren, sich zu binden[141]. „In Kreisen der mittleren und kleineren Mineralölunternehmer wird

---

[138] Vgl. Lenel, Hans Otto, Ausschließlichkeitsbindungen . . ., S. 95.

[139] Vgl. derselbe, Ursachen . . ., S. 391.

[140] Vgl. ebenda, S. 397.

[141] Vgl. Caspary, Manfred, S. 116 ff.

nicht selten der Vorwurf erhoben, daß Konzernunternehmungen ihre mittleren und kleinen Händlerkunden bewußt mit Lieferanten-Krediten ‚überfüttern', um sie später — ganz oder teilweise — unter ihren Einfluß zu bringen[142]." Auch die Provisionssätze für Treibstoffe lagen in dieser Zeit zumeist erheblich über denen in anderen europäischen Ländern[143].

Eine solche langfristige Strategie kann für einen oligopolistischen Anbieter dann sinnvoll sein, wenn die erwarteten späteren Vorteile größer sind als die zum Zeitpunkt der Bindung der Abnehmer enstehenden Kosten. Demgegenüber wird ein Nachfrager nur dann eine Ausschließlichkeitsbindung eingehen, wenn er nicht übersieht, daß er die jetzigen Vorteile, die durch die finanziellen Anreize des Bindenden entstehen, zu einer späteren Zeit teuer bezahlen wird, indem er zum Beispiel Preise akzeptieren muß, die erheblich über den Preisen für nichtgebundene Abnehmer liegen.

Auch die fehlende Möglichkeit, auf alternative Anbieter auszuweichen, kann der Grund für die Zustimmung zu einer Ausschließlichkeitsbindung sein. Dieser Gesichtspunkt ist dann von Bedeutung, wenn an einem Markt der überwiegende Teil der Anbieter nur unter der Bedingung einer ausschließlichen Bezugsbindung zu einer Lieferung bereit ist, wie das am Treibstoffmarkt aufgrund der inhaltlich gleichen Tankstellenverträge üblich ist. Ein Tankstellenhalter, der Markenbenzin einer der großen Mineralölgesellschaften vertreiben will, hat wegen nicht vorhandener Alternativen daher nur die — in der Regel fiktive — Wahl, zu den vorgegebenen Bedingungen zu kontrahieren oder überhaupt nicht abzuschließen. Je mehr Anbieter Ausschließlichkeitsbindungen auf einem Markt verwenden, desto schwächer kann die Position noch nicht gebundener Nachfrager werden, da sich die Zahl der möglichen Alternativen für sie um so mehr reduziert.

Nun ist zu fragen, welche Faktoren die Häufigkeit von Ausschließlichkeitsbindungen beeinflussen. Es wurde oben schon gesagt, daß ein Anbieter durch die Bindung seiner

---

142 Beyer, Ulrich, S. 64. (Diese Aussage bezieht sich auf die fünfziger Jahre.)

143 Vgl. Keiser, G., S. 19, und Caspary, Manfred, S. 241.

Nachfrager seine Stellung am Markt stärken beziehungsweise die seiner Konkurrenten schwächen kann. Daher dürfte es wahrscheinlich sein, daß diejenigen Wettbewerber, die dazu in der Lage sind, diesen Nachteil ausgleichen möchten, indem sie sich des gleichen Mittels bedienen. Die hohe Markttransparenz auf dem oligopolistischen Mineralölmarkt, die den Vorstoß eines Konkurrenten auch in dieser Richtung relativ schnell sichtbar werden läßt, dürfte bei der Verbreitung von Ausschließlichkeitsbindungen noch verstärkend gewirkt haben. Sobald sich ein Anbieter dieses Mittels bedient, kann das einen Auslösungseffekt mit einer Selbstverstärkungstendenz zur weitgehenden Bindung eines großen Teils der Nachfrage zur Folge haben.

Ein eindrucksvolles Beispiel dafür ist die Einführung und schnelle Verbreitung der Ausschließlichkeitsbindungen auf dem oligopolistisch strukturierten britischen Treibstoffmarkt: „In 1964, it was estimated that there were between 38 000 and 40 000 petrol stations in the U.K., of which 95 % were selling brands of a single supplier or group. Exclusive solus arrangements were first introduced by Esso in 1950 as part of its ‚dealer co-operation plan'; S.M. and B.P., Regent and Petrofina commenced exclusive dealing in 1951, and Mobil in 1952. Most of the smaller companies subsequently adopted similar arrangements[144]."

Somit ist es vermutlich ebenfalls kein Zufall, daß 90 Prozent aller bundesdeutschen Tankstellen durch Ausschließlichkeitsverträg gebunden sind. Diese Form der vertikalen Integration begann in Deutschland allerdings schon in der Zwischenkriegszeit.

---

[144] Pass, C. L.; Hawkins, K. H., S. 577.

VIERTER TEIL

Mögliche Folgen einer Aufhebung vertikaler Ausschließlichkeitsbindungen und Schwierigkeiten einer gesetzlichen Regelung

Zwischenbilanz

Die Ergebnisse der bisherigen Untersuchung

Vertikale Ausschließlichkeitsbindungen erlauben den Unternehmen der Großhandelsstufe des Treibstoffmarktes, die sich dieses Mittels bedienen, eine sehr weitgehende Kontrolle der ihnen angeschlossenen Tankstellen. Daher haben diese Bindungen Auswirkungen auf den Wettbewerb beider Vertriebsstufen des Treibstoffmarktes, der Großhandels- und der Einzelhandelsstufe.

Auf der Einzelhandelsstufe sind in der Bundesrepublik Deutschland ungefähr 90 Prozent der Tankstellen an ihre Lieferanten gebunden, so daß sich nur ein geringer Teil des Leistungsaustauschs zwischen beiden Vertriebsstufen über einen Markt mit selbständigen Anbietern und Nachfragern vollzieht. Allein rund 70 Prozent der Tankstellen werden von fünf großen Unternehmen kontrolliert. Die dadurch bestehenden Informationsmöglichkeiten für die Treibstofflieferanten, die so entstandene hohe Markttransparenz sowie die Bestimmung der Tankstellenabgabepreise ermöglichen es den Mineralölgesellschaften, ein oligopolistisches Preisverhalten zu praktizieren und untereinander Preiswettbewerb zu vermeiden. Preiserhöhungen werden — abgesehen von ganz wenigen Ausnahmen — parallel vorgenommen. Trotzdem gibt es auf regionalen und lokalen Märkten, wo freie Tankstellen vorhanden sind und eine unabhängige Preispolitik betreiben, einen teilweise intensiven Preiswettbewerb, so daß dort erhebliche Preisniveauunterschiede zu anderen räumlichen Teilmärkten bestehen können. Daß auf der Endvertriebsstufe trotz der Ausschließlichkeitsbindungen ein Preiswettbewerb stattfindet, dürfte daher in erster

Linie auf das Vorhandensein unabhängiger Tankstellen zurückzuführen sein, die als der entscheidende Wettbewerbsfaktor auf der Einzelhandelsstufe anzusehen sind.

Auch die übrigen wesentlichen Aktionsparameter neben dem Preis werden nicht von den gebundenen Tankstellen, sondern von ihren Lieferanten bestimmt. Der zeitweise außerordentlich starke Einsatz von Nichtpreis-Aktionsparametern, der vermutlich die Vertriebskosten nicht unerheblich erhöht hat, läßt sich wahrscheinlich auf fehlenden Preiswettbewerb zurückführen, der wiederum in erster Linie durch die vertikale Ausschließlichkeits- und Preisbindung der Tankstellen ermöglicht worden sein dürfte. Der Wettbewerb zwischen den gebundenen Tankstellen beschränkt sich auf Nebenleistungen und Öffnungszeiten, die als einzige Aktionsparameter zumindest teilweise noch in ihrer Hand liegen.

Auf der Großhandelsstufe des Treibstoffmarktes wird die Stellung der Unternehmen, die vertikale Bindungen verwenden, tendenziell gestärkt. In Verbindung mit bestimmten anderen Strukturkomponenten, insbesondere der weitverbreiteten vertikalen Konzentration, dürfte sich diese Wirkung noch erhöhen. Bestehende nicht leistungsbedingte Machtpositionen können daher durch Ausschließlichkeitsbindungen abgesichert und erweitert werden. Infolge des hohen Anteils gebundener Tankstellen, die für Konkurrenten des bindenden Lieferanten als Nachfrager ausfallen, ist der Aussperrungseffekt außerordentlich. Die Position von Treibstoffgroßhändlern, die einstufig operieren und keine gebundenen Nachfrager haben, kann in Verbindung mit sonstigen ungünstigen Bedingungen bis hin zum Ausscheiden aus dem Markt geschwächt werden.

Wenn newcomer Ausschließlichkeitsbindungen verwenden, können sie mit gewissen Einschränkungen ein Mittel zur Erleichterung des Marktzutritts auf der Großhandelsstufe sein. Die Startbedingungen gegenüber den etablierten, zumeist vertikal integrierten Konkurrenten werden dadurch verbessert. Wenn letztere sich vertikaler Ausschließlichkeitsbindungen bedienen, kann dies zu einer Erhöhung der Eintrittsbarrieren führen. Zu einer gewissen Verstetigung und Sicherung des Absatzes einer Raffinerie sind Ausschließlichkeitsbindungen nicht notwendig; dazu genügen langfristige Lieferverträge. Bei den Vertriebskosten können Ausschließlichkeitsklauseln zwei gegenläufige Wirkungen haben. Einerseits besteht die Gefahr von Fehlentwicklungen, die Kostensteigerungen bewirken können. Andererseits können Größenvorteile im Vertrieb zu Kostensenkungen führen, die aber aufgrund wettbewerbsbeschränkender Effekte von Ausschließlichkeitsbindungen nicht notwendigerweise weitergegeben werden. Diese Größenvorteile lassen sich in der Regel aber schon durch langfristige Lieferverträge erzielen.

Wegen der weiten Verbreitung der Bindungen dürfte die Ausdehnung des Marktanteils eines etablierten Unternehmens oder der Marktzutritt eines newcomers noch am leichtesten erreichbar sein durch den Aufkauf von Konkurrenten, so daß ein Anreiz zur horizontalen Konzentration vermutet werden kann. Auch eine Ausdehnung von Ausschließlichkeitsbindungen auf benachbarte Märkte oder die Erzwingung eines Aussschließlichkeitsverhaltens kann nicht ausgeschlossen werden.

Eine Aufhebung der Bindungen könnte möglicherweise kurzfristig die Ertragslage der Mineralölgesellschaften, die sich dieses Mittels bedienen, verschlechtern.

Die Untersuchung der Auswirkungen vertikaler Ausschließlichkeitsbindungen zwischen Treibstofflieferanten und Tankstellen auf den Wettbewerb beider Vertriebsstufen hat gezeigt, daß die Nachteile bei weitem überwiegen. Den vielfältigen wettbewerbsbeschränkenden Wirkungen auf der Großhandels- und auf der Einzelhandelsstufe steht im Grunde nur eine positive Wirkung — Erleichterung des Marktzutritts eines Treibstofflieferanten bei Benutzung von Ausschließlichkeitsklauseln — gegenüber.

Die Bindungen in den Tankstellenverträgen beschränken die Handlungs- und Entscheidungsfreiheit der gebundenen Tankstellen in einem solchen Maße, daß von der Selbständigkeit der Tankstellenhalter im Grunde nur noch der rechtliche

Schein übrigbleibt. Dadurch wird das eine Ziel der Wettbewerbspolitik, die Sicherung der wirtschaftlichen Freiheit, verletzt.

Ausschließlichkeits- und Preisbindungen im Treibstoffvertrieb stehen auch einer besseren Marktversorgung, dem zweiten Ziel der Wettbewerbspolitik, entgegen. Sie ermöglichen den großen Mineralölgesellschaften eine weitgehende Kontrolle des Treibstoffeinzelhandels und begünstigen dadurch ein oligopolistisches Preisverhalten und eine Verlagerung der Aktivitäten dieser Unternehmen auf den Nichtpreis-Wettbewerb. Es besteht somit nicht nur eine Tendenz zu einer geringeren Marktversorgung zu höheren Preisen, sondern auch zu einer Fehlallokation der Produktivkräfte aufgrund eines übermäßigen Einsatzes von Nichtpreis-Aktionsparametern. Letztlich sind es die preisaktiven unabhängigen Tankstellen, die diesen Tendenzen entgegenwirken.

Achtes Kapitel

Mögliche Folgen einer Aufhebung vertikaler Ausschließlichkeitsbindungen

A. Einzelhandelsstufe

Aufgrund der bisherigen Untersuchungsergebnisse liegt die Empfehlung nahe, vertikale Ausschließlichkeitsbindungen zwischen Treibstofflieferanten und Tankstellen aufzuheben[1]. Eine solche Maßnahme muß auf ihre möglichen ökonomischen Folgen und auf die Schwierigkeiten einer gesetzlichen Regelung hin untersucht werden. Auf die Probleme einer gesetzlichen Regelung, die zwangsläufig den Vertrieb in anderen Branchen berühren würde, wird später eingegangen[2]. Bei den möglichen Folgen auf den Treibstoffmarkt

[1] Eine Aufhebung der Ausschließlichkeitsbindungen im Treibstoffvertrieb ist von der Monopolkommission, Sondergutachten 2, S. 49 und zuvor schon von Schüller, Alfred, Dienstleistungsmärkte . . ., S. 229; derselbe, Vermachtungserscheinungen . . ., S. 241 f., sowie Lenel, Hans Otto, Unternehmensverflechtungen in der EWG, Frankfurt 1972, S. 32 f. zur Verbesserung des Wettbewerbs erwogen worden.

[2] Vgl. S. 204 ff.

geht es zum einen um die Auswirkungen auf die beiden Vertriebsstufen und zum anderen um die Frage nach den Umgehungsmöglichkeiten bei der Verwirklichung einer solchen Maßnahme. Der einfache Umkehrschluß, daß eine Aufhebung der Ausschließlichkeitsbindung ganz überwiegend positive Effekte aus volkswirtschaftlicher Sicht nach sich ziehen muß, da die Bindungen selbst überwiegend negative Wirkungen haben, ist nicht ohne weiteres zulässig.

Die von einer Aufhebung vertikaler Ausschließlichkeitsbindungen unmittelbar Betroffenen lehnen eine solche Maßnahme entschieden ab. Aral hat zu dem Vorschlag der Monopolkommission festgestellt,

„... daß solche Anregungen nicht originell sind und sich in der wettbewerbspolitischen Diskussion bisher nicht durchsetzen konnten. Die Monopolkommission will mit ihrem Vorschlag den Wettbewerb verstärken und Strukturverbesserungen erreichen. Es ist jedoch zu befürchten, daß das Gegenteil eintritt. Während heute die Mineralölgesellschaften das volle Risiko im Preiswettbewerb tragen und den Tankstellenpartnern unbeschadet des Verkaufspreises ein Provisionssatz je verkauften Liter gezahlt wird, würde die Abschaffung dieses Systems den mittelständischen Tankstellenpartner schutzlos einem ruinösen Wettbewerb aussetzen ... Schließlich ist festzustellen, daß kein Kraftstoffmarkt der Welt so liberal ist und einem so harten Wettbewerb unterliegt wie der deutsche. Seit langem werden keine kostendeckenden Preise für Mineralölprodukte — insbesondere für Benzin — mehr erzielt. Freie Tankstellen können sich ausreichend und preisgünstig versorgen[3]."

Die übrigen Mineralölgesellschaften stimmen in der Beurteilung dieses Sachverhalts mit Aral überein[4]. Die Tankstellenverbände sind ebenfalls gegen eine Aufhebung der Ausschließlichkeitsbindung. Die Begründung unterscheidet sich nicht von den Argumenten der Mineralölgesellschaften.

Die Übernahme des Preisrisikos wird abgelehnt, da sonst ein „Vernichtungswettbewerb mittelständischer Unternehmen"[5] zu befürchten sei.

---

[3] Abgedruckt im BTG-Geschäftsbericht 1974, S. 6.

[4] Vgl. auch Ahrens, Dieter A., „Mehr Wettbewerb ist möglich". Zum Ersten Zweijahresgutachten der Monopolkommission, in: Oel, Zeitschrift für die Mineralölwirtschaft, 15. Jahrgang (1977), S. 110.

[5] BTG, Aufhebung der Ausschließlichkeitsbindung ..., S. 390.

Auf die Argumente, die sich noch durch einige zusätzliche Probleme ergänzen lassen, die bei einer Aufhebung vertikaler Ausschließlichkeitsbindungen entstehen können und je nach der Intensität des Eingriffs gewisse Unterschiede aufweisen dürften, soll im folgenden eingegangen werden.

1. Führt eine Übernahme der absatzpolitischen Instrumente Preis, Wahl der Bezugsquellen etc. durch bisher gebundene Tankstellen zu einem Verdrängungswettbewerb, der das Ausscheiden vieler Tankstellen aus dem Markt zur Folge haben könnte?

Hinter dieser Annahme dürfte von seiten der Tankstellenverbände möglicherweise die Befürchtung stehen, daß einzelne zuvor gebundene Tankstellenhalter auf lokalen Märkten Preiskämpfe auslösen, da ihnen bisher jede Erfahrung in Fragen der Preispolitik fehlt und ein Teil von ihnen deshalb vor allem auf eine Ausweitung der Umsätze ohne Rücksicht auf Kosten fixiert sein könnte[6]. Ein weiterer Grund für die Ablehnung des „Risikos im Preiswettbewerb" durch die Tankstellen dürfte darin zu suchen sein, daß bislang wegen der geringen Handlungs- und Entscheidungsfreiheit eines Markentankstellenhalters sich nicht ein sonderlich risikobereiter und dynamischer Typus für eine solche Tätigkeit interessiert[7].

Beides — die unternehmerische Unerfahrenheit wegen des bisher kaum vorhandenen Dispositionsspielraums und die fehlende Risikobereitschaft — könnte dazu führen, daß ein Teil der Tankstellenhalter der selbständigen Führung einer Tankstelle nicht gewachsen ist.

Daß sich die Zahl der Tankstellen noch stärker reduziert als im Zuge des strukturellen Wandels ohnehin schon, ist zwar nicht auszuschließen, dürfte aber wenig wahrscheinlich sein, da dieser Entwicklung aufgrund der räumlichen

---

[6] Ähnlich auch Schwartz, Gustav, § 18 GWB, Anmerkung 36: „Ein freier Preiswettbewerb der Tankstellenhalter für die gleiche Benzinmarke müßte bei der ‚Mobilität' des Kraftfahrers die Existenz der Tankstellenhalter ernstlich gefährden."

[7] Vgl. dazu ausführlicher S. 143 f.

Ausdehnung Grenzen gesetzt sind. Der Raum wirkt hier als Konzentrationsbremse. Vielmehr ist zu erwarten, daß es zu einem partiellen personellen Austausch in der Leitung von Tankstellen kommt. Der entscheidende Unterschied zur derzeitigen Form des Vertriebs liegt darin, daß die eigene Zielsetzung und Leistungsfähigkeit und nicht die Zielsetzung und Politik der Mineralölgesellschaften im wesentlichen darüber entscheidet, ob sich ein Tankstellenhalter am Markt behaupten kann. Im übrigen zeigen gerade die strukturellen Veränderungen, die zu einem Rückgang der Zahl der Tankstellen um mehr als 15 000 Einheiten zwischen 1968 und 1976 geführt haben, daß der Treibstoffvertrieb im Agenturverhältnis für den Tankstellenhalter keine Existenzgarantie sein kann.

Auf lokalen Märkten, wo bisher keine wettbewerbsaktiven unabhängigen Tankstellen vorhanden waren, kann eine Aufhebung der Bindungen zu einer Intensivierung der Konkurrenzbeziehungen führen, weil aufgrund der dann erheblich größeren Zahl wirtschaftlich selbständiger Einheiten die Wahrscheinlichkeit eines Wettbewerbsvorstoßes größer wird. Dies dürfte aber auch davon abhängen, ob der notwendige Wettbewerbswille zwischen den Konkurrenten vorhanden ist und/oder die Zahl der Anbieter auf dem relevanten Markt so groß ist, daß ein abgestimmtes Verhalten erschwert wird. Der Anreiz zu einem abgestimmten Verhalten wird jedoch dadurch auf den meisten räumlichen Teilmärkten erheblich gedämpft, daß ohne die vertikalen Bindungen die Tankstellen in einer kettenförmigen Konkurrenzbeziehung zueinander stehen, „bei der jeder Anbieter mit einigen wenigen Mitbewerbern in persönlicher Rivalität steht und deswegen zu aktiven Wettbewerbshandlungen animiert bzw. zu defensiven Reaktionen herausgefordert wird, bei der aber gleichzeitig die Gefahr des friedlichen Oligopolverhaltens und der Kartellbildung dadurch weitgehend ausgeschaltet ist, daß jeder einzelne einen anderen Kreis von Rivalen hat“[8]. Wenn aber die wettbewerbsrele-

[8] Giersch, Herbert, Aufgaben der Strukturpolitik, in: Hamburger Jahrbuch für Wirtschafts- und Gesellschaftspolitik, 9. Jahrgang (1964), S. 65.

vanten Aktionsparameter der Mehrheit aller Tankstellen von einigen Lieferanten kontrolliert werden, so ist die Kette der Konkurrenzbeziehungen immer dort durchbrochen, wo keine unabhängigen Tankstellen vorhanden sind.

Demgegenüber ist nicht zu erkennen, warum auf wettbewerbsintensiven Lokalmärkten bisher gebundene Tankstellen in ruinöser Weise miteinander konkurrieren sollten. Denn ein Anbieter, der ohne Rücksicht auf seine Kostensituation Preissenkungen vornimmt, wird über kurz oder lang aus dem Markt ausscheiden müssen. Beruht aber ein Preisvorstoß einer Tankstelle auf einer Leistungsüberlegenheit, die beispielsweise aus einer billigeren Bezugsquelle, guter Kapazitätsausnutzung, optimaler Standortwahl usw. resultieren kann, so handelt es sich um den üblichen Wettbewerbsprozeß, der nicht als ruinös zu bezeichnen ist.

2. Erscheint eine Aufhebung der Ausschließlichkeitsbindung überhaupt sinnvoll, da auf vielen räumlichen Teilmärkten ein intensiver Preiswettbewerb herrscht?

Der entscheidene Wettbewerbsfaktor auf Lokalmärkten mit intensivem Preiswettbewerb sind aktive unabhängige Tankstellen[9]. Die wichtigste Voraussetzung dafür, daß die Wettbewerbsimpulse des unabhängigen Handels erhalten bleiben, ist die Möglichkeit des alternativen Bezugs von Importtreibstoffen, da sonst eine fast vollständige Abhängigkeit von integrierten inländischen Verarbeitern besteht. Durch ungünstige Marktentwicklungen aufgrund von Verknappungen, aber auch durch administrative Maßnahmen kann es — wie in der Vergangenheit geschehen — zu Situationen kommen, in denen die Voraussetzungen für einen Preiswettbewerb nicht mehr gegeben sind[10]. Wegen dieser Unsicherheiten ist die Wettbewerbslage labil.

Würden die preisaktiven unabhängigen Tankstellen als Wettbewerbsfaktor ausfallen, wäre aufgrund der strukturellen Gegebenheiten dieses Marktes ein oligopolistisches Pa-

[9] Vgl. S. 111 ff.
[10] Vgl. S. 34 ff.

rallelverhalten der großen Mineralölgesellschaften auf dem gesamten Treibstoffmarkt wahrscheinlich, solange sie die Möglichkeit haben, die ganz überwiegende Zahl aller bundesdeutschen Tankstellen und damit fast die gesamte Einzelhandelsstufe zu kontrollieren[11]. Dies würde eine weitgehende Ausschaltung des Preiswettbewerbs bedeuten.

Umgekehrt würde vermutlich die Aufhebung der vertikalen Ausschließlichkeits- und Preisbindungen ein erfolgversprechender Ansatzpunkt sein, die Voraussetzungen für ein oligopolistisches Verhalten auf der Einzelhandelsstufe dauerhaft zu beseitigen, da diese Bindungen erst ein bundesweites Parallelverhalten ermöglichen und die kettenförmige Konkurrenzbeziehung, in der die Tankstellen zueinander stehen, teilweise beseitigen.

Daß auf gewissen räumlich begrenzten Teilmärkten die Wettbewerbsintensität auch ohne vertikale Bindungen relativ gering sein kann, dürfte nicht nur mit bestimmten Gegebenheiten auf der Angebotsseite zusammenhängen[12], sondern auch mit solchen des Nachfrageverhaltens[13]. Das Nachfrageverhalten trägt dazu bei, daß die Preisniveauunterschiede zwischen Ballungsgebieten und ländlichen Regionen teilweise erheblich sind[14].

„Die bisherigen Marktuntersuchungen haben leider gezeigt, daß die Kraftfahrer auf dem Land von günstigen

---

[11] Mitte April 1977 hat das Kartellamt einen neuen Versuch unternommen, durch den Nachweis eines abgestimmten Preisverhaltens dieses Problem in den Griff zu bekommen, indem es jeweils zwei (!) Beamte, die mit richterlichen Durchsuchungsbefehlen ausgerüstet waren, zu den Hauptverwaltungen dreier Mineralölgesellschaften schickte, um nach Beweisen zu suchen. Nicht ganz zu Unrecht sieht Radzio, Heiner, Kartellamt wird zur Wettbewerbs-Polizei, in: Handelsblatt, Nr. 84 vom 2. 5. 1977 die Gefahr, daß sich das Amt „mit solchen wenig durchdachten Husarenritten" lächerlich macht. Zu den Problemen der Mißbrauchsaufsicht vgl. ausführlich S. 121 ff.

[12] Wie auf S. 192 f. ausgeführt wurde.

[13] Vgl. S. 55 f. und 126 ff.

[14] Weitere Gründe für ein höheres Preisniveau können neben den wettbewerblichen Unzulänglichkeiten auf der Angebots- oder Nachfrageseite höhere Transportkosten und geringere Möglichkeiten der Ausnutzung von Größenvorteilen (z. B. SB-Stationen) auf Grund der niedrigen Bevölkerungsdichte sein.

Benzinangeboten im allgemeinen viel zu wenig Gebrauch machen. Das Nachfrageverhalten kann damit nicht in dem zu wünschenden Maß preisniveaudämpfend wirken[15]."

3. Würden die Treibstoffmarken erhalten bleiben?

Ob die Treibstoffmarken ohne die Ausschließlichkeitsbindungen erhalten bleiben, dürfte in erster Linie vom Verbraucherverhalten abhängen. Solange der Autofahrer bereit ist, für Markenkraftstoff einen Preisaufschlag in einer für die Treibstoffhersteller als ausreichend erscheinenden Höhe zu bezahlen, werden die Marken weiter existieren. Andernfalls ist damit zu rechnen, daß sie verschwinden werden[16]. Aus volkswirtschaftlicher Sicht ergeben sich daraus allerdings keine Probleme, solange sichergestellt ist, daß die gesetzlich vorgeschriebenen Benzinqualitäten von allen Herstellern und Händlern eingehalten werden.

Ohne die ausschließliche Bindung seiner Nachfrager wäre es allerdings für einen Treibstofflieferanten, der seine Marke aufrechterhält, erheblich schwerer zu kontrollieren, ob Tankstellen andere Kraftstoffe unter seinem Warenzeichen verkaufen. Die Möglichkeiten des Mißbrauchs der Marke wären somit größer.

4. Ist die Gewähr gegeben, daß die notwendigen Investitionen im Tankstellenbereich gegebenenfalls auch ohne die Beteiligung der Mineralölgesellschaften getätigt werden?

Die Bereitschaft eines potentiellen Investors, im Tankstellenbereich zu investieren, hängt im wesentlichen davon ab, ob mit ausreichender Wahrscheinlichkeit eine hinlängliche Rentabilität des Kapitals zu erwarten ist, während die Investitionsfähigkeit eigene und zumeist auch fremde Mittel

[15] Bayerische Staatsregierung ‚Benzinpreise in Bayern. Auszug aus der Antwort der Bayerischen Staatsregierung vom 17. Febr. 1977 auf eine Interpellation der SPD-Fraktion, in: Wirtschaft und Wettbewerb, 27. Jahrgang (1977), S. 312.

[16] Vgl. zu den mit der Marke zusammenhängenden Fragen der Benzinqualität, der Werbung, Produktdifferenzierung und des Verbraucherverhaltens die Ausführungen S. 53 ff. und 126 ff.

voraussetzt. Bei gebundenen Tankstellen entscheidet das bindende Mineralölunternehmen weitgehend darüber, ob die von dem Tankstellenhalter getätigten Investitionen[17] die Rentabilitätsschwelle erreichen, da es die wesentlichen absatzpolitischen Instrumente und damit auch in hohem Maße die Umsätze und Gewinne des Gebundenen bestimmt. Die Ausschließlichkeits- und Preisbindungen wurden deshalb als eine entscheidende Ursache für die geringe Investitionsfähigkeit der Tankstellen angesehen[18].

Nun ist aber für den Treibstoffvertrieb auf der Einzelhandelsstufe ein relativ hoher Mindesteinsatz von Kapital erforderlich, da die Kosten für die Errichtung einer modernen SB-Tankstelle heute 1 Million DM kaum unterschreiten dürften. Ist aber die Rentabilität einer solchen Investition zu erwarten, gibt es keinen Grund zu der Annahme, daß ohne eine Beteiligung der Mineralölgesellschaften das notwendige Kapital nicht zur Verfügung steht. Ein Blick auf andere Einzelhandelsbranchen zeigt, daß dort zum Teil Investitionen in wesentlich höheren Größenordnungen ohne eine Beteiligung von Herstellern oder Großhändlern finanziert werden.

Im Tankstellenbereich hat es in der Vergangenheit aus volkswirtschaftlicher Sicht mehrfach erhebliche Fehlleitungen von Kapital gegeben, obwohl nach einzelwirtschaftlichem Kalkül durchaus richtige Investitionsentscheidungen getroffen wurden. Beispiele dafür sind die überzogene Ausdehnung des Tankstellennetzes bis zum Jahre 1967 und die zu aufwendige Ausgestaltung von Stationen: „Man nimmt beim Bau der Tankstelle bewußt höhere Kosten in Kauf, um zum Beispiel durch besondere Dachkonstruktionen die Eigenart der Firmentankstelle als Markenbild zu prägen[19].“ Eine wesentliche Ursache für solche Fehlallokationen wurde darin gesehen, daß durch die vertikalen Bindungen die Marktstruk-

[17] Die Höhe des von dem Tankstellenhalter eingesetzten Kapitals ist im wesentlichen von den Eigentumsverhältnissen (vgl. S. 60 f.) und der Größe der Tankstelle abhängig.

[18] Vgl. dazu ausführlich S. 139 ff.

[19] Riedl, Helmut, S. 82. Diese Aussage dürfte heute nicht mehr in dem Maße zutreffen.

tur der vorgelagerten Stufe auf die Einzelhandelsstufe übertragen wurde, so daß faktisch ein enges Oligopol entstand. Die Preiskonkurrenz war bis zum verstärkten Auftritt von newcomers gegen Ende der sechziger Jahre weitgehend ausgeschaltet, der Wettbewerb verlagerte sich dadurch unter anderem auf die Ausdehnung des Netzes und die Ausgestaltung der Stationen[20].

Ohne die vertikalen Bindungen erhöhte sich die Zahl der Entscheidungsträger, die Umfang und Art der Investitionen bestimmen, erheblich. Die hohe oligopolistische Reaktionsverbundenheit auf dem Mineralölmarkt, die mittelbar zu Kapitalfehlleitungen führen kann, bestünde dann auf der Einzelhandelsstufe nicht mehr. Dadurch stiege die Wahrscheinlichkeit, daß langfristig einzelwirtschaftlich richtige Investitionsentscheidungen gesamtwirtschaftlich annähernd optimal sind.

B. Großhandelsstufe

Ohne vertikale Ausschließlichkeitsklauseln käme es zu Preisverhandlungen zwischen Treibstofflieferanten und Tankstellen, die es bisher wegen der weiten Verbreitung dieser Bindungen lediglich bei einem geringen Teil des Marktvolumens gab[21]. Die Markttransparenz auf der Großhandelsstufe würde sich trotz der geringen Zahl der Anbieter erheblich reduzieren, da für keinen der Konkurrenten unmittelbar die Preise der anderen sichtbar wären. Preisvorstöße zum Zwecke einer Umsatzausweitung könnten deshalb von den Wettbewerbern nicht sofort bemerkt und beantwortet werden. Es bestünde durch diese Möglichkeit der dauernde Anreiz, mittels einer Preissenkung Vorsprungsgewinne zu erzielen. Wegen der geringen Preistransparenz würde daher ein abgestimmtes Verhalten ein hohes Maß an Solidarität der Anbieter oder kartellartige Absprachen erfordern. Eine Intensivierung des Preiswettbewerbs auf den der Einzelhandelsstufe vorgelagerten Marktstufen ist daher möglich.

---

[20] Vgl. dazu im einzelnen S. 117 f. und 131 ff.

[21] Vgl. dazu und zum folgenden S. 120 f. und 144 ff.

Für newcomer würde der Marktzutritt auf der Großhandelsstufe vermutlich leichter werden, da sie nicht, wie bisher, vom weitaus größten Teil ihrer Tankstellennachfrager ausgeschlossen sind[22]. Sollte eine Verstetigung von Lieferungen zu einer Reduzierung der Produktions- oder Vertriebskosten führen, dürften Lieferverträge von längerer Dauer das richtige Mittel sein, solange sie den Vertragspartnern noch einen ausreichenden Handlungsspielraum lassen[23].

Ob eine Aufhebung der vertikalen Bindungen, die tendenziell wettbewerbsverstärkend wirken würde, die Ertragslage der Mineralölindustrie verschlechterte oder ob von den betroffenen Unternehmen ein Ausgleich durch den erhöhten Zwang zu Kostensenkungen geschaffen würde, kann hier nicht beurteilt werden. Grundsätzlich kann es aber nicht Sinn der Wettbewerbspolitik sein, bestimmten Unternehmen oder einer ganzen Branche ein ausreichenden Gewinniveau zu sichern[24].

C. Umgehungsmöglichkeiten

1. Filialisierung der Tankstellen anstelle der Ausschließlichkeitsbindung?

Nach einer Aufhebung der vertikalen Bindungen ergäbe sich für die Mineralölgesellschaften das Problem, wie sie die Tankstellen, die sich in ihrem Eigentum befinden, aus ihrer Sicht am besten nutzen. Folgende drei Möglichkeiten kämen in Frage:

— der Verkauf der Tankstellen,
— die Verpachtung an Pächter ohne vertikale Bindungen,
— die Umwandlung der Tankstellen in Filialen.

Die beiden ersten Möglichkeiten würden — im Gegensatz zur dritten Alternative — wie eine Dekonzentration wirken und wären ohne negative wettbewerbspolitische Konsequenzen.

---

22 Vgl. S. 154 ff.

23 Vgl. 158 ff. und 163 ff.

24 Vgl. S. 172 ff.

Nach Ansicht einiger Autoren könnte aber gerade eine mögliche Folge einer Aufhebung vertikaler Ausschließlichkeitsbindungen darin bestehen, daß die bisher gebundenen Tankstellen von den Treibstofflieferanten in Filialen umgewandelt würden[25]. Aus dem rechtlich selbständigen Unternehmer — dem Tankstellenhalter — würde dann ein Angestellter, so daß die Ausschließlichkeitsbindung als Form der weniger engen vertikalen Integration von „höheren Konzentrationsformen"[26] abgelöst würde. Ausschließlichkeitsbindungen werden daher als das kleinere Übel angesehen, das zwar aus wettbewerbspolitischer Sicht nicht immer unbedenklich sei; ein Verbot würde aber wegen bestehender Ausweichmöglichkeiten lediglich Konzentrationsvorgänge auslösen, so daß das Gegenteil des angestrebten Ziels erreicht würde[27].

Die Argumentation, daß eine Aufhebung vertikaler Ausschließlichkeitsbindungen zwangsläufig zu einer Filialisierung der Tankstellen führt, ist nur dann überzeugend, wenn diese Form des Vertriebs aus der Sicht der Treibstofflieferanten zu keinen entscheidenden Wettbewerbsnachteilen gegenüber dem konkurrierenden freien Handel führt. Daher ist zu fragen, welche Vor- und Nachteile sich für die Treibstoffgesellschaften ergeben würden, wenn die bisher gebundenen Tankstellen in Filialen und die bisher rechtlich selbständigen Tankstellenhalter in Angestellte umgewandelt würden.

Zunächst einmal ist festzuhalten, daß eine solche Umwandlung allein bei den Pächtertankstellen ohne weiteres möglich sein würde[28]. Demgegenüber wäre ein Kauf der Eigentümertankstellen, deren Zahl etwa den Pächtertankstellen entspricht, nur mit der Einwilligung der Eigentümer möglich. Finanzierungsprobleme der Treibstoffgroßhändler können,

---

[25] Vgl. Rittner, Fritz, Die Ausschließlichkeitsbindungen . . ., S. 114 f. und 124 f., und Lockhart, William B., Sacks, Howard R., S. 928 ff.

[26] Rittner, Fritz, Die Ausschließlichkeitsbindungen . . ., S. 115.

[27] Vgl. ebenda, S. 148, und Koeble, Wolfgang, S. 122 f.

[28] Die Pächtertankstelle wird von den Treibstofflieferanten an einen Tankstellenpächter verpachtet. Sie kann entweder im Eigentum des Lieferanten stehen oder von einem Dritten gepachtet sein (vgl. S. 60 f.).

auch wenn es sich um große Mineralölgesellschaften handelt, ebenfalls nicht ausgeschlossen werden, da der Kapitalbedarf erheblich sein dürfte.

Selbst wenn diese Probleme lösbar wären, würden die Treibstofflieferanten eine Filialisierung jedoch vermutlich nur dann anstreben, wenn dadurch bei den Vertriebskosten keine erheblichen negativen Wirkungen in Kauf genommen werden müßten. Aber gerade dies dürfte wahrscheinlich sein, da die Treibstofflieferanten

- — Arbeitgeberbeiträge für Sozialversicherungen zu leisten hätten,
- — im Krankheitsfall die Löhne fortzahlen müßten,
- — ohne Bezahlung von Überstunden keine Öffnungszeiten von bis zu hundert Wochenstunden durchsetzen könnten,
- — bei geringen Umsätzen der Tankstelle unvermindert hohe Personalkosten zu tragen hätten,
- — vor nicht unerheblichen Kontrollproblemen ständen wegen der starken räumlichen Streuung der Tankstellen,
- — gegenüber einem möglichen Arbeitskampf außerordentlich anfällig sein würden,
- — das Risiko eventueller Kredite an die Tankstellenkunden zu tragen hätten sowie
- — keine Sicherheiten für die gelieferten Produkte verlangen könnten.

Diese — möglicherweise nicht einmal vollständig aufgeführten — Nachteile könnten die Vertriebskosten stark erhöhen, so daß Wettbewerbsnachteile gegenüber den konkurrierenden unabhängigen Tankstellen erwartet werden müßten.

Aus diesen Gründen ist eine vertikale Konzentration als Folge einer Aufhebung der Ausschließlichkeitsbindungen für die Mineralölgesellschaft mit erheblichen Risiken verbunden. Sie dürfte daher kaum als wahrscheinlich anzusehen sein. Eine Voraussetzung dafür, daß es zu keinem vertikalen Konzentrationsprozeß kommt, ist aber die Existenz unabhängiger Tankstellen und deren Bereitschaft und Fähigkeit zum Wettbewerb, so daß den Mineralölgesellschaften eine Überwälzung der mit einer Filialisierung verbundenen höheren Kosten auf den Verbraucher nicht möglich ist.

Sollte allerdings die Möglichkeit bestehen, die bisher rechtlich selbständigen Tankstellenhalter in ein Arbeitsverhältnis zu übernehmen, das so ausgestaltet würde, daß sich gegenüber der vorherigen Situation faktisch nichts ändert, wäre eine Filialisierung nicht unwahrscheinlich. Ob solche Möglichkeiten bestehen oder ob das Arbeitsrecht dem enge Grenzen setzt, muß hier offen bleiben.

Durch das Gesetz gegen Wettbewerbsbeschränkungen in seiner jetzigen Fassung kann ein vertikaler Konzentrationsvorgang bei Tankstellen im Falle der Aufhebung vertikaler Ausschließlichkeitsbindungen nicht verhindert werden, weil Fusionen vom GWB nicht erfaßt werden, wenn eines der beteiligten Unternehmen in seinen Umsätzen unter 50 Millionen DM liegt[29]. Da die Tankstellen bisher ausnahmslos diese Umsatzgrenze nicht überschritten haben, verhindert die Bagatellklausel in diesen Fällen eine wirksame Fusionskontrolle.

2. Zur Möglichkeit der faktischen Erzwingung eines Ausschließlichkeitsverhaltens

Eine andere Umgehungsmöglichkeit könnte darin bestehen, daß die Lieferanten ihre Tankstellen zu einem Ausschließlichkeitsverhalten ohne vertragliche Verpflichtung zwingen, indem sie wirtschaftlichen Druck anwenden. Daß eine solche Strategie nicht ausgeschlossen werden kann, zeigen die amerikanischen Erfahrungen[30]. Der Federal Supreme Court hatte sich — als Folge der relativ strengen Maßstäbe bei der Beurteilung vertikaler Ausschließlichkeitsbindungen — verschiedentlich mit dem Problem der Erzwingung eines Ausschließlichkeitsverhaltens auseinanderzusetzen und hier ebenfalls verhältnismäßig strenge Maßstäbe angelegt.

[29] Vgl. § 24 Absatz 8 Satz 2 GWB. Vgl. auch die Reformvorschläge der Monopolkommission im Zusammenhang mit der Bagatellklausel (Monopolkommission, Hauptgutachten, S. 535 ff.).

[30] Vgl. S. 93 ff.

Da auf der Treibstoffgroßhandelsstufe finanzstarke, vertikal konzentrierte Mineralölgesellschaften dominieren, hätten es die Tankstellen auch nach einer Aufhebung vertikaler Bindungen mit mächtigen Lieferanten zu tun. Insbesondere bei Tankstellenpächtern, die ihre Stationen von ihren Lieferanten gepachtet haben, ist nicht auszuschließen, daß sie zu einem Ausschließlichkeitsverhalten gezwungen werden könnten. Allein schon die Androhung einer kurzfristigen Kündigung oder die Nichtverlängerung von Pachtverträgen wäre ein überaus wirksames Mittel, Druck auszuüben. Wenn mit dem Vertragsende die sofortige Rückzahlung eines eventuell gewährten Darlehens verbunden wäre, könnte eine solche Wirkung noch verstärkt werden.

Nach geltendem deutschen Kartellrecht könnte nach einer Aufhebung der Ausschließlichkeitsbindung die widerrechtliche Erzwingung eines Ausschließlichkeitsverhaltens unter § 25 Absatz 2 GWB fallen, der Unternehmen verbietet, anderen Unternehmern Nachteile anzudrohen oder zuzufügen und Vorteile zu versprechen oder zu gewähren, um sie zu einem Verhalten zu veranlassen, das nicht zu einer vertraglichen Bindung gemacht werden darf.

Zu überlegen wäre, ob einem Unternehmen, das durch Druck zu einem Ausschließlichkeitsverhalten gezwungen wird, ein Antragsrecht auf eine kostenfreie Untersuchung der Kartellbehörde eingeräumt werden sollte. Der Regierungsentwurf zum GWB sah noch ein Antragsrecht, das sich allerdings auf den Ausschließlichkeitsvertrag und nicht auch auf ein Ausschließlichkeitsverhalten bezog, vor[31]. Dies wurde aber vom wirtschaftspolitischen Ausschuß des Bundestages verworfen[32]. Spätere Versuche, in §18 GWB ein kostenfreies Antragsrecht für den gebundenen Vertragspartner bei der Kartellbehörde einzubauen, stießen auf heftige Kritik[33] und scheiterten.

---

[31] Vgl. Bundesregierung, Regierungsentwurf . . ., § 13 (der jetzige § 18).

[32] Vgl. Ausschuß für Wirtschaftspolitik, Schriftlicher Bericht des Ausschusses für Wirtschaftspolitik über den Entwurf eines Gesetzes gegen Wettbewerbsbeschränkungen, § 13 (der jetzige § 18), in: Bundestagsdrucksache II/3644 und die Kritik von Biedenkopf, Kurt H., Vertragliche Wettbewerbsbeschränkung . . ., S. 210 ff. an dieser Entscheidung des Ausschusses.

Eine solche Maßnahme könnte wirschaftlich schwache Marktteilnehmer besser davor schützen, durch marktmächtige Unternehmen zu einem Ausschließlichkeitsverhalten gezwungen zu werden, da sie vermutlich in den seltensten Fällen durch einen Zivilprozeß wegen der damit verbundenen hohen Kosten ihre Interessen wahren können. Mögliche Wettbewerbsbeschränkungen, die tendenziell durch die Erzwingung eines Ausschließlichkeitsverhaltens entstehen[34], würden für die Kartellbehörde auf Grund solcher Hinweise in weit höherem Maße erkennbar. Dem Amt würde der Nachweis eines mißbräuchlichen Verhaltens erleichtert, so daß es Wettbewerbsbeschränkungen dieser Art erfolgversprechender entgegenwirken könnte.

Eine Aufhebung vertikaler Ausschließlichkeitsbindungen im Treibstoffvertrieb müßte, um die Wirksamkeit einer solchen Maßnahme nicht einzuschränken, mit der Unterbindung von Möglichkeiten der Erzwingung eines Ausschließlichkeitsverhaltens einhergehen. Ob dazu § 25 Absatz 2 GWB in seiner jetzigen Form ausreichend oder eine speziell auf die Erzwingung eines Ausschließlichkeitsverhaltens zugeschnittene Norm zweckmäßiger wäre, wenn sie ein Antragsrecht Betroffener enthielte, sei aber letztlich dahingestellt.

---

[33] Vgl. Benisch, Werner, Fehlwirkungen eines Individualschutzes nach § 18 der Kartellgesetznovelle, in: Wettbewerb in Recht und Praxis, 20. Jahrgang (1970), S. 369 ff.; Schwartz, Gustav, Die Problematik des § 18 GWB, in: Gewerblicher Rechtsschutz und Urheberrecht, 73. Jahrgang (1971), S. 397 ff., und Sontag, Peter-Michael, Ausschließlichkeitsverträge — Individualschutz und Wettbewerbsschutz, in: Wettbewerb in Recht und Praxis, 20. Jahrgang (1970), S. 229 ff. Das Kernargument der Kritiker besteht darin, daß eine solche Maßnahme auf den Schutz des Gebundenen abziele. Dieser Individualschutz sei im Kartellrecht verfehlt und systemwidrig, da das GWB den Wettbewerb zu schützen habe. Dabei wird allerdings übersehen, daß durch eine sehr weitgehende Beschränkung der wirtschaftlichen Handlungsfreiheit Gebundener der Wettbewerb zwar nicht beschränkt werden muß, aber beschränkt werden kann. Gerade bei einem erheblichen Machtungleichgewicht der Vertragspartner und einer weiten Verbreitung der Ausschließlichkeitsklausel kann deshalb der Schutz des Gebundenen ein sehr wirksames Mittel zum Schutze des Wettbewerbs sein.

[34] Beispielsweise als Folge einer Beschränkung der wirtschaftlichen Entscheidungsfreiheit der Gebundenen und des Marktzutritts Dritter oder der nicht leistungsbedingten Stärkung der Marktstellung der Bindenden auf ihrer eigenen, den vor- oder nachgelagerten Marktstufen.

Neuntes Kapitel

Schwierigkeiten einer gesetzlichen Regelung

A. Für und Wider des Agenturvertriebs aus wettbewerbspolitischer Sicht

Eine Aufhebung der vertikalen Ausschließlichkeitsbindung und/oder der Preissetzungshoheit der Lieferanten in den Tankstellenverträgen würde das Handelsvertreter- oder Agenturverhältnis entscheidend treffen. Nach Rittner käme ein Verbot der Ausschließlichkeitsbindung praktisch einem Verbot des Handelsvertretervertrages gleich[1]. Die Konsequenz einer solchen Maßnahme könnte daher sein, daß der Handelsvertretervertrieb in anderen Branchen ebenfalls getroffen würde, obwohl er aus einzel- und aus volkswirtschaftlicher Sicht eine zweckmäßige Vertriebsform sein kann.

Dem Agenturvertrieb kommt in der Bundesrepublik Deutschland eine Bedeutung von erheblicher Größenordnung zu[2]. Nach Erhebungen des Ifo-Instituts wurden 1968 rund ein Drittel sämtlicher Industrieumsätze durch Handelsvertreter vermittelt[3]. „1975 vermittelten und bewegten die rund 100 000 Handelsvertreter und Handelsmakler Warenumsätze von über 300 Milliarden Mark, mehr als der Einzelhandel oder das Handwerk umsetzten[4]."

Dabei gibt es trotz der großen Zahl der Erscheinungsformen des Handelsvertreters einige typische Merkmale. Der Agenturvertrieb ist auf der Großhandelsstufe von weitaus größ-

---

[1] Vgl. Rittner, Fritz, Die Ausschließlichkeitsbindungen . . ., S. 148 f. Cramer, Horst H., S. 121 f. ist demgegenüber der Auffassung, daß ein Verbot des Führens von Konkurrenzprodukten bei Handelsvertretern zwar typisch, aber nicht zwingend sei.

[2] Einen Überblick über die Darstellung des Handelsvertreters in der Literatur geben Schenk, Hans Otto; Spannagel, Rolf; Wölk, Andrea, Funktionen und Leistungen der Handelsvertretung im Wettbewerb der Vertriebssysteme, Berlin 1974.

[3] Vgl. Batzer, Erich; Meyerhöfer, Walter, Aufgaben, Stellung und Entwicklungsperspektiven der Handelsvertretung in der Bundesrepublik Deutschland, Berlin, München 1970, S. 47.

[4] Ohne Verfasser, Der neu entdeckte Handelsvertreter, in: Frankfurter Allgemeine Zeitung, Nr. 116 vom 20. 5. 1977.

ter Bedeutung. Nach den Ergebnissen der Handelszählung von 1960 sind zwei Drittel aller Vertreter, nach neueren Ermittlungen sogar drei Viertel auf dieser Stufe tätig[5]. Ihr Anteil an den vermittelten Warenumsätzen aller Vertreter betrug sogar vier Fünftel[6]. Demgegenüber ist der Handelsvertreter auf der Einzelhandelsstufe bis auf zwei Ausnahmen — den Versandhandelsvertreter und den Tankstellenhalter — bedeutungslos[7].

Vorteilhaft ist der Agenturvertrieb im allgemeinen für Hersteller mit differenzierteren Fertigungsprogrammen und Warensortimenten. „Je größer die Differenzierung der Erzeugnisse und Waren ist, um so günstigere Voraussetzungen sind für die Einschaltung von selbständigen Vertretern in den Absatzprozeß gegeben. Die Zahl der Handelsvertreter verteilt sich dann auch sehr ungleichmäßig auf die einzelnen Produktionszweige und Branchen[8].“ „Nach Erhebungen des Ifo-Instituts arbeiten kleinere und mittlere Hersteller in stärkerem Maße mit Handelsvertretern zusammen als größere und große Unternehmen[9].“

Üblicherweise ist der Handelsvertreter Mehrfirmenvertreter. Die durchschnittliche Anzahl der Vertretungen lag 1967 bei 5,6 pro Vertreter[10]. „Es ist geradezu kennzeichnend für den Handelsvertreter, daß er mehrere Vertretungen bearbeitet und im Sortiment bündelt, wobei die gesetzliche Verpflichtung zur Wahrung der Interessen eines vertretenen

---

[5] Vgl. Meyerhöfer, Walter, Die Handelsvermittlung — wichtiges Bindeglied in der Wirtschaft, in: ifo-Schnelldienst, 29. Jahrgang (1976), Heft 14, S. 23.

[6] Vgl. Batzer, Erich; Meyerhöfer, Walter, S. 15.

[7] Vgl. ebenda, S. 15 f.

[8] Gutenberg, Erich, Grundlagen der Betriebswirtschaftslehre, Zweiter Band: Der Absatz, 15. Auflage, Berlin, Heidelberg, New York 1976, S. 121. Ähnlich Meffert, Heribert, Marketing, Wiesbaden 1977, S. 398 f. Zur Bedeutung und Entwicklung der Handelsvertretung in einzelnen Branchen und im Zeitablauf vgl. Batzer, Erich; Meyerhöfer, Walter, S. 41 ff. Diese Untersuchung beschränkt sich weitgehend auf Handelsvertreter der Großhandelsstufe.

[9] Meyerhöfer, Walter, S. 24.

[10] Vgl. Batzer, Erich; Meyerhöfer, Walter, S. 102 ff.

Unternehmens die Übernahme von unmittelbar miteinander konkurrierenden Vertretungen ausschließt[11]."

Von diesen Merkmalen, die das Agenturverhältnis in der Regel kennzeichnen, unterscheidet sich der Tankstellenhalter als Handelsvertreter relativ stark. Hinzu kommt, daß der Vertreter üblicherweise seine Kunden aufsucht, während der Tankstellenhalter ein stationäres Geschäft betreibt.

Der Agenturvertrieb ist somit — insbesondere auf der Großhandelsstufe — eine weitverbreitete Form des Absatzes, die eine einzel- und volkswirtschaftlich wertvolle Funktion ausüben kann. Andererseits ist diese Art des Vertriebs aber auch dazu geeignet, marktbeherrschenden Unternehmen oder Unternehmen mit überragender Marktstellung die Möglichkeit zu geben, nachgelagerte Marktstufen zu kontrollieren. In einem solchen Falle werden Stukturkomponenten, die tendenziell wettbewerbsbeschränkend wirken, auf diese Stufen ausgedehnt. Der Handelsvertretervertrieb ist dann das Mittel zu einer weiten Verbreitung der vertikalen Ausschließlichkeits- und Preisbindung.

Eine — wahrscheinlich wenig erfolgversprechende — Möglichkeit, diesen Konflikt zu lösen, könnte darin bestehen, typische Merkmale des Handelsvertreters zusammenzustellen[12], so daß Agenturverhältnisse, die sich erheblich von diesem Typus unterscheiden, nicht als solche anerkannt werden. Dem steht aber nicht nur entgegen, daß es schwierig sein dürfte, die Grenzen für eine erhebliche Abweichung festzulegen, sondern der Fixierung eines typischen Handelsvertreters steht auch die Vielfalt seiner Erscheinungsformen im Wege. Außerdem könnte eine solche Einengung die Anpassung an veränderte wirtschaftliche Erfor-

---

11 Voss, Heinz, Handelsvertreter, in: Handwörterbuch der Absatzwirtschaft, herausgegeben von Bruno Tietz, Stuttgart 1974, S. 768. Vgl. auch Nieschlag, Robert; Dichtl, Erwin; Hörschgen, Hans, Marketing, 8. Auflage, Berlin 1975, S. 294 f.

12 Lampe, Adolf, S. 43 ff., hat auf der Basis umfassender empirischer Untersuchungen versucht, einen Idealtypus des Handelsvertreters zu entwickeln, vgl. auch Ulmer, Peter, S. 211 ff., und Schenk, Hans-Otto; Wölk, Andrea, Vertriebssysteme zwischen Industrie und Handel, Berlin 1971, S. 21 ff.

dernisse im Zeitablauf erschweren. Daher dürfte es wenig erfolgversprechend sein, wettbewerbspolitisch bedenkliche Auswirkungen des Handelsvertretervertriebs, die unter bestimmten Voraussetzungen auftreten können, durch eine Änderung des Handelsvertreterrechts zu beseitigen.

B. Zur Frage einer gesetzlichen Regelung

Aus der vorangegangenen Analyse ergibt sich, daß Ausschließlichkeitsbindungen und die mit ihnen regelmäßig verknüpften Bindungen der Tankstellen-Verkaufspreise wettbewerbspolitisch unerwünscht sind. Daher sollten die beiden wettbewerbsrelevanten Elemente des Handelsvertretervertriebs — die Ausschließlichkeits- und die Preisbindung[13] — kartellrechtlich greifbar gemacht werden, ohne daß die Freiheit der Vertriebsgestaltung auch solcher Unternehmen eingeschränkt wird, bei denen diese Form des Absatzes nicht den Wettbewerb beschränkt. Aus diesem Grunde empfiehlt es sich, nach Lösungsmöglichkeiten zu suchen, durch die mögliche wettbewerbsbeschränkende Auswirkungen des Agenturvertriebs verhindert werden können. Dabei muß aber gewährleistet sein, daß diese Vertriebsform grundsätzlich erhalten bleibt.

Jede generelle Regelung der Ausschließlichkeits- und Preisbindungen und der damit verknüpften Handelsvertreterverträge wäre mit Konsequenzen verbunden, die weit über den in dieser Arbeit betrachteten Bereich des Treibstoffmarktes hinausgreifen. Aus diesem Grunde erscheint es anhand der vorangegangenen Überlegungen kaum möglich, sich abschließend für einen bestimmten Lösungsweg auszusprechen, zumal dabei auch rechtspolitische und rechtssystematische Fragen zu berücksichtigen wären, die außerhalb der Kompetenz des Nationalökonomen liegen.

Ein Ansatzpunkt, den negativen Auswirkungen vertikaler Bindungen im Agenturvertrieb zu begegnen, könnte das GWB sein. Bisher fallen die vertikale Preisbindung nach

[13] Vgl. Fußnote 18, S. 63 f.

übereinstimmender und die vertikale Ausschließlichkeitsbindung nach vorherrschender Meinung bei dieser Vertriebsform nicht unter das Kartellrecht[14]. Um entscheiden zu können, für welche Unternehmen die Freiheit der Vertriebsgestaltung[15] hinsichtlich des Absatzes über Handelsvertreter eingeschränkt oder aufgehoben werden sollte, wären bestimmte Beurteilungskriterien erforderlich. Als Kriterien müßten Indikatoren benutzt werden, die das Ausmaß einer Wettbewerbsbeschränkung hinreichend genau anzeigen und die relativ leicht, das heißt ohne allzu umfangreiche Marktuntersuchungen, feststellbar sind.

Dazu würden sich möglicherweise zwei Vergleichsmaßstäbe anbieten, die in der wettbewerbsrechtlichen Beurteilung vertikaler Ausschließlichkeitsbindungen in der amerikanischen Rechtsprechung herangezogen werden[16]:

— die Häufigkeit der Bindungen

— der Marktanteil des Bindenden am relevanten Markt.

Letzteres könnte noch durch weitere Kennzeichen, wie sie in § 22 GWB entwickelt wurden, ergänzt werden. Danach sind bei der Beurteilung einer möglicherweise überragenden Marktstellung eines Unternehmens „außer seinem Marktanteil insbesondere seine Finanzkraft, sein Zugang zu den Beschaffungs- und Absatzmärkten, Verflechtungen mit anderen Unternehmen sowie rechtliche oder tatsächliche Schranken für den Marktzutritt anderer Unternehmen zu berücksichtigen"[17]. Würde man dies zugrunde legen, so könnte an ein Verbot der vertikalen Bindung von Abnehmern durch das Agenturverhältnis auf einem Markt dann gedacht werden, wenn ein wesentlicher Teil der Nachfrager gebunden ist und/oder das bindende Unternehmen eine überragende Marktstellung hat.

---

[14] Vgl. S. 82 ff.

[15] Der Gedanke, die Freiheit der Vertriebsgestaltung von Unternehmen mit überragender Marktstellung einzuschränken, ist im GWB beispielsweise schon in § 26 (Diskriminierungverbot) verankert.

[16] Vgl. S. 90 ff.

[17] § 22 Absatz 1 Nr. 2 GWB.

Unter der Voraussetzung, daß der Handelsvertretervertrieb unter das Kartellrecht fallen würde, wären zwei Ansatzpunkte für eine Kontrolle von Unternehmen mit überragender Marktstellung denkbar. Entweder könnten die wettbewerbsrelevanten vertikalen Bindungen dieser Vertriebsform — die Ausschließlichkeits- und die Preisbindung — den schon bestehenden kartellrechtlichen Normen (§§ 15 und 18) unterworfen oder es könnte direkt am Agenturverhältnis angeknüpft werden. Bei der ersten Alternative ergäbe sich allerdings die Schwierigkeit, daß die Preisbindung im Sinne des § 15 GWB per se verboten ist[18], während die Ausschließlichkeitsbindung nach § 18 einer Mißbrauchsaufsicht der Kartellbehörde unterliegt. Würde also die Preisbindung im Handelsvertretervertrag generell von § 15 GWB erfaßt, so würde der Agenturvertrieb insgesamt getroffen, also auch dort, wo keine negativen Auswirkungen auf den Wettbewerb zu erwarten sind.

Daher wäre wahrscheinlich die zweite Alternative vorzuziehen. Statt lediglich bestimmter vertikaler Bindungen wäre im Rahmen des Handelsvertretervertriebs das Agenturverhältnis insgesamt einer kartellrechtlichen Kontrolle zu unterstellen. Dazu müßte allerdings eine besondere wettbewerbsrechtliche Norm geschaffen werden.

Der Zweck der Überlegungen dieses Kapitels war es, Möglichkeiten und Schwierigkeiten einer aus ökonomischer Sicht befriedigenden Lösung zu skizzieren und darzulegen, wie wettbewerbspolitisch negative Auswirkungen des Agenturvertriebs verhindert werden könnten, ohne diese Vertriebsform insgesamt zu gefährden. Zu den besonderen Problemen, die in der Verbindung vertikaler Ausschließlichkeits- und Preisbindungen mit dem Handelsvertreterverhältnis liegen, kommen noch die typischen Schwierigkeiten der Mißbrauchskontrolle hinzu. Insbesondere die brauchbare und justiziable Festsetzung von Kriterien, nach denen die Kartellbehörde zu entscheiden hätte, in welchem Falle Unternehmen die Möglichkeit des Agenturvertriebs genom-

18 Mit Ausnahme von Verlagserzeugnissen (vgl. § 16 GWB).

men werden stollte, stellt ein besonderes Problem dar. Wie die Behandlung vertikaler Bindungen im amerikanischen Recht zeigt, sind diese Schwierigkeiten jedoch überwindbar.

Literaturverzeichnis

1. Veröffentlichungen mit Verfasserangabe

ACKERMANN, Günther: 11. Gemeinschaftsunternehmen und Wettbewerbs, Veröffentlichungen des Forschungsinstituts für Wirtschaftspolitik an der Universität Mainz, Band 38, Berlin 1978

ADAM, Robert: Debatte über die Struktur der großen Erdölgesellschaften, in: Energiewirtschaftliche Tagesfragen, 26. Jahrgang (1976), S. 230 f.

— Energieprobleme der USA nach Aufhebung des Ölembargos, in: Energiewirtschaftliche Tagesfragen, 24. Jahrgang (1974), S. 429 f.

ADELMAN, M. A.: The World Petroleum Market, Baltimore 1972

AHRENS, Dieter A.: „Mehr Wettbewerb ist möglich". Zum ersten Jahresgutachten der Monopolkommission, in: Oel, Zeitschrift für die Mineralölwirtschaft, 15. Jahrgang (1977), S. 104 ff.

Aral AG, Tankdienststellenvertrag der Aral AG

Arbeitskreis Kartellrecht, Die wettbewerbspolitische und kartellrechtliche Problematik vertikaler Integrationsformen zwischen Warenherstellung und Vertrieb. Arbeitsunterlage zur Tagung am 11./12. Oktober 1971 (unveröffentlichtes Manuskript)

Ausschuß für Wirtschaftspolitik, Schriftlicher Bericht des Ausschusses für Wirtschaftspolitik über den Entwurf eines Gesetzes gegen Wettbewerbsbeschränkungen, § 13 (der jetzige § 18), in: Bundestagsdrucksache II/3644

AXSTER, Oliver: Das Verbot des „aufeinander abgestimmten Verhaltens" in § 25 Absatz 1 der Zweiten Novelle des GWB, in: Wirtschaft und Wettbewerb, 23. Jahrgang (1973), S. 605 ff.

BAIN, Joe S.: Barriers to New Competition, Cambridge (Mass.), 1956

— Industial Organisation, 2. Auflage, New York, London, Sidney 1968

BAKER, James E. S.: Agency and Consignment Selling, in: Antitrust Bulletin, Band 9 (1964), S. 299 ff.

BALLERSTEDT, Kurt: Vertragsfreiheit und Konzentration. Rechtsprobleme einer Begründung und Bindung von Marktmacht, in: Die Konzentration in der Wirtschaft, herausgegeben von Helmut Arndt, 2. Auflage, Berlin 1971, S. 537 ff.

BARNA, T.: Exclusive Dealing in Petrol: A Reply, in: Economica, Band 33 (1966), S. 226 ff.

BARTHOLOMEYCZIK, Horst: Wann aktualisiert sich der potentielle Wettbewerb für die Rechtsanwendung?, in: Wirtschaft und Wettbewerb, 21. Jahrgang (1971), S. 764 ff.

BATZER, Erich; MEYERHÖFER, Walter: Aufgaben, Stellung und Entwicklungsperspektiven der Handelsvertretung in der Bundesrepublik Deutschland, Berlin, München 1970

BAUM, Gerhard: „Die Benzin-Qualitäten sind besser geworden" (Interview), in: Die Welt, Nr. 146 vom 26. 6. 1976

BAUMBACH, Adolf: Duden, Konrad, Handelsgesetzbuch, 20. Auflage, München 1972

BAUR, Jürgen F.: Der Mißbrauch im deutschen Kartellrecht, Tübingen 1972

Bayerische Staatsregierung, Benzinpreise in Bayern, Auszug aus der Antwort der Bayerischen Staatsregierung vom 17. Februar 1977 auf eine Interpellation der SPD-Fraktion, in: Wirtschaft und Wettbewerb, 27. Jahrgang (1977), S. 312 f.

BELKE, Rolf: Kundenbeschränkung und Verkaufsverweigerung im Antitrustrecht der Vereinigten Staaten, Stuttgart 1967

— Die vertikalen Wettbewerbsbeschränkungsverbote nach der Kartellgesetznovelle 1973, in: Zeitschrift für das gesamte Handelsrecht und Wirtschaftsrecht, Band 138 (1974), Teil 1: S. 227 ff., Teil 2: S. 291 ff., Teil 3: S. 417 ff.

BENISCH, Werner: Fehlentwicklungen eines Individualschutzes nach § 18 der Kartellgesetznovelle, in: Wettbewerb in Recht und Praxis, 20. Jahrgang (1970), S. 369 ff.

— § 26 GWB, in: Gesetz gegen Wettbewerbsbeschränkungen und Europäisches Kartellrecht. Gemeinschaftskommentar, herausgegeben von Hans Müller-Henneberg und Gustav Schwartz, 3. Auflage, 9. Lieferung, Köln, Berlin, Bonn, München 1976

BENNIGSEN-FOERDER, Rudolf von: Auszüge aus der Rede von Herrn Rudolf v. Bennigsen-Foerder, Vorsitzender des Vorstandes der VEBA AG, auf der Hauptversammlung der VEBA AG, am 26. Aug. 1976, in: Zeitschrift für das gesamte Kreditwesen, 29. Jahrgang (1976), S. 1017 ff. (PR-Anzeige)

— Mineralölindustrie zwischen den Feuern, in: Oel, Zeitschrift für die Mineralölwirtschaft, 14. Jahrgang (1976), S. 154 ff.

BERGER, Matthias J.: Die Arzneimittelversorgung durch Apotheken — Volkswirtschaftliche Überlegungen zur staatlichen Gesundheitspolitik, Veröffentlichungen des Forschungsinstituts für Wirtschaftspolitik an der Universität Mainz, Band 33, Berlin 1974

BERZAU, Heinz: Die Selbständigkeit von Unternehmen im Wettbewerb und ihre Beschränkung durch vertikale Abhängigkeiten, Dissertation, Berlin 1969

BETHKENHAGEN, Jochen: Bedeutung und Möglichkeiten des Ost-West-Handels mit Energierohstoffen, DIW-Sonderheft 104, Berlin 1975

BEYER, Ulrich: Die mittleren und kleinen Betriebe der Mineralölwirtschaft in der Bundesrepublik Deutschland, Dissertation, Hamburg 1958

BIEDENKOPF, Kurt H.: Über das Verhältnis wirtschaftlicher Macht zum Privatrecht, in: Wirtschaftsordnung und Rechtsordnung, Festschrift zum 70. Geburtstag von Franz Böhm, herausgegeben von Helmut Coing, Heinrich, Kronstein, Ernst-Joachim Mestmäcker, Karlsruhe 1965, S. 113 ff.

— Vertragliche Wettbewerbsbeschränkung und Wirtschaftsverfassung. Die Ausschließlichkeitsklausel als Beispiel, Heidelberg 1958

BIERLING, Wilhelm: Die Sicherung des Marktzugangs dritter Unternehmen gegenüber Absatzbindungen, in: Wettbewerb in Recht und Praxis, 19. Jahrgang (1969), S. 258 ff.

BIRKHAHN, Raimund: Die Ausschließlichkeitsklausel in Handelsvertreterverträgen unter besonderer Berücksichtigung des § 18 GWB, Dissertation, Hamburg 1961

BLUME, Otto; MÜLLER, Gislinde; RÖPER, Burkhardt: Werbung für Markenartikel — Auswirkungen auf Markttransparenz und Preise —, Kommission für wirtschaftlichen und sozialen Wandel, Band 133, Göttingen 1976

Board of Trade, Annual Report by the Board of Trade for the year ended 31 December 1966, London 1967

— Annual Report by the Board of Trade for the year ended 31 December 1968, London 1969

BODE, Peter: Neues zum Problem des „angemessenen Verrechnungspreises" im internationalen Konzern in steuerlicher Sicht, in: Außenwirtschaftsdienst des Betriebs-Beraters, 22. Jahrgang (1976), S. 189 ff.

BRANDI, Fritz: Lösung der Strukturprobleme ist Frage der Rentabilität, in: Handelsblatt, Nr. 122 vom 29. 6. 1977

BÜNTIG, Heinz: Kartellersatz durch vertikale Preisbindung, in: Wirtschaft und Wettbewerb, 7. Jahrgang (1957), S. 143 ff.

Bundesamt für gewerbliche Wirtschaft, Bericht über das Ergebnis einer Untersuchung der Konzentration in der Wirtschaft, in: Bundestagsdrucksache IV/2320

Bundeskartellamt, Bericht des Bundeskartellamtes über seine Tätigkeit im Jahre 1960 sowie über Lage und Entwicklung auf seinem Aufgabengebiet (zitiert als Kartellbericht 1960)

Bundeskartellamt, Kartellbericht 1964

— Kartellbericht 1966

— Kartellbericht 1968

— Kartellbericht 1970

— Kartellbericht 1972

— Kartellbericht 1973

— Kartellbericht 1974

— Presseinformation vom 29. April 1974, abgedruckt in: Wirtschaft und Wettbewerb, 24. Jahrgang (1974), S. 398 f.

Bundesregierung, Regierungsentwurf eines Gesetzes gegen Wettbewerbsbeschränkungen, § 13 (der jetzige § 18), in: Bundestagsdrucksache II/1158

Bundesverband des deutschen Tankstellen- und Garagengewerbes (BTG), Geschäftsbericht 1974 (zitiert als BTG-Geschäftsbericht 1974)

— BTG-Geschäftsbericht 1975

— Aufhebung der Ausschließlichkeitsbindung bei Benzin bedeutet Abschied vom Agenturgeschäft im Tankstellengewerbe, in: Tankstelle, Heft 9 (1975), S. 389 f.

Burchard, Hans-Joachim: Die Situation der Mineralölwirtschaft in der Bundesrepublik Deutschland, in: Oel, Zeitschrift für die Mineralölwirtschaft, 14. Jahrgang (1976), S. 242 ff.

Caspary, Manfred: Das Treibstoffgeschäft in der Bundesrepublik, Dissertation, Tübingen 1958

Chase Manhattan Bank, Finanzial Analysis of a Group of Petroleum Companies, New York 1971

de Chazeau, Melvin G.; Kahn, Alfred E.: Integration and Competition in the Petroleum Industry, New Haven 1959

Clark, John Maurice: Competition as a Dynamic Process, Washington D.C. 1961

— Competition and the Objective of Government Policy, in: Monopoly and Competition and their Regulation, herausgegeben von E. H. Chamberlin, London 1954, S. 317 ff.

Comanor, William S.: Vertival Mergers, Market Powers, and the Antitrust Laws, in: American Economic Review, Papers and Proceedings, Band 57 (1967), S. 254 ff.

Commerzbank, Wer gehört zu wem, 10. Auflage, ohne Ort, 1973

Cramer, Horst H.: Die Wettbewerbsverbote von Handelsvertretern und ihre kartellrechtliche Beurteilung. FIW-Schriftenreihe, Heft 61, Köln, Berlin, Bonn, München 1972

DALLY, Hans: Rationelle Energienutzung in der Mineralölwirtschaft, in: Oel, Zeitschrift für die Mineralölwirtschaft, 15. Jahrgang (1977), S. 182 f.

DERINGER, Arved; TESSIN, Claus: Zur Auslegung der Neufassung des § 18, in: Wirtschaft und Wettbewerb, 16. Jahrgang (1966), S. 132 ff.

Deutsche BP AG, BP-Tankstellenvertrag

— BP-Tankhausvertrag

— Zahlen aus der Mineralölwirtschaft, ohne Ort, 1976

Deutsche Shell AG, Shell-Tankstellen-Vertriebsvertrag

— Vertragsformular zur Eintragung einer beschränkten persönlichen Dienstbarkeit

Deutsche Texaco Verkauf GmbH, Texaco-Tankstellenvertrag

DIRLAM, Joel B.; KAHN, Alfred E.: Leadership and Conflict in the Pricing of Gasoline, in: The Yale Law Journal, Band 61 (1952), S. 818 ff.

DIXON, Donald F.: Economic Effects of Exclusive Dealing and Ownership Control: The United Kingdom Petrol Case revisited, in: Antitrust Bulletin, Band 18 (1973), S. 375 ff.

DRUMM, Hans Jürgen: Probleme der Kalkulation und Bestandsbewertung bei Lenkungs- und Verrechnungspreisen, in: Zeitschrift für Betriebswirtschaft, 42. Jahrgang (1972), S. 471 ff.

— Zu Stand und Problematik der Verrechnungspreisbildung in deutschen Industrieunternehmungen, in: Schmalenbachs Zeitschrift für betriebswirtschaftliche Forschung, Sonderheft 2 1973: Verrechnungspreise, S. 91 ff.

ECKSTEIN, Wolfram: Vertikale Preisbindung und Produzentenwettbewerb, in: Wettbewerb als Aufgabe. Nach zehn Jahren Gesetz gegen Wettbewerbsbeschränkungen, herausgegeben von Ernst-Joachim Mestmäcker, Bad Homburg v. d. H., Berlin, Zürich 1968, S. 209 ff.

EICH, Rudolf B.: Investitionstätigkeit und Investitionspolitik in der internationalen Mineralölindustrie, Berlin 1971

ENGELMANN, Ulrich: Der neue deutsche Energiekonzern VEBA/Gelsenberg, in: ÖWG, Öffentliche Wirtschaft und Gemeinwirtschaft, 24. Jahrgang (1975), S. 69 f.

Esso-AG, Esso-Tankstellenvertrag

EWALD, Heinz: Die Ausschließlichkeitsklausel im Tankstellenvertrag Kartellrechtliche Bedenken? (Gutachten), in: Der Betriebs-Berater, 8. Jahrgang (1953), S. 307 ff.

FISCHER, Klaus-Dieter: Westeuropas Raffineriekapazität stagniert, in: Oel, Zeitschrift für Mineralölwirtschaft, 14. Jahrgang (1976), S. 170 ff.

FISCHÖTTER, Werner: Zum erweiterten Diskriminierungsverbot nach § 26 Abs. 2 GWB, in: Wirtschaft und Wettbewerb, 24. Jahrgang (1974), S. 379 ff.

FRENKEL, Rainer: Der programmierte Schock, in: Die Zeit, Nr. 21 vom 14. 5. 1976

GALLUS, Michael: Wettbewerbsbeschränkungen im Recht des Handelsvertreters, München 1971

GANDENBERGER, Otto: Konkurrenzinformation und Wettbewerb, in: Jahrbücher für Nationalökonomie und Statistik, Band 188 (1973), S. 10 ff.

GIERSCH, Herbert: Aufgaben der Strukturpolitik, in: Hamburger Jahrbuch für Wirtschafts- und Gesellschaftspolitik, 9. Jahrgang (1964), S. 61 ff.

GRÖNER, Helmut: Ölkrise und Marktmacht, in: Ordo, Jahrbuch für die Ordnung von Wirtschaft und Gesellschaft, Band 26 (1975), S. 171 ff.

GRÜNER, Martin: Benzinpreisentwicklung und Wettbewerbslage Freier Tankstellen. Antwort auf mündliche Fragen des Abgeordneten Wolfram, abgedruckt in: Wirtschaft und Wettbewerb, 26. Jahrgang (1976), S. 568 ff.

GUTENBERG, Erich: Grundlagen der Betriebswirtschaftslehre, zweiter Band: Der Absatz, 15. Auflage, Berlin, Heidelberg, New York 1975

HALE G. E.; HALE, Rosemary D.: Market Power, Size and Shape under the Sherman Act, Boston, Toronto 1958

HAMM, Walter: Wettbewerbspolitische Aspekte genossenschaftlicher Aktivität in: Genossenschaften, Demokratie und Wettbewerb. Verhandlungsberichte und Diskussionsergebnisse der VII. Internationalen Genossenschaftswissenschaftlichen Tagung Münster 1972, Tübingen 1972, S. 465 ff.

— Kollektive Investitionslenkung, in: Ordo, Jahrbuch für die Ordnung von Wirtschaft und Gesellschaft, Band 27 (1976), S. 134 ff.

HAX, Herbert: Vertikale Preisbindung in der Markenartikelindustrie, Köln, Opladen 1961

HENSEN, Jürgen: Die kartellrechtliche Mißbrauchsokontrolle und das Wettbewerbsverbot des Handelsvertreters, Bielefeld 1973

HEUSS, Ernst: Allgemeine Markttheorie, Tübingen, Zürich 1965

— Ökonomische und logische Bemerkungen zur Teerfarbenentscheidung des BGH, in: Neue Juristische Wochenschrift, 25. Jahrgang (1972), S. 11 f.

— Aufeinander abgestimmtes Verhalten — Sackgasse und Ausweg, in: Wirtschaft und Wettbewerb, 24. Jahrgang (1974), S. 369 ff.

HEUSS, Ernst: Wachstum und Wettbewerbsbeschränkungen, in: Wettbewerb als Aufgabe. Nach zehn Jahren Gesetz gegen Wettbewerbsbeschränkungen, herausgegeben von Ernst-Joachim Mestmäcker, Bad Homburg v. d. H., Berlin, Zürich 1968 S. 29 ff.

HEYDE, Werner: Wettbewerbsverhältnisse und Absatzpolitik auf dem westdeutschen Benzinmarkt, Dissertation, München 1960

HEYER, Louis Ferdinand: Rechtsfragen an Tankstelle und Garage, Würzburg 1964

HIRSCH, Ernst E.: Das Recht im sozialen Ordnungsgefüge. Beiträge zur Rechtssoziologie, Berlin 1966

HOLM, Karl-Friedrich: Vergleich der Verhaltensweise von Pkw-Fahrern in verschiedenen Ländern, in: Motoring and Motorists, ohne Ort und Jahr (wahrscheinlich 1972)

— Zusammenarbeit zwischen Marktforschung und Werbung an Hand praktischer Beispiele (unveröffentlichtes Vortragsmanuskript), ohne Ort, 1964

HOPPMANN, Erich: Vertikale Preisbindung und Handel, Berlin 1957

— Preiskontrolle und Als-Ob-Konzept, Tübingen, 1974

— Zu Schutzobjekt des GWB, in: Wettbewerb als Aufgabe. Nach zehn Jahren Gesetz gegen Wettbewerbsbeschränkungen, herausgegeben von Ernst-Joachim Mestmäcker, Bad Homburg v. d. H., Berlin, Zürich 1968, S. 61 ff.

ILSEMANN, Wilhelm von: Rotterdam — Drehscheibe der Versorgung, in: Handelsblatt, Nr. 122 vom 29. 6. 1977

JACOBSOHN, Hans: Die Ausschließlichkeitsklausel im Tankstellenvertrag (Erwiderung), in: Der Betriebs-Berater, 8. Jahrgang (1953), S. 609 ff.

JOHN, Peter: Die Kontrolle von Marktmacht in Großbritannien. Konzeption, Genesis und Praxis der Wettbewerbspolitik gegenüber Monopolen und Unternehmenszusammenschlüssen. FIW-Schriftenreihe, Heft 68, Köln, Berlin, Bonn, München 1974

JÜRGENSEN, Harald: Mineralölmärkte ohne Gleichgewicht, in: Wirtschaftsdienst, 57. Jahrgang (1977), S. 409 ff.

JUNGBLUT, Michael: Schlimmer als ein Juso, in: Die Zeit, Nr. 40 24. 9. 1976

KAMIN, Paul; STEFFEN, Brigitte: Zum Stande der Konversionstechnik, in: Oel, Zeitschrift für die Mineralölwirtschaft, 14. Jahrgang (1976), S. 334 ff.

KANTZENBACH, Erhard: Die Funktionsfähigkeit des Wettbewerbs, Göttingen 1966

KARTTE, Wolfgang: Wettbewerbspolitik auf neuen Wegen?, in: Der Markenartikel, 38. Jahrgang (1976), S. 394 ff.

— Macht und Ohnmacht der multinationalen Unternehmen, in: Oel, Zeitschrift für die Mineralölwirtschaft, 14. Jahrgang (1976), S. 158 ff.

KEISER, G.: Der Aufbau der westdeutschen Mineralölwirtschaft, in: Mitteilungen des Rheinisch-Westfälischen Instituts für Wirtschaftsforschung, 6. Jahrgang (1955), S. 1 ff.

KEMMER, Heinz-Günter: Tricks mit Roz und Moz, in: Die Zeit, Nr. 19 vom 30. 4. 1976

KISTOWSKI, Askar von: Der Tankstellenvertrag. Eine Untersuchung in handels- und arbeitsrechtlicher Hinsicht, Dissertation, Köln 1962.

KOCH, Heinrich Ludwig: Tankschiffahrt aus der Sicht einer internationalen Ölgesellschaft, in: Oel, Zeitschrift für die Mineralölwirtschaft, 14. Jahrgang (1976), S. 226 ff.

KOEBLE, Wolfgang: Die kartellrechtliche Beurteilung von Preis- und Ausschließlichkeitsbindungen in Handelsvertreter- und Vertragshändlerverträgen — am Beispiel der Tankstellenverträge —, Dissertation, Göppingen 1973

KOENIGS, Folkmar: Einige Probleme des § 18 GWB, in: Wettbewerb als Aufgabe. Nach zehn Jahren Gesetz gegen Wettbewerbsbeschränkungen, herausgegeben von Ernst-Joachim Mestmäcker, Bad Homburg v. d. H., Berlin, Zürich 1968, S. 301 ff.

KOHLMORGEN, Thomas: Getankt und geheizt wird immer (Interview), in: Mainzer Allgemeine Zeitung, Nr. 18 vom 22./23. 1. 1977

Kommission der Europäischen Gemeinschaften, Bericht der Kommission über das Verhalten der Ölgesellschaften in der Gemeinschaft während der Periode Oktober 1973 bis März 1974, Brüssel 1975 (zitiert als Kommissionsbericht)

— Die Klein- und Mittelbetriebe der Mineralölwirtschaft in der Europäischen Gemeinschaft, Brüssel 1974

— Stand der Umweltschutzarbeiten: Erster Bericht, Brüssel 1977

KREIS, Helmut: Ausschließlichkeitsbindungen in Tankstellenverträgen, in: Der Betriebs-Berater, 22. Jahrgang (1967), S. 942 ff.

KRELLE, Wilhelm: Preistheorie, Tübingen, Zürich 1961

KRONSTEIN, Heinrich; MILLER, John T.; DOMMER, Paul P.: Major American Antitrust Laws, New York 1965

KRÜPER, Manfred, Sektorale Strukturpolitik in der Mineralölindustrie — Eine Fallstudie, in: WSI-Mitteilungen, 30. Jahrgang (1977), S. 100 ff.

KUMPF, Wolfgang: Ermittlung steuerlicher Entgelte zur Verrechnung des internen Leistungsverkehrs internationaler Konzerne, Dissertation, Mannheim 1976

LAMPE, Adolf: Stellung und Aufgabe des Handelsvertreters in der Gesamtwirtschaft. Aus dem Nachlaß herausgegeben von Joachim Tiburtius, Berlin 1962

LENEL, Hans Otto: Ausschließlichkeitsbindungen, Wettbewerb und Konzentration, in: Wirtschaftspolitische Chronik, Beiträge zur Wirtschafts- und Sozialpolitik, Festgabe für Fritz W. Meyer, 16. Jahrgang (1967), Heft 2/3, S. 93 ff.

— Unternehmensverflechtungen in der EWG, Frankfurt 1972

— Ursachen der Konzentration unter besonderer Berücksichtigung der deutschen Verhältnisse, 2. Auflage, Tübingen 1968

LEO, Hans-Christoph: Das Wettbewerbsverbot des Handelsvertreters im Lichte des § 18 GWB, in: Wettbewerb in Recht und Praxis, 24. Jahrgang (1969), S. 85 ff.

LOCKHART, William B.; SACKS, Howard R.: The Relevance of Economic Factors in determing whether Exclusive Arrangements violate Section 3 of the Clayton Act, in: The Harvard Law Review, Band 65 (1952), S. 913 ff.

LUDEWIG, Johannes: Der Rotterdamer Markt, in: Oel, Zeitschrift für die Mineralölwirtschaft, 15. Jahrgang (1977), S. 164 ff.

MACHLUP, Fritz: Wettbewerb im Verkauf, Göttingen 1966

MARKERT, Kurt: Der Bericht der englischen Monopolkommission über Wettbewerbsbeschränkungen im Tankstellenvertrieb, in: Wirtschaft und Wettbewerb, 16. Jahrgang (1966), S. 49 ff.

— Die Neuregelung des englischen Tankstellenvertriebs, in: Wirtschaft und Wettbewerb, 17. Jahrgang (1967), S. 194 ff.

— Tankstellennebengeschäft und Antitrustrecht, in: Wirtschaft und Wettbewerb, 19. Jahrgang (1969), S. 546 ff.

MARQUARDT, Klaus: Autofahrer bleiben auf Öl angewiesen, in: Handelsblatt, Nr. 122 vom 29. 6. 1977

MATTHIESEN, Peter E.: Superstreit um MOZ, in: Deutsche Zeitung, Nr. 32 vom 6. 8. 1976

MAYERLE, Reinhold: Die kartellrechtliche Zulässigkeit von Alleinvertriebsverträgen mit Eigenhändlern im amerikanischen Recht, Dissertation, Tübingen 1966

MEFFERT, Heribert: Marketing, Wiesbaden 1977

MEINHARDT, Peter: Der englische Fair Trading Act von 1973, in Außenwirtschaftsdienst des Betriebs-Beraters, 20. Jahrgang (1974) S. 225 ff,

MEISSNER, Manfred: Die Auslegung des § 15 GWB im Hinblick auf Preisbindungen im Rahmen von Interessenwahrungsverhältnissen, Dissertation, Hamburg 1965

MERZ, Hans: Kartellrecht — Instrument der Wirtschaftspolitik oder Schutz der persönlichen Freiheit?, in: Wirtschaftsordnung und Rechtsordnung, Festschrift zum 70. Geburtstag von Franz Böhm, herausgegeben von Helmut Coing, Heinrich Kronstein, Ernst-Joachim Mestmäcker, Karlsruhe 1965, S. 227 ff.

MESTMÄCKER, Ernst-Joachim: Ausschließlichkeitsverträge, Kopplungsverträge und offene Märkte, in: Juristenzeitung, 9. Jahrgang (1954), S. 621 ff.

— Der Bericht der englischen Monpolkommission, in: Ordo, Jahrbuch für die Ordnung von Wirtschaft und Gesellschaft, Band 8 (1956), S. 265 ff.

MEYER, Fritz W.: Warum feste Preise für Markenartikel?, in: Ordo, Jahrbuch für die Ordnung von Wirtschaft und Gesellschaft, Band 6 (1954), S. 133 ff.

MEYERHÖFER, Walter: Die Handelsvermittlung — wichtiges Bindeglied der Wirtschaft, in: ifo-Schnelldienst, 29. Jahrgang (1976), Heft 14, S. 23 ff.

MICHAELIS, Alfred: Erdöl in der Weltwirtschaft und Weltpolitik, Berlin 1974

Mineralölwirtschaftsverband (MWV), Jahresbericht 1975 (zitiert als MWV-Jahresbericht)

— Zur Entwicklung des Energieverbrauchs in der Bundesrepublik Deutschland, in: Oel, Zeitschrift für die Mineralölwirtschaft, 15. Jahrgang (1977), S. 150 ff.

MÖHRMANN, Dieter: Tankstellentypen und Wettbewerbsarten im Treib- und Schmierstoffvertrieb, Dissertation, Hamburg 1962

MÖNIG, Walter; SCHMITT, Dieter; SCHNEIDER, Hans K.; SCHÜRMANN, Jürgen: Konzentration und Wettbewerb in der Energiewirtschaft, München 1977

MÖSCHEL, Wernhard: Der Oligopolmißbrauch im Recht der Wettbewerbsbeschränkungen. Eine vergleichende Untersuchung zum Recht der USA, Großbritanniens, der EWG und der Bundesrepublik Deutschland, Tübingen 1974

The Monopolies Commission: Petrol — A Report on the Supply of Petrol Retailers in the United Kingdom, London 1965

Monopolkommission, Anwendung und Möglichkeiten der Mißbrauchsaufsicht über marktbeherrschende Unternehmen seit Inkrafttreten der Kartellgesetznovelle, Sondergutachten 1, Baden-Baden 1975

Monopolkommission, Wettbewerbliche und strukturelle Aspekte einer Zusammenfassung von Unternehmen im Energiebereich (VEBA/Gelsenberg) Sondergutachten 2, Baden-Baden 1975

— Mehr Wettbewerb ist möglich, Hauptgutachten 1973/1975, Baden-Baden 1976

MÜLLER, Jürgen; WHITE, Lawrence J.: Zur Diskussion um das „Als-ob-Wettbewerbs"-Konzept nach § 22 GWB, in: Wirtschaft und Wettbewerb, 25. Jahrgang (1975), S. 137 ff.

MULFINGER, Albrecht: Auf dem Weg zur gemeinsamen Mineralölpolitik, Berlin 1972

NIESCHLAG, Robert; DICHTL, Erwin; HÖRSCHGEN, Hans: Marketing, 8. Auflage, Berlin 1975

NIPPOLD, Dietrich: Der Tankstellenvertrag, Dissertation, Würzburg 1966

OEHME, Wolfgang: Hat die Ölindustrie noch Zukunft?, in: Oel, Zeitschrift für die Mineralölwirtschaft, 14. Jahrgang (1976), S. 124 ff.

PASS, C. L.; HAWKINS, F. H.: Exclusive Dealing, Supplier Ownership of Outlets and the Public Interest: The Petrol Case, in: Antitrust Bulletin, Band 17 (1972), S. 567 ff.

RADZIO, Heiner: Kartellamt wird zur Wettbewerbs-Polizei, in: Handelsblatt, Nr. 84 vom 2. 5. 1977

— Gründe für den Wechsel der Veba-Chemie-Spitze, in: Handelsblatt, Nr. 171 vom 6. 9. 1977

RAISCH, Peter: Zum Begriff des Mißbrauchs im Sinne des § 22 GWB, in: Wettbewerb als Aufgabe. Nach zehn Jahren Gesetz gegen Wettbewerbsbeschränkungen, herausgegeben von Ernst-Joachim Mestmäcker, Bad Homburg v. d. H., Berlin, Zürich 1968, S. 357 ff.

RASCH, Harold: Ausschließlichkeitsbindungen im Handelsvertreterrecht, in: Wirtschaft und Wettbewerb, 8. Jahrgang (1958), S. 208 ff.

REHBINDER, Manfred: Der Tankstellenvertrag im Blickfeld der Rechtstatsachenforschung, Berlin 1971

REINTGES, Heinz; SCHORN, Paul; SCHRÖDTER, Emil; WILLING, Hans-Gerhard; (Hrsg.): Jahrbuch für Bergbau, Energie, Mineralöl und Chemie 1976/77, Essen 1976

RIEDL, Helmut: Der Mineralölmarkt in der Bundesrepublik, in: Der Markt, Zeitschrift für Absatzwirtschaft und Absatzpolitik, Heft 23 (1967), S. 79 ff.

RIESENKAMPFF, Alexander: Die Ausschließlichkeitsbindung des Tankstellenhalters für Treib- und Schmierstoffe, in: Der Betriebs-Berater, 23. Jahrgang (1968), S. 732 ff.

Rifai, Taki: The Pricing of Crude Oil. Economic and Strategic Guidelines for an International Energy Policy, New York 1975

Rittner, Fritz: Die Ausschließlichkeitsbindungen in dogmatischer und rechtspolitischer Betrachtung, Düsseldorf 1957

— Das Wettbewerbsverbot im Handelsvertreterverhältnis, in: Festschrift für Rudolf Reinhardt zum 70. Geburtstag, herausgegeben von Klemens Pleyer, Dietrich Schultz, Erich Schwinge, Köln-Marienburg 1972, S. 301 ff.

— Die Wettbewerbsverbote der Handelsvertreter und § 18 GWB, in: Zeitschrift für das gesamte Handelsrecht und Wirtschaftsrecht, Band 135 (1971), S. 289 ff.

Rohde, Klaus E.: Die „Organisation Erdöl exportierender Länder" (OPEC) — Strategie und energiewirtschaftliche Bedeutung eines internationalen Kartells, in: Wirtschaftspolitische Chronik, Beiträge zur Wirtschafts- und Sozialpolitik, Festgabe für Fritz W. Meyer, 16. Jahrgang (1967), Heft 2/3, S. 241 ff.

Roidl, Harald: Die Ausschließlichkeitsbindung in Tankstellenverträgen, in: Deutsches Autorecht, 28. Jahrgang (1959), S. 286 ff.

Rostow, Eugene V.; Sachs, Arthur S.: Entry into the Oil Refining Business; Vertical Integration Re-examined, in: The Yale Law Journal, Band 61 (1952), S. 856 ff.

Ruhwinkel, Wolfgang: Ausschließlichkeitsbindungen im Wettbewerb. Eine Studie am Beispiel des Art. 85 EWG-V, Dissertation, München 1970

Sachverständigenrat: Zu den gesamtwirtschaftlichen Auswirkungen der Ölkrise, Sondergutachten vom 17. 12. 1973, in: Bundestagsdrucksache 7/2848

— Jahresgutachten 1974 zur Begutachtung der gesamtwirtschaftlichen Entwicklung, in: Bundestagsdrucksache 7/2848

Sandrock, Otto: Gentlemen's agreement, aufeinander abgestimmte Verhaltensweise und gleichförmiges Verhalten nach dem GWB, in: Wirtschaft und Wettbewerb, 21. Jahrgang (1971), S. 859 ff.

— Grundbegriffe des Gesetzes gegen Wettbewerbsbeschränkungen, München 1968

Sartorius, Ruth: Der Mineralölgroßhandel — seine Bedeutung und seine historische Entwicklung unter besonderer Berücksichtigung der Standortfragen des mittelständischen Mineralölgroßhandels Westdeutschlands, Dissertation, Tübingen 1954

Sauermann, Peter: Der Einfluß von Werbung und Promotionen auf das Tankverhalten des Autofahrers, Dissertation, München 1973

Schach, Gunther: Erdölwerke Frisia, Scheidung auf ostfriesisch, in: Deutsche Zeitung, Nr. 19 vom 29. 4. 1977

SCHÄFER, Manfred: Die Saarlandraffinerie, in: Oel, Zeitschrift für die Mineralölwirtschaft, 15. Jahrgang (1977), S. 217 ff.

SCHEIB, Hans H.: Branchenbesonderheiten. Falsche und richtige wirtschaftspolitische Argumente, Veröffentlichungen des Forschungsinstituts für Wirtschaftspolitik an der Universität Mainz, Band 22, Heidelberg 1967

SCHELLACK, Rüdiger: Die Selbstbeschränkung der Mineralölwirtschaft. Aspekte der Angebotsbeschränkung beim leichten Heizöl unter besonderer Berücksichtigung der Folgen für den unabhängigen Importeur, Dissertation, Freiburg i. Br., 1968

SCHENK, Hans-Otto; SPANNAGEL, Rolf; WÖLK, Andrea: Funktionen und Leistungen der Handelsvertretung im Wettbewerb der Vertriebssysteme, Berlin 1974

SCHENK, Hans-Otto; WÖLK, Andrea: Vertriebssysteme zwischen Industrie und Handel, Berlin 1971

SCHERHORN, Gerhard: Information und Kauf. Empirische Analyse der „Markttransparenz", Köln, Opladen 1964

— Gesucht: der mündige Verbraucher. Grundlagen eines verbraucherpolitischen Bildungs- und Informationssystems, Düsseldorf 1973

SCHEUFELE, Helmut: „Vertikale Wettbewerbsbeschränkungen", in: Der Betriebs-Berater, 31. Jahrgang (1976), S. 1633 ff.

SCHIEWECK, Erich: Weltenergie-Evolution, in: Reintges, Heinz, u. a. (Hrsg.), Jahrbuch für Bergbau, Energie, Mineralöl und Chemie 1976/77, Essen 1976, S. 1 ff.

SCHMIDT, Frank: Öffentlich-rechtliche Bevorratungskörperschaft — eine Alternative zur Bevorratung?, in: Oel, Zeitschrift für die Mineralölwirtschaft, 14. Jahrgang (1976), S. 340 ff.

— Neues Vorratssystem baut Wettbewerbsverzerrungen ab, in: Handelsblatt, Nr. 122 vom 29. 6. 1977

SCHMIDT, Ingo: US-amerikanische und deutsche Wettbewerbspolitik gegenüber Marktmacht, Berlin 1973

SCHMIDT, Ulrich; THIELE, Harald: Die Ausschließlichkeitsbindung des Tankstellenhalters für Treib- und Schmierstoffe, in: Der Betriebs-Berater, 23. Jahrgang (1969), S. 886 ff.

SCHMIDT-RIMPLER, Walter: Rechtsgutachten über die Zulässigkeit der Ausschließlichkeitsklausel in den Tankstellen- und Selbstverbraucherverträgen der Treibstoffgesellschaften, Bonn 1952

SCHMITT, Dieter; SCHÜRMANN, Jürgen: Windfall Profits (1). Im Schatten der Scheiche, in: Wirtschaftswoche, Nr. 26 vom 25. 6. 1976, S. 59 ff.

SCHNEIDER, Hans K.: Entwicklungsprobleme des Welterdölmarktes, in: Die Versorgung der Weltwirtschaft mit Rohstoffen, Beihefte der Konjukturpolitik, Heft 23, Berlin 1976, S. 56 ff.

SCHNEIDER, Olaf: Die Preiszusammenhänge auf dem deutschen Treibstoffmarkt, Dissertation, Hamburg 1961

SCHÖTTLER, Bodo: Maßnahmen zur Kostensenkung in der Erdölverarbeitung und im Vertrieb der Mineralölprodukte, Dissertation, Köln 1970

SCHUBERT, Manfred G.: Ist Rotterdam an allem schuld? — oder „Die Geister, die ich rief ... ", in: Oel, Zeitschrift für die Mineralölwirtschaft, 14. Jahrgang (1976), S. 32 ff.

SCHÜLLER, Alfred: Dienstleistungsmärkte in der Bundesrepublik Deutschland. Sichere Domänen selbständiger mittelständischer Unternehmen? Abhandlungen zur Mittelstandsforschung Nr. 25, Köln, Opladen 1967

— Preisbindungsverbot und Preisflexibilität, in: Wirtschaft und Wettbewerb, 18. Jahrgang (1968), S. 797 ff.

— Vermachtungserscheinungen im tertiären Sektor, in: Ordo, Jahrbuch für die Ordnung von Wirtschaft und Gesellschaft, Band 19 (1968), S. 171 ff.

SCHÜRMANN, Jürgen: Vermachtungstendenzen im internationalen Ölhandel und wirtschaftspolitische Konsequenzen, in: Wirtschaftspolitische Chronik, 24. Jahrgang (1975), Heft 1, S. 47 ff.

SCHÜRMEYER, Guido: Die Entwicklung der Bedingungen für die Suche und Förderung von Erdöl und Erdgas, in: Oel, Zeitschrift für die Mineralölwirtschaft, 15. Jahrgang (1977), S. 32 ff.

SCHWARTZ, Gustav: Die Problematik des § 18 GWB, in: Gewerblicher Rechtsschutz und Urheberrecht, 73. Jahrgang (1971), S. 397 ff.

— § 15 GWB, in: Gesetz gegen Wettbewerbsbeschränkungen und Europäisches Kartellrecht. Gemeinschaftskommentar, herausgegeben von Hans Müller-Henneberg und Gustav Schwartz, 3. Auflage, 2. Lieferung, Köln, Berlin, Bonn, München 1972

— § 18 GWB, in: Gesetz gegen Wettbewerbsbeschränkungen und Europäisches Kartellrecht. Gemeinschaftskommentar, herausgegeben von Hans Müller-Henneberg und Gustav Schwartz, 3. Auflage, 7. Lieferung, Köln, Berlin, Bonn, München 1974

SONTAG, Peter-Michael: Ausschließlichkeitsverträge — Individualschutz und Wettbewerbsschutz, in: Wettbewerb in Recht und Praxis, 20. Jahrgang (1970), S. 229 ff.

Spitzenverbände des Tankstellengewerbes: Die Auswirkungen der vertraglichen Bindungen Tankstellen — Mineralölgesellschaften, Stand: Mai 1975, abgedruckt als Anhang des BTG-Geschäftsberichtes 1974

Statistisches Bundesamt: Statistisches Jahrbuch für die Bundesrepublik Deutschland, Stuttgart, Mainz, verschiedene Jahrgänge

STAVENHAGEN, Lutz: Probleme der Preisbildung auf dem internationalen Mineralölmarkt, Dissertation, Tübingen 1968

STEINDORFF, Ernst: Vereitelte Ansprüche und Wettbewerbsverbot des Handelsvertreters, in: Zeitschrift für das gesamte Handelsrecht und Wirtschaftsrecht, Band 130 (1967), S. 82 ff.

SWEETS-SPORCK, Peter: „ ... glaubwürdig sein", in: Wirtschaftswoche, Nr. 47 vom 19. 11. 1976, S. 42 ff.

THÜNEN, Heinrich von: Die deutsche Mineralölwirtschaft, Hamburg 1956

TIRPITZ, Egbert von: Jahresberichte 1968 und 1969 des Board of Trade über die Anwendung der Konzentrationsgesetzgebung in England, in: Wirtschaft und Wettbewerb, 21. Jahrgang (1971), S. 248 ff.

TOWNSEND, Harry: Exclusive Dealing in Petrol: Some Comments, in: Economica, Band 32 (1965), S. 410 ff.

ULMER, Peter: Der Vertragshändler, München 1969

UNITI Bundesverband mittelständischer Mineralölunternehmen: Jahresbericht 1974 (zitiert als UNITI-Jahresbericht 1974)

— UNITI-Jahresbericht 1975

VOLLRATH, Heinz: Die Mineralölwirtschaft in der Bundesrepublik. Ihr Aufbau und ihre Entwicklung seit 1945, Dissertation, Nürnberg 1959

VOSS, Heinz: Handelsvertreter, in: Handwörterbuch der Absatzwirtschaft, herausgegeben von Bruno Tietz, Stuttgart 1974, S. 767 ff.

WILLMS, Manfred: Die Stellung der Mineralölindustrie im Industrialisierungsprozeß, Köln, Opladen 1964

WÖHE, Günter: Einführung in die Allgemeine Betriebswirtschaftslehre, 8. Auflage, Berlin, Frankfurt 1960

WOLL, Artur: Der Wettbewerb im Einzelhandel. Zur Dynamik moderner Vertriebsformen, Berlin 1964

ZOHLNHÖFER, Werner: Wettbewerbspolitik im Oligopol. Erfahrungen der amerikanischen Antitrustpolitik, Tübingen 1968

2. Veröffentlichungen ohne Verfasserangabe

Amerika: Ölkonzerne sollen aufgespalten werden, in: Frankfurter Allgemeine Zeitung, Nr. 130 vom 18. 6. 1976

Wollen Amerikaner DEA aufkaufen?, in: Frankfurter Allgemeine Zeitung, Nr. 82 vom 7. 4. 1966

Amerikas Energiepläne werden durchleuchtet, in: Handelsblatt, Nr. 65 vom 1./2. 4. 1977

Amoco-Netz an Elf, in: Oel, Zeitschrift für Mineralölwirtschaft, 13. Jahrgang (1975), S. 325

Anschlag auf den freien Mineralölmarkt, in: Frankfurter Allgemeine Zeitung, Nr. 209 vom 18. 9. 1976

Aral: Benzin muß teurer werden, in: Frankfurter Allgemeine Zeitung, Nr. 149 vom 9. 7. 1976

Aral erhöht Tankstellenvergütungen, in: Oel, Zeitschrift für die Mineralölwirtschaft, 15. Jahrgang (1977), S. 236

Das Aral-Netz wird weiter gestrafft, in: Frankfurter Allgemeine Zeitung, Nr. 144 vom 25. 6. 1977

Der Autobestand wächst bis 1989 weiter. Eine Prognose der Deutschen Shell AG, in: Frankfurter Allgemeine Zeitung, Nr. 208 vom 8. 9. 1977

Die Autofahrer tanken immer mehr Bonbons, in: Blick durch die Wirtschaft, Nr. 140 vom 2. 7. 1976

Benzin aus Kohle ist noch unwirtschaftlich, in: Handelsblatt, Nr. 54 vom 17. 3. 1977

Benzinmarkt: Pusher und Panscher, in: Wirtschaftswoche, Nr. 21 vom 21. 5. 1976, S. 67 f.

Hat der Benzinpreis schon den Tiefpunkt erreicht?, in: Handelsblatt, Nr. 186 vom 6. 10. 1976

Der Benzinpreis steigt nur langsam an, in: Frankfurter Allgemeine Zeitung, Nr. 138 vom 28. 6. 1976

Benzinpreise steigen wieder, in: Handelsblatt, Nr. 72 vom 14. 4. 1977

Die Benzinpreise steigen wieder, in: Frankfurter Allgemeine Zeitung, Nr. 193 vom 22. 8. 1977

Benzin-Preisvergleich in Europa, (Stand: Anfang März 1976), in: Oel, Zeitschrift für die Mineralölwirtschaft, 14. Jahrgang (1974), S. 87

Benzin-Preisvergleich in Europa, (Stand: Anfang Mai 1977/in Pfennig je Liter), in: Oel, Zeitschrift für die Mineralölwirtschaft, 15. Jahrgang (1977), S. 146

Benzinverbrauch steigt nur langsam, in: Handelsblatt, Nr. 236 vom 17./18. 12. 1976

Der fünfte Besitzer bei Frisia, in: Frankfurter Allgemeine Zeitung, Nr. 90 vom 19. 4. 1977

Bleigesetz und Pflichtlagerhaltung belasten Mabanaft, in: Frankfurter Allgemeine Zeitung, Nr. 276 vom 7. 12. 1976

Bonn ist sauer über Alleingang der Veba, in: Handelsblatt, Nr. 173 vom 17./18. 9. 1976

Bonn kritisiert Veba, in: Frankfurter Allgemeine Zeitung, Nr. 208 vom 17. 9. 1976

BP erhöht Provisionen, in: Oel, Zeitschrift für die Mineralölwirtschaft, 15. Jahrgang (1977), S. 172

BP-Umsatz inflationsbedingt höher, in: Handelsblatt, Nr. 56 vom 21. 3. 1977

Chevron erwartet für 1977 wieder größere Verluste, in: Handelsblatt, Nr. 143 vom 28. 7. 1977

Deminex: Der Zwerg soll riesig werden, in: Wirtschaftswoche, Nr. 16 vom 7. 4. 1977

Deutschland: Kostenunterschied 6 bis 7 Pfennig, in: Erdöl-Informationsdienst, 30. Jahrgang, Nr. 39 vom 25. 3. 1977

Deutschland: Preisdifferenz 4 Pfennig, in: Erdöl-Informationsdienst, 30. Jahrgang, Nr. 34 vom 18. 2. 1977

Auch Elf erleidet hohe Verluste, in: Frankfurter Allgemeine Zeitung, Nr. 239 vom 23. 10. 1976

Gutes Ergebnis bei Mabanaft, in: Oel, Zeitschrift für die Mineralölwirtschaft, 14. Jahrgang (1976), S. 352

Esso: Energieverknappung droht weltweit in wenigen Jahren, in: Handelsblatt, Nr. 235 vom 16. 12. 1976

Die Exxon ist durch die Energieverteuerung nicht ärmer geworden, in: Frankfurter Allgemeine Zeitung, Nr. 79 vom 4. 4. 1977

„Frisia — das weitaus gewagteste Unternehmen Duttweilers", in: Blick durch die Wirtschaft, Nr. 99 vom 29. 4. 1963

Gesetzentwurf gegen Ölfirmen, in: Frankfurter Allgemeine Zeitung, Nr. 80 vom 3. 4. 1976

Gulf hat gut verdient, in: Frankfurter Allgemeine Zeitung, Nr. 25 vom 31. 1. 1977

Erste Halbzeit, in: Oel, Zeitschrift für die Mineralölwirtschaft, 14. Jahrgang (1976), S. 213

Der neu entdeckte Handelsvertreter, in: Frankfurter Allgemeine Zeitung, Nr. 116 vom 20. 5. 1977

Für schweres Heizöl stiegen Preise um 30 %, in: Handelsblatt, Nr. 165 vom 7. 9. 1976

Jahreskapazität der Röhölverarbeitungsanlagen in der Bundesrepublik, in: Oel, Zeitschrift für die Mineralölwirtschaft, 15. Jahrgang (1977), S. 23

Nach dem Kohlepfennig nun auch der Ölpfennig, in: Frankfurter Allgemeine Zeitung, Nr. 44 vom 22. 2. 1977

Im Kraftstoffhandel wird der Spielraum eng, in: Handelsblatt, Nr. 103 vom 31. 5. 1977

Eine „Krake" für 220 Mill. DM, in: Handelsblatt, Nr. 115 vom 29. 6. 1976

Mabanaft bei 4 Mrd. Umsatz, in: Oel, Zeitschrift für die Mineralölwirtschaft, 13. Jahrgang (1975), S. 326

Mabanft übernimmt Stumm AG, in: Frankfurter Allgemeine Zeitung, Nr. 150 vom 2. 7. 1977

Methanol-Benzin frühestens 1982, in: Frankfurter Allgemeine Zeitung, Nr. 26 vom 1. 2. 1977

120 Mill. DM werden für die Kohleforschung eingesetzt, in: Handelsblatt, Nr. 39 vom 24. 2. 1977

Mineralölindustrie braucht enegiepolitischen Rahmen, in: Handelsblatt, Nr. 107 vom 16. 6. 1976

Auch Mineralölindustrie mit Verfassungsbeschwerde, in: Handelsblatt, Nr. 117 vom 1. 7. 1976

Die westdeutsche Mineralölwirtschaft, in: Oel, Zeitschrift für die Mineralölwirtschaft, 14. Jahrgang (1976), S. 141 ff.

Mißbrauchsverfahren gegen Mineralölfirmen eingestellt, in: Wirtschaft und Wettbewerb, 24. Jahrgang (1974), S. 592

Mobil-Gewinne gingen im Ausland zurück, in: Handelsblatt, Nr. 107 vom 6. 6. 1977

Mobil-Oil mit neuer Raffinerie in Wilhelmshafen, in: Handelsblatt, Nr. 171 vom 15. 9. 1976

Motoren-Sterben fand nicht statt, in: Mainzer Allgemeine Zeitung, Nr. 200 vom 4./5. 9. 1976

Nigeria muß den Ölfirmen höhere Gewinne zugestehen, in: Handelsblatt, Nr. 223 vom 30. 11. 1976

Ölbevorratung hat gute Chancen, in: Handelsblatt, Nr. 43 vom 2. 3. 1977

Die amerikanische Ölindustrie fürchtet Jimmy Carter, in: Frankfurter Allgemeine Zeitung, Nr. 160 vom 23. 7. 1976

Das Öljahr 1976 — am Beispiel der BP, in: Oel, Zeitschrift für die Mineralölwirtschaft, 15. Jahrgang (1977), S. 9 ff.

Der Ölkonzern und der Metzger, in: Blick durch die Wirtschaft, Nr. 108 vom 22. 5. 1976

Europäische Ölkonzerne für Investitionsregelung, in: Handelsblatt, Nr. 172 vom 16. 9. 1976

Amerikanische Ölkonzerne sollen bald Federn lassen, in: Handelsblat, Nr. 108 vom 18./19. 6. 1976

Die Ölpreise werden undurchsichtig, in: Handelsblatt, Nr. 235 vom 16. 12. 1976

Der Preis für Superbenzin überschreitet eine Mark, in: Frankfurter Allgemeine Zeitung, Nr. 101 vom 5. 5. 1976

Preise für schweres Heizöl steigen, in: Handelsblatt, Nr. 24 vom 24. 2. 1977

Auch Raffinerien können Energie sparen, in: Blick durch die Wirtschaft, Nr. 282 vom 16. 12. 1976

Zuviel Raffineriekapazität, in: Oel, Zeitschrift für die Mineralölwirtschaft, 14. Jahrgang (1976), S. 247 ff.

Die Shell-Gruppe diversifiziert weiter, in: Frankfurter Allgemeine Zeitung, Nr. 88 vom 16. 4. 1977

Höhere Shell-Provisionen, in: Oel, Zeitschrift für die Mineralölwirtschaft, 15. Jahrgang (1977), S. 236

Stumm AG wird Holding, in: Handelsblatt, Nr. 124 vom 1./2. 7. 1977

Im Super-Streit lenkt keiner ein, in: Frankfurter Allgemeine Zeitung, Nr. 176 vom 11. 8. 1976

Tankerflotte mit 321 Mill. tdw, in: Oel, Zeitschrift für die Mineralölwirtschaft, 15. Jahrgang (1977), S. 141

Freie Tankstellen wehren sich ihrer Haut, in: Mainzer Allgegemeine Zeitung, Nr. 96 vom 24./25. 4. 1976

Durchschnittlicher Tankstellenabsatz stieg beträchtlich, in: Oel, Zeitschrift für die Mineralölwirtschaft, 15. Jahrgang (1977), S. 26

Tankstelleneinkommen wie im Einzelhandel, in: Blick durch die Wirtschaft, Nr. 141 vom 3. 7. 1976

Das Tankstellengeschäft in der Bundesrepublik. Eine Zwischenbilanz am Beispiel der Deutschen Shell AG, in: Oel, Zeitschrift für die Mineralölwirtschaft, 14. Jahrgang (1976), S. 196 ff.

Tankstellenpächter gegen Vertragsdiktate, in: Handelsblatt, Nr. 47 vom 8. 3. 1977

„Wir kennen kein Tankstellenproletariat mehr", in: Blick durch die Wirtschaft, Nr. 16 vom 20. 1. 1977

Tankstellen-Sterben. Die Pächter proben den Aufstand, in: Wirtschaftswoche, Nr. 42 vom 15. 10. 1976, S. 28 ff.

Test: Benzin (Normal und Super). Was ist normal an Super?, in: test, Zeitschrift für den Verbraucher, 9. Jahrgang (1974), S. 112 ff.

Texaco setzt stärker auf leichte Produkte, in: Frankfurter Allgemeine Zeitung, Nr. 121 vom 26. 5. 1977

Verbesserte Texaco-Erlöse, in: Handelsblatt, Nr. 39 vom 24. 2. 1977

Thistle-Plattform ausgeschwommen, in: Frankfurter Allgemeine Zeitung, Nr. 174 vom 9. 8. 1976

Starke Umsatzeinbrüche der Kraftstoff-Union, in: Handelsblatt, Nr. 100 vom 4./5. 6. 1976

Unternehmen im Blickfeld. Elf Mineralöl GmbH, in: Oel, Zeitschrift für die Mineralölwirtschaft, 14. Jahrgang (1976), S. 330 ff.

Bei der Veba geht es wieder gut bergauf, in: Handelsblatt, Nr. 117 vom 1. 7. 1976

Veba verkauft Erdölwerk Frisia an Bomin-Gruppe, in: Handelsblatt, Nr. 75 vom 19. 4. 1977

Die Veba-Chemie hat das Ergebnis „im Griff", in: Frankfurter Allgemeine Zeitung, Nr. 116 vom 20. 5. 1977

Empfindlicher Verlust auch für Elf Mineralöl, in: Handelsblatt Nr. 96 vom 31. 5. 1976

Welbergen: „Keine Benzinpreise von 1,20 DM in die Welt setzen", in: Handelsblatt, Nr. 96 vom 31. 5. 1976

Wettbewerb am Benzinmarkt?, in: Handelsblatt, Nr. 108 vom 18./19. 6. 1976

„Kein Wettbewerb mehr am Benzinmarkt", in: Frankfurter Allgemeine Zeitung, Nr. 114 vom 28. 5. 1976

ZTG erhebt Einwände, in: Erdöl-Informationsdienst, 30. Jahrgang, Nr. 41 vom 7. 4. 1977

3. Verzeichnis der Entscheidungen deutscher und amerikanischer Gerichte und Kartellbehörden

Bundesgerichtshof, Beschluß des Bundesgerichtshofs vom 30. 1. 1959 („Motorentreibstoffe"), in: Wirtschaft und Wettbewerb, 9. Jahrgang 1959), S. 811 ff.

— Beschluß des Bundesgerichtshofs vom 7. 4. 1965, in: Der Betrieb, 18. Jahrgang (1965), S. 1324 f.

— Beschluß des Bundesgerichthofs vom 15. 12. 1967 („Shell-Tankstelle"), in: Wirtschaft und Wettbewerb, 18. Jahrgang (1968), S. 295 ff.

Kammergericht, Beschluß des Kammergerichts vom 14. 5. 1974 („BP"), in: Wirtschaft und Wettbewerb, 24. Jahrgang (1974), S. 549 ff.

— Beschluß des Kammergerichts vom 7. 6. 1974 („AGIP I"), in: Wirtschaft und Wettbewerb, 24. Jahrgang (1974), S. 765 ff.

— Beschluß des Kammergerichts vom 4. 7. 1974 („AGIP II"), in: Wirtschaft und Wettbewerb, 24. Jahrgang (1974), S. 767 ff.

Bundeskartellamt, Beschluß des Bundeskartellamtes vom 22. 5. 1968 („Kraftfahrzeugpflegemittel„), in: Wirtschaft und Wettbewerb, 18. Jahrgang (1968), S. 697 ff.

— Beschluß des Bundeskartellamtes vom 2. 5. 1974 („AGIP"), in: Wirtschaft und Wettbewerb, 24. Jahrgang (1974), S. 572 ff.

Federal Supreme Court, Standard Oil of California and Standard Stations versus United States, 337 U. S. 293 ff. (1949)

— United States versus Richfield Oil Corporation, 343 U. S. 922 ff. (1952)

— R. S. Simpson versus Union Oil of California, 377 U. S. 13 ff. (1964)

— Atlantic Refining versus Federal Trade Commission, 381 U. S. 357 ff. (1965)

— Federal Trade Commission versus Texaco, 393 U. S. 223 ff. (1968)
Nr. 108 vom 22. 5. 1976

Namenverzeichnis

Sachwortverzeichnis

VERÖFFENTLICHUNGEN DES FORSCHUNGSINSTITUTS FÜR WIRTSCHAFTSPOLITIK AN DER UNIVERSITÄT MAINZ

1. **Falsch und richtig planen.** Von Erich Welter.
2. **Schiene und Straße.** Von Walter Hamm.
3. **Patient — Arzt — Kasse.** Von Werner Bosch.
4. **Die Saarfrage.** Von Werner Bosch.
5. **Investitionslenkung.** Von Ernst-Günter Vetter.
6. **Kollektivmonopole.** Von Werner Fricke.
7. **Die Drucksache.** Von Werner Fricke.
8. **Marktwirtschaft — Befehlswirtschaft.** Von Werner Bosch.
9. **Kollektiveigentum.** Von Walter Hamm.
10. **Der Staat als Kunde.** Von Erich Welter.
11. **Konstruktions- und Entwicklungsaufträge.** Von Armin Gutowski.
12. **Der Kostenpreis bei öffentlichen Aufträgen.** Von Helmut Diederich.
13. **Zentralisierung und Dezentralisierung des öffentlichen Einkaufs.** Von Werner Fricke.
14. **Die Ausschreibung.** Von Otto Gandenberger.
15. **Wirtschaftliche Weinbaupolitik.** Von Armin Gutowski.
16. **Was ist ein Unternehmen?** Von Otto Gandenberger.
17. **Preise als verkehrspolitisches Ordnungsinstrument.** Von Walter Hamm.
18. **Die gemeinwirtschaftlichen Grundsätze in der Tarifpolitik der Deutschen Bundespost.** Von German Wegmann.
19. **Vermögensstreuung.** Von Werner Bosch.
20. **Der Konsument und seine Vertretung.** Von Christa von Braunschweig.

21. **Verkehrspolitik in der SBZ.** Von Horst Demmler.

22. **Branchenbesonderheiten.** Von Hans H. Scheib.

23. **Verkehrswissenschaft.** Von A. F. Napp-Zinn.

24. **Das Finanzmonopol.** Von Otto Gandenberger.

25. **Konjunkturpolitik mit Fernmeldeinvestitionen?** Von Horst Schwedes.

26. **Kapazitätsabbau mit Staatshilfe.** Von Konrad Schulze-Gisevius.

27. **Der Bund am Kapitalmarkt.** Von Horst Schwedes.

28. **Politische Ökonomie staatlicher Preisinterventionen.** Von Dieter Schmidtchen.

29. **Binnenwasserstraßenpolitik.** Von Walter Hamm und Wolfgang Neumann.

30. **Das „Gemeinnützige Unternehmen" als Instrument der Wohnungspolitik.** Von Werner Nowak.

31. **Staatliche Regelungen für Immobilienmakler.** Von Günter Bonnet.

32. **Kassenpraxis und Privatpraxis.** Von Ulf Böge.

33. **Die Arzneimittelversorgung durch Apotheken.** Von Matthias J. Berger.

34. **Staatliche Preisaufsicht in der Kraftverkehrsversicherung.** Von Ulrich Rosenkranz.

35. **Das Arbeitsvermittlungsmonopol.** Von Gisela Rauschhofer.

36. **Der Wettbewerb in der Düngemittelindustrie der Bundesrepublik Deutschland.** Von Bruno Klein.

37. **Dezentrale Vermögensbildungsfonds.** Von Barbara Toillié.

38. **Gemeinschaftsunternehmen und Wettbewerb.** Von Günther M. Ackermann.

39. **Die Wettbewerbsverhältnisse auf dem Markt für elektronische Datenverarbeitungsanlagen in der Bundesrepublik Deutschland.** Von Andreas Rösner.

Die Bände 1 bis 24 sind im Verlag Quelle & Meyer, Heidelberg, erschienen. Ab Band 25 erscheint die Schriftenreihe im Verlag Duncker & Humblot, Berlin.